젠더는
패러디다

이 저서는 2007년도 정부(교육과학기술부)의 재원으로 한국연구재단의 지원을 받아 출판되었음.
(NRF-2007-361-AM0059)

젠더는 패러디다
주디스 버틀러의 『젠더 트러블』 읽기와 쓰기

초판 1쇄 발행 | 2014년 4월 2일
초판 4쇄 발행 | 2021년 12월 1일

지은이 | 조현준
펴낸이 | 조미현

편집주간 | 김현림
디자인 | 양보은

펴낸곳 | (주)현암사
등록 | 1951년 12월 24일 제10-126호
주소 | 04029 서울시 마포구 동교로12안길 35
전화 | 365-5051 · 팩스 | 313-2729
전자우편 | editor@hyeonamsa.com
홈페이지 | www.hyeonamsa.com

부산대학교 인문학연구소 ⓒ 2014
ISBN 978-89-323-1695-6 04100
ISBN 978-89-323-1624-6 (세트)

* 이 도서의 국립중앙도서관 출판시도서목록(CIP)은 서지정보유통지원시스템 홈페이지(http://seoji.nl.go.kr)
  와 국가자료공동목록시스템(http:// www.nl.go.kr/kolisnet)에서 이용하실 수 있습니다.
  (CIP제어번호: CIP 2014009524)

05

우리시대 고전읽기
질 문 총 서

젠더는 패러디다

주디스 버틀러의
『젠더 트러블』 읽기와 쓰기

조현준 지음

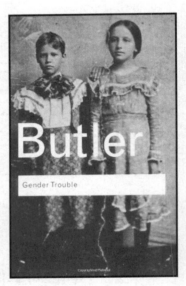

Gender Trouble: Feminism and
the Subversion of Identity

(Routledge, 1990)

Judith Butler(1956~)

"

정체성의 해체는 정치성의 해체가 아니다.

범주로서의 정치성 해체는

새로운 정치성을 향한 출발점이 될 수 있다.

새로운 정치성을 향한 비평적 출발점을

젠더에 대한 계보학적 탐색에서 발견하려는 것이

『젠더 트러블』의 트러블이 일으킨

가장 중요한 의미일 것이다

"

차례

책을 읽기 전 챙겨갈 개념

편집자 주-용어는『젠더 트러블』(조현준 옮김, 문학동네, 2008)에 수록된「버틀러의 주요 개념들」과 사라 살리의『주디스 버틀러의 철학과 우울』(김정경 옮김, 앨피, 2007) 속 본문을 기본적으로 참조하되, 관련 연구자들이 발표한 논문 내용을 찾아 요약·재정리하였다.)

강제적 이성애compulsory heterosexuality:
미국의 시인이자 페미니즘 이론가인 애드리언 리치의 논문「강제적 이성애와 레즈비언 존재」(1980)를 통해 제시된 개념이다. 이 논문은 여성 섹슈얼리티 논의의 장을 활짝 열어젖힌 획기적인 글로 평가받고 있다. 리치는 페미니즘 내부에도 이성애 중심주의가 작동하며, '강제적 이성애'라는 개념을 통해 이성애가 가부장체제의 토대이자 제도라는 분석안을 내놓는다(박미선, 2010 참조). 버틀러는 이에 착안해 이성애는 마치 '자연적인 것이며 당연한 것'인 사회구조를 비판하며, 이성애 문화가 하나의 강제적이고 강압적인 규범임을 입증하고자 했다.

계보학geneology:
니체의『도덕의 계보학』에서 시작된 이 개념은 푸코가 1969년 콜레주 드 프랑스 취임 강연에서 처음 언급하면서 푸코의 주체화 분석론으로 더 널리 알려졌다. 절대적 기원의 신성함을 찾는 것을 지향하기보다는 다른 시작도 가능한 우연한 유래를 찾는 이 시도는(김성우, 2012 참조)『젠더 트러블』에 이르러, 젠더가 하나의 효과라는 가정임을 입증해줄 주요한 분석 방법으로 자리매김한다. 버틀러에게 계보학이란 젠더의 근원 혹은 욕망의 근본이라는 내적 진리에 저항하면서 그 담론 자체를 진리나 진실로 생산하는 역사적인 제도 권력의 역학관계를 밝히는 데 필요한 사유의 방식이었다.

남근로고스 중심주의phallogocentrism:
팔루스phallus는 영어의 페니스에 해당하는 불어로 초월적 의미나 절대 권력을 상징한다. 프로이트와 라캉 등은 남성 성기라는 해부학적 차이에 주목하면서 각각 그 차이를 남녀 간 문화적 성차로 확정하거나 상징적 의미로 격상시켰다. 반면 로고스logos는 언어의 상징적 질서가 진리임을 나타내는 개념이다. 버틀러는 프로이트와 라캉의 정신분석론을 살피면서, 팔루스와 로고스의 결합을 통해 남성 중심적이고 이성 중심적인 서구의 형이상학적 전통을 폭로하고자 했으며, 이는 남근로고스 중심주의라는 개념의 창안으로 이어졌다.

남성 의미화 경제masculine signifying economy:
모든 의미화의 방식은 객관적이고 중립적인 듯 보이나, 실은 남성적 관점에서 이루어져 남성적인 것이 보편적인 것처럼 일반화되는 경우가 있다. 이리가레는 이런 의미화 방식에 주목하면서 남성/여성 간의 관계가 지배/피지배 구도로 나타난다고 봤다. 고로 이리가레는 보편적으로 간주되는 모든 의미화 경제는 남성적인 것이어서 여성만의 대안적인 체제가 필요하다고 역설했다. 버틀러는 남성 의미화 경제라는 개념을 활용해 이리가레의 논의가 외려 여성적이라는 것을 본질화한다고 비판한다.

생산적 권력productive power:
권력이 억압하고 금지하기만 한 채, 아무런 생산적 기능이 없다면 누가 권력에 복종하고 어떻게 권력은 유지될 수 있는가를 물었던 푸코의 입장(김부용, 2010 참조)에 버틀러의 권력론 또한 기대고 있다. 버틀러는 푸코처럼 완벽한 자유와 복종이란 틀 안에서 권력을 규정하길 거부한 채, 주체가 권력과 맺는 양가적 관계에 주목한다. 즉 주체는 자신의 존재를 권력에 의지하지만, 또한 예기치 못하게 잠재적·전복적인 방식으로 권력을 휘두르기도 하는 것이다(Sali, 2002/2007 참조).
특히 버틀러는 법은 스스로 증식하면서 개인에게 내면화됨과 동시에 주체가 반복적으로 복종하면서 다른 의미의 형성을 꿈꾸는 것이 가능한, 권력의 생산성을 드러내는 요체라 보았다.

섹스, 젠더, 섹슈얼리티:
버틀러는 『젠더 트러블』을 통해 기존 페미니즘의 명제처럼 간주되던 섹스/젠더의 구분을 해체시킨다. 익히 알다시피 섹스는 생물학적 성별, 젠더는 사회·문화적으로 구성된 성별로 이해되었다(임옥희, 1999 참조). 허나 버틀러는 이런 전통적인 구분법을 깨면서, 몸의 인식성과 욕망의 근원성을 만드는 것도 문화적·사회적 양식이라고 주장한다. 버틀러에게 섹스, 젠더, 섹슈얼리티는 모두 사회적 구성물이자 제도 담론의 효과로서 모두 젠더에 포함된다.

수행performance/수행성performativity:
젠더는 존재being인가? 행함doing인가? 『젠더 트러블』에서 버틀러가 주목하는 화두다. 버틀러의 논의에 따르면, 젠더는 고정된 명사가 아니다. 젠더는 늘 행함을 통해 재구성된다. 다만 버틀러는 행위 뒤에 행위자가 반드시 있다는 것에 동의하지 않는다. 버틀러는 이를 수행성이란 개념으로 풀어내면서 선행하는 주체를 가정하는 '수행'과 구별한다.
수행성을 통해 버틀러는 남성다운 남성 혹은 여성다운 여성 같은 젠더 정체성은 언어에 의해 구성된다고 보았다. 즉 남성/여성이라는 정체성이 담론이나 언어를 행하는 것이 아니라 반대로 담론이나 언어가 정체성을 행한다는 것이다(Sali, 2002/2007 참조).

버틀러의 이러한 젠더 수행성 개념은 1970년대, 1980년대 페미니즘 이론 논쟁의 핵심 지점 중 하나이자 동시에 교착 지점이기도 했던 구성주의 대 본질주의가 지닌 담론적 덫에 대해 유익하고 생산적인 기여를 했다(박미선, 2008 참조).

연합의 정치학 coalitional politics:
'여성'의 핵심적 내용이 무엇인지 미리 가정하지 않고, 다양한 위치의 여성들이 분리된 각자의 정체성들을 표명할 수 있는 대화적 만남을 제안하는 유연한 정치학의 형태. 참고로 버틀러는 연합의 정치학이 갖는 민주적 추진력에도 불구하고, 연합 구조의 이상적 형태를 미리 설정하려 할 때, 그 힘이 격감될 것이라 우려한다(김정란, 2006 참조).

우울증적 젠더depressive gender:
버틀러는 우울증melancholia을 통해 동성애 금기와 근친애 금기에 대한 다른 반응을 규명한다. 버틀러의 설명에 따르면, 이성애 문화에서는 근친애 금기의 결과는 슬퍼할 수 있지만, 동성애 금기에 대한 상실은 슬퍼할 수 없다. 이로 인해 동성애 금기

에 대한 반응은 슬픔이 아니라 우울증으로 나타난다. 이런 맥락에 따라, 우울증적 젠더란 개념을 통해 버틀러는 젠더 정체성에는 우울증적인 측면이 있으며, 우울증에도 동성애적 우울증과 이성애적 우울증이 있다고 주장한다. 허나 이 우울증의 관계를 따져볼 때 이성애 문화가 동성애 욕망을 금지하듯 이성애 욕망을 금지하지는 않기 때문에, 두 우울증은 동등하게 인식될 수 없다(Sali, 2002/2007 참조).

이성애적 우울증heterosexual melancholy:
버틀러를 비롯해 이브 세즈윅 같은 페미니즘 이론가들은 다양하고 유동적이며 불확실한 성적 정체성이란 주장 아래, 이성애 중심 문화를 향한 대응을 시도했다. 이런 맥락에서 버틀러는 프로이트의 이론을 끌어와 정체성의 우울증 구조로 이성애를 이론화하고자 했다. 그 노력은 동성애적 욕망의 최초 상실 또는 거부가 사회적으로 강제된다는 데 기초한 개념 고안으로 이어졌으며, 버틀러는 이를 이성애적 우울증이라 명명했다(Sali, 2002/2007 참조).

카섹시스cathexis:
버틀러는 프로이트의 이론에 영향을 받았고, 이로 인해 『젠더 트러블』에는 정신분석

학적 용어가 자주 등장한다. 그중 카섹시스는 프로이트가 말하는 성적 에너지인 리비도가 대상을 향해 지속적으로 발생되는 것을 뜻한다. 버틀러는 프로이트가 기본적으로 이성애적 카섹시스를 기초로 삼아 논의를 전개시킨다는 것을 비판 지점으로 삼고 있다.

행위주체성agency:
버틀러가 주창한 수행성이란 개념을 감안한다면, 행위주체성은 행위자doer를 선험적으로 가정하지 않고 행위를 통해서만 행위주체가 형성된다는 관점에 연유한다. 버틀러에게 주체란 고유한 본질이 있는 존재가 아니기 때문에, 담론 안에서 담론을 통해 생산되는 주체는 단어들에 새로운 의미를 부여하는 맥락 속에서 발언함으로써 행동할 수 있다. 버틀러는 지속적인 개방성과 재의미화가 가능한 것이 행위주체성이라 보면서, 행위주체성은 인간 주체를 구성하는 담론적인 실천을 다시 실행하고 반복하는 과정 속에서 발견된다고 주장했다(박미선, 2008 참조).

참고 문헌
*주디스 버틀러, 『젠더 트러블: 페미니즘과 정체성의 전복』, 조현준 옮김, 문학동네, 2008.
*사라 살리, 『주디스 버틀러의 철학과 우울』, 김정경 옮김, 앨피, 2007.
*김성우, 「푸코와 정신의학의 계보학: 정신의학의 비판적 역사를 통해 본 계보학의 유래와 효과」, 《의철학연구》, 제13집, 2012.
*김부용, 「권력의 행사방식 논의에 대한 푸코의 비판과 보완」, 《철학사상》, 제38권, 2010.
*김정란, 「젠더 정체성은 왜 억압적인가?: 버틀러(Judith Butler)의 젠더 해체의 필요성」, 《한국여성철학》, 제6권, 2006.
*박미선, 「보편과 특수의 번역실천으로서 비판이론과 페미니즘」, 《문화/과학》, 56호, 2008.
———, 「애드리언 리치: 반여성주의에 맞서 다시 읽는 급진 여성주의」, 《여/성이론》, 22호, 2010.
*임옥희, 「"법 앞에 선" 수행적 정체성: 버틀러의 『젠더 트러블』을 중심으로」, 《여/성이론》, 제1호, 1999.

여는 글   젠더 '리트러블'

주디스 버틀러Judith Butler를 처음 알게 된 것은 대학원 논문을 준비하던 리서치 과정에서였다. 당시 이론적 깊이와 실천적 역량 간의 갈등, 즉 불안정한 젠더 정체성과 확실한 정치 주체 사이의 갈등을 어떻게 봉합할지 고민하던 내게『젠더 트러블Gender Trouble: Feminism and the Subversion of Identity』의 부제 '페미니즘과 정체성의 전복'은 매우 매력적으로 느껴졌다. 여성이라는 성적 주체의 정체성을 전복한다는 것이 과연 페미니즘과 어떻게 맞닿을지가 궁금했다. 그러나 막상 구해 읽은『젠더 트러블』은 해독이 필요한 암호 뭉치처럼 느껴졌다. 도전은 자극이 되었고 자극은 번역의 동력이 되었다.

　그로부터 강산이 한 번 변한 지금은 오히려 페미니즘이 후퇴한

　　　　　　　　　　　　젠더는 패러디다

시기다. 페미니스트하면 의례 '꼴통'이나 '루저'를 떠올린다. 이는 청소년 게임 셧다운제, 대중가요 가사 검열 등으로 정책적 실패를 거듭한 여성가족부에 대한 반감이기도 하고, 자본 논리로 양적 수량화와 위계화를 정당화한 후기 산업 자본주의의 무한 경쟁주의 및 승자 독식론이 가져온 폐해이기도 하다. 지금은 페미니즘을 주장하거나 입에 올리기만 해도 여성적 매력을 상실한 '지못미', 시대 착오주의자, 아니면 사회적 패배자로 오인받기 쉽다.

이 대목에서 버틀러의 『젠더 트러블』을 다시 만나볼 필요가 있다. 2008년 『젠더 트러블』 국역본은 한 달 만에 초판이 모두 팔려 인문학 출판계의 '사건 아닌 사건'이 되었다. 2008년 번역 출간된 이 책은 현재 4쇄까지 출판되었다. 이는 페미니스트라고 자신을 말하는 것이 일종의 모험인 2014년 대한민국에서 젠더와 정체성에 대한 새로운 논의를 시작할 하나의 기폭제가 될 수 있다고 여겨진다.

버틀러의 『젠더 트러블』은 젠더 계보학에 입각해 성 담론을 둘러싼 제도 권력과 기율 담론의 논의하는 논쟁적 이론서다. 인간에게 성과 권력은 중요하면서도 문제적이다. 모든 사람은 태어나면서 남자나 여자로 분류되고 남성성과 여성성에 맞는 교육 속에 사회화된다. 어쩌면 탄생의 순간조차 성에 관한 문화적 의미화와 제도적 담론화에서 자유롭지 못하다. 한 인간으로 태어나 삶을 영위한다는 것은 '의미 있는 삶'에 부여된 당대의 지배 권력이 만들어놓은 제도 담론에 복종하고 반항하는 과정의 연속으로 보인다. 따라서 성과 권력은 '의미 있는 삶'과 '살기 좋은 삶'에 반드시 필요한 규범과 기준을 만드는 데 중요한 기초가 된다.

섹스와 젠더가 처음으로 구분된 것은 1968년에 출간된 젠더 연구자 로버트 스톨러의 『섹스와 젠더*Sex and Gender: On the Development of Masculinity and Femininity*』에서다. 생물학적으로 결정된 섹스와 문화적으로 구성된 젠더는 이후 여성주의 논의의 가장 기초적인 기반으로 작용했다. 그로부터 20여 년이 지난 1990년 버틀러는 섹스와 젠더의 구분 자체를 거부한다. '섹스는 이미 줄곧 지금껏 젠더였다'는 것이다.

『젠더 트러블』은 이렇게 트러블을 일으킨다. 우리가 흔히 일상적으로 알고 있는 생물학적인 섹스가 실은 문화적인 젠더와 관련되고, 본능적 욕망으로 여겨지는 섹슈얼리티와도 연관된다고 말하면서 섹스, 젠더, 섹슈얼리티의 구분에 균열을 내려는 것이다. 알파걸과 골드미스, 된장녀에서 콘트라 섹슈얼, 메트로 섹슈얼에 이르기까지 전방위적 트랜스의 영역에 걸쳐있는 모든 GBTQL에게 버틀러의 대표작 『젠더 트러블』은 커다란 파장을 낳았다. 이 책에서 버틀러는 섹스, 젠더, 섹슈얼리티가 사실은 모두 법과 제도의 이차적 결과물이며 그런 의미에서 모두 젠더라고 주장하면서 사실상 생물학적인 성의 경계를 허물기 때문이라고 주장한다. 섹스는 젠더가 되고 젠더는 자유롭게 떠도는 인공물이 된다. 그것은 본질적 존재가 아니라 변화무쌍하고 맥락적인 현상으로서 역사적이고 특수한 일련 관계를 둘러싼 상호 수렴점에서 구성되는 복합적 관계망 속 구성물이다.

1990년 당시 서양학계에서 많은 관심을 모았던 『젠더 트러블』은 크게 3부로 구성되어 있다. 버틀러는 제1부 '젠더/섹스/욕망의 주체들'에서 몸/정체성/욕망을 모두 규율 담론의 효과로 해석하면서 섹스와 젠더와 섹슈얼리티를 모두 젠더에 포함시키려는 시도라고 논한다. 제2부 '금지, 정신분석학 그리고 이성애적 모태의 생산'에서는 주로 통시적 관점에서 공시적 접근을 비판하기 위해 구조주의와 정신분석학에서 주장하는 공통 문법이나 보편 질서를 거부한다. 마지막으로 제3부 '전복적 몸짓들'에서 버틀러는 정신분석학적 페미니즘에 대한 비판적 수용이자 레즈비언/게이 논의를 비판적으로 검토한다. 결론에서는 기존 규범의 다른 반복 양상들을 통해 패러디적 웃음에서 전복의 정치성을 끌어내고자 한다.

이 책은 이중 크게 다섯 가지의 논쟁적 쟁점을 부각시켜 거기에 초점을 맞춰 설명하고자 했다. 1장에서는 『젠더 트러블』의 비평사적인 의미·의의를 개괄적으로 설명하면서 버틀러의 젠더 정체성 논의에 대한 개략적 소개를, 2장부터 6장까지는 『젠더 트러블』에서 핵심적 주축이 되는 논쟁적 쟁점의 맥락을 제시하고자 했다. 즉 본격적으로 『젠더 트러블』에 등장하는 대표적 논쟁점을 다섯 가지로 나누어 텍스트를 재구성해 본 것이다. 다섯 가지 쟁점은 계보학적 사유, 가면의 정치성, 우울증적 젠더 구성, 모성성과 몸, 양성애의 다형적 쾌락으로 분류해보았다.

이 책의 각 장을 버틀러의 『젠더 트러블』과 대조해서 참조할 수 있도록 해당 부분을 지칭해 보면 다음과 같다.

우선 전체 총론이자 개론 격인 1장은 2009년 학술지 《안과 밖》에 게재되었던 「젠더 계보학과 여성 없는 페미니즘: 주디스 버틀러의 『젠더 트러블』을 이 책의 의도와 내용에 맞게 수정한 것이다. 이어서 2장은 『젠더 트러블』의 1부 3장 「젠더, 현대 논쟁에서 돌고 도는 잔해들」과 4장 「이분법적인 것과 일의적인 것 이론화하기 그리고 그 너머」를 다뤘다. 그리고 3장은 『젠더 트러블』 2부 2장 「라캉, 리비어 그리고 가면의 전략들」을 분석하고 4장은 『젠더 트러블』 2부 3장 「프로이트와 젠더 우울증」의 내용을 자세히 따져보았다. 5장은 『젠더 트러블』 4부 1장 「줄리아 크리스테바의 몸의 정치학」을, 마지막으로 6장은 『젠더 트러블』 4부 2장 「푸코, 에르퀼린, 그리고 성적 불연속성의 정치학」을 다뤘다.

쟁점에 대한 이해를 높이기 위해 각 장 뒤에는 부록 형식으로 대중문화 속의 구체적 사례 분석을 추가했다. 1장에서는 기존 범주의 여성을 거부하는 페미니즘을 주장하는 버틀러 자신의 개인의 삶과 생활, 대학 강의와 출판 기념회 그리고 전시회 등의 일상적 경험을 담담히 담은 폴 자데르만 감독의 다큐 〈주디스 버틀러, 제3의 철학〉에 대한 이야기를 덧붙였다. 보다 구체적이고 생생한 버틀러를 보여줄 수 있으리라는 생각에서다. 이 다큐는 버클리의 대학 강단에서부터 파리에서의 『젠더 허물기』 출판 기념 강연회, 또 신디 셔먼 회고전을 배경으로 버틀러 자신이 생각하는 자신의 정체성, 일, 예술, 삶에 대한 이야기를 담담히 기술한다.

이원론과 일원론 너머의 가능성을 다루는 2장에서는 (사) 한국여성연구소에서 2003년 제작한 다큐 〈미인시대〉에 대한 논의가 추가되었다. 여성은 성차에 근거한 이분법적인 개념속의 남/녀의 한 양상인지, 아니면 온통 남성 중심 사회라는 일원론 속에 전부/전무의 방식으로 있는지를 보기 위해서다. 그게 아니라면 이 두 가지 인식 틀을 벗어날 다른 대안적 가능성도 있는지를 보기 위해 한국의 미 개념이 역사적으로 어떻게 변모했는지를 분석하고자 했다. 〈미인시대〉는 1920년대 이래로 한국에서 '미' 개념을 계보학적으로 추적해보면 아름다움조차 이미 기울 권력과 제도 담론에 침윤된 오염된 관념임을 보여준다. 이어서 이원론과 일원론을 넘어서는 계보학적 미 구성에 대한 다른 자료로는 각각 '체중'과 '피부'에 관한 규범과 가치를 재생산하는 〈그녀의 무게〉, 〈뷰티 21〉에 대한 해설을 덧붙였다. 육체자본이 상품으로 자리 잡은 현대에 '아름다운 여성'의 그 '아름다움'이 어떻게 담론적으로 또 상업적으로 전유되는지를 보기 위해서다. 〈미인시대〉, 〈그녀의 무게〉, 〈뷰티 21〉은 각각 추한 몸/예쁜 몸에 대한 이상적 관념을 보여주며 그것이 사실상 역사적 구성물임을 각각 과거, 현재, 미래의 관점에서 보여준다.

3장에서는 여성성이 가면이라면 그 가면이 어떤 의미일까를 보기 위해 1990년 제작된 백인 레즈비언 감독 제니 리빙스턴의 다큐 〈파리는 불타고 있다〉를 분석했다. 버틀러 자신이 『의미를 체현하는 육체』의 4장(「젠더는 불타고 있다: 젠더의 전유와 전복의 문제들」)을 이 영화 분석에 할애한 만큼 이 다큐가 의미 있다고 생각되어서다. 이 다큐는 주로 라티노와 흑인, 유색인종 드랙을 중심으로 한 뉴욕 할렘가에서 엄마 중심의 비혈연적 가족 공동체의 삶과 드랙볼을 둘러싼 에피소드를 다룬다. 드랙이 된다는 것, 즉 크로스의 영역에 있다는 것이 옷을 바꿔 입는 행위에만 국한된 것인지, 정신적 동일시인지, 아니면 육체적 변화의 추구인지를 심문하면서 하나의 의미로 고정될 수 없는 다양한 몸의 표현이나 성적 경향의 복합성을 강조하려는 의도다. 또한 영화는 트랜스젠더가 젠더에 대한 트러블이나 불만감, 호모 포비아라는 부정적 양상만 가지는 것이 아니라 대안 가족, 정서 공동체, 웃음과 잔치의 마당이라는 긍정적 양상으로 표현될 가능성도 보여준다.

　4장에 추가된 것은 2001년 가브리엘 바우어가 감독해 제작되었고 2003년 서울국제여성영화제에서 상영되어 화제를 모았던 〈비너스 보이즈〉 분석이다. 이 영화는 사랑했던 대상을 자신의 에고로 합체하는 젠더의 우울증적 구성 방식을 보여주면서, 남성성이나 여성성이라는 것이 원본 없는 패러디라고 조롱하기도 한다. 〈파리는 불타고 있다〉가 주로 여장 남성인 드랙 퀸의 이야기라면 이 다큐는 뉴욕의 카사노바라는 바에서 벌어지는 '드랙 킹' 쇼를 중심으로 남장 여성들의 삶과 가족, 생활의 애환에 대해 말한다. 주로 뉴욕과 런던을 배경으로 다리 위의 정체성, 가변적인 정체성을 추구하는 브릿지 마크랜드의 시점을 중심으로 드랙 킹이 연출하는 정체성은 금지된 사랑의 대상이라는 입장에서 조망했다. 아버지나 할아버지, 혹은 다른 여성을 연극적 행위로 연출하는 여성의 젠더는 어쩌면 자신에게 금기시된 사랑의 대상을 내면에 합체한 사례로 설명될 수 있고 그것은 우울의 방식으로 구성된 젠더 정체성의 형성 양상을 보여줄 수 있다.

　5장에서는 모성에 관한 이야기를 좀 더 일상의 층위에서 구체적으로 하기 위해 2004년 (사) 한국여성연구소에서 제작한 다큐 〈여성의 몸과 출산〉과 극영화 〈신호〉에 대한 분석을 추가했다. 이 다큐는 일반적인 모성성은 숭고하고 위대하며 아름다운 것이라고 칭송되지만 현실의 여성이 아이를 낳았을 때 직장을 가진 이삼십대 여성에게 닥친 육아의 책임과 보육지원 정책은 숭고하지도 위대하지도 또 아름답지도 않다는 현실적 문제의식에서 출발한다. 주로 출산 경험이 있는 생물학적 초보 엄마들의 인터뷰를 통해 현실에서 어머니가 된다는 것이 어떤 의미인지를 재고찰하기 위해서다. 어머니 담론은 어머니가 위대하다고 칭송하지만 실제로 여성이 출산 뒤 얻게 되는 생물적·사회적인 신분은 격상보다는 격하에 가깝다. 이어지는 2005년 단편 영화 〈신호〉는 자아 발견을 위해 늦깎이 대학생이 된 엄마와 고3 수험생 딸이 겪는 갈등을 그리고 있다. 뒤늦게 개인의 자아를 찾고 이루지 못했던 꿈을 실현하려는 신호 엄마의 욕망, 그 나이에 합당한 관심과 사랑을 받고 싶은 고등학생 딸 간의 충돌하는 욕망의 지점을 다룬다. 이 단편 극영화는 개인의 자아, 세대 차이, 어머니 역할, 모녀 관계 등의 관점에서 여러 논점이 될 자료라고 생각한다. 물론 이 분석에는 크리스테바가 말하는 모성적 기호계에 대한 이상적 찬미가 현실적 대안이 되기는 어렵다는 비판 의식이 기본적으로 전제되어 있다.

6장에 추가된 분석 대상은 2008년 애스트라 테일러 감독의 〈성찰하는 삶: 현대 사상가와의 외유〉의 일부로서 철학자 8인과 가진 인터뷰 중 버틀러 파트에 해당한다. 버틀러는 퀴어의 몸의 문제를 장애인의 몸의 문제와 결합시켜 몸의 규범성에 대해 논의한다. 분석은 여러 철학자와의 산책 중 버틀러와 수나우라 테일러의 샌프란시스코 미션 디스트릭트 산책에 관한 내용으로 한정했다. 수나우라 테일러는 감독 애스트라 테일러의 여동생이기도 하고 관절굽음증이라는 기능장애 때문에 휠체어를 타고 사는 미국의 장애인권 운동가다. 이 둘은 함께 샌프란시스코 거리를 산책하면서 몸의 규범적 활용에 대한 대화를 펼쳐간다. 몸을 규범과 다르게 표현한다는 것, 규범과 다르게 움직인다는 것의 의미에 대해 주로 고찰하고 있다. 여성의 양성적 쾌락을 이상적으로 본 푸코에 대한 반박으로서 규범과 다른 삶을 산다는 것이 어떤 실제적 사회 제약을 안고 살게 되는지, 살 수 있는 삶의 조건은 무엇인지를 이론과 연결해 고찰해보려는 의도에서 추가되었다. 버틀러는 규범 밖의 삶을 사는 성적 소수자와 신체 장애인의 공통점을 들어 둘 간의 연대 가능성을 제기한다. 보편 인간은 사회 제도나 생활 장치에서 완전히 독립적이거나 자율적이지는 못하다는 의미에서 근본적 취약성에 근간해있다. 그렇다면 가멸적 육체를 안고 살아가는 모든 취약한 인간 사이의 상호 의존성이 중요해진다. 이는 『젠더 허물기』나 『불확실한 삶』 이후 젠더에서 인간으로, 나에서 우리로 문제의식을 확장한 후기 버틀러의 관점과도 연결된다.

　모든 분석의 출발점은 역사적 현재다. 그런 의미에서 지금 이 책은 『젠더 트러블』에 대한 비평적 읽기의 새로운 출발점이라 할 수 있다. 하지만 모든 글은 필자의 손을 떠나는 그 순간부터 예측이 불가능한 새로운 미래에 열려 있기도 하다. 이 책은 2010년 10월 부산 대 인문학 연구소에서 인문 연구(HK) 사업인 〈우리 시대의 고전읽기〉 총서 프로젝트의 일부로 기획되면서 시작되었다. 무엇보다도 『젠더 트러블』에 대한 해설서 형식의 책을 내보자는 제안을 통해 그간의 연구를 되돌아볼 기회와 재정적 지원을 해준 부산대 인문학 연구소에 깊은 감사를 드린다.

두 번째로 (사) 여성문화이론 연구소에 감사드린다. 필자는 2004년 이래 '여이연'의 여름 강좌와 겨울 강좌에서 버틀러 관련 강좌를 꾸준히 해왔다. 매년 두 번씩 열리는 여름 강좌와 겨울 강좌의 준비 과정에서, 또한 강의를 진행하면서 강좌생들의 열띤 참여와 의견 속에 많은 생각이 다듬어지고 구체화되었다. 2004년 겨울 강좌 '주디스 버틀러'를 시작한 이래, '젠더' '히스테리' "안티고네: 라캉과 버틀러 사이" '여성주의 문화이론: 여성의 눈으로 영화읽기' '처음 만나는 정신분석 1: '히스테리'', '처음 만나는 정신분석 2: 우울증' '주디스 버틀러와 젠더 읽기' 등의 강좌는 여성주의와 버틀러에 대한 기본적 생각을 정리하는 기반이 되었다. '역자와 꼼꼼히 읽는 주디스 젠더 트러블' '주디스 버틀러와 타자의 윤리학: 애도, 주권, 국가' '버틀러의 『젠더 트러블』과 『젠더 허물기』' '주디스 버틀러와 타자의 윤리학: 애도, 주권, 국가' '『젠더 허물기』 읽기' 등의 강좌는 전기와 달라진 후기 버틀러의 경향을 정리할 기회가 되었다. 2010년 4월 인권 연구소 창에서 진행된 '주디스 버틀러와 인권' 강좌도 정치철학과 윤리학을 강조하는 후기 버틀러의 사유를 다방면에서 더 깊이 이해하는 발판이 되었다.

각각 2010년과 2011년에 다중지성의 정원 연구소와 여성문화이론 연구소에서 개최된 '페미니즘의 논쟁적 쟁점으로 보는 『젠더 트러블』' 강좌는 이 책의 집필 과정에서 직접적 도움을 주었고 구체적 동력이 되기도 했다. 필자의 글보다는 강의가 훨씬 쉽게 다가온다는 수강생들의 응원에 힘입어 난해한 글쓰기로 소문난 버틀러의 사유를 강의 때 이야기하듯 좀 더 쉽게 써보면 어떨까를 생각하게 된 것이다. 그래서 애초에 기획했던 『젠더 트러블』에 관한 장별 해설서에서 벗어나 일반 교양 독자들이 주디스 버틀러의 『젠더 트러블』을 좀 더 쉽게 읽을 수 있는 글로 방향을 틀게 되었다.

마지막으로 한국의 숨은 인문학 독자와 경희대학교 학술단체협의회에도 감사드린다. 난해한 문장과 개념어로 악명 높은 『젠더 트러블』 국역본을 호기롭게 구매해준 숨은 인문학 매니아 독자 여러분 덕분에 인문학의 불황속에서도 2008년 『젠더 트러블』 국역본이 출간 한 달 만에 모두 판매된 일은 필자에게 큰 용기와 힘을 주었다. 더 이상 외롭지 않았다. 2012년 경희대학교 대학원 학술단체 협의회가 기획한 특강 〈여성 없는 페미니즘: 주디스 버틀러의 논쟁적 젠더 이론〉은 원고의 마무리 단계에서 수강생들과 소통과 교감을 통해 더 구체적이고 실질적인 관점에서 이 책을 보완할 계기가 됐다.

무엇보다 이 책은 '쟁점' 위주로 재편된 『젠더 트러블』 읽기라고 할 수 있다. 이 책에서 새로운 시도로 채택된 것은 구체적인 실천 정치학을 강조하기 위해 각 장의 쟁점을 당대의 영상물 분석과 연결한

젠더는 패러디다

부분이다. 이런 접근법은 단순화와 일반화라는 오류를 피하기가 어렵지만, 이론이 아무리 논리적으로 세련되고 매끈하더라도 정치적 실천력과 구체적 맥락성을 구비하지 않고서는 기존 담론에 포섭되기 십상이라는 필자의 신념 때문에 택해졌다. 솔직히 말하면 무엇보다도 『젠더 트러블』의 국역본*이 너무 어려워 읽을 수 없다는 많은 독자의 항의를 받고 역자로서 느낀 책임감이 가장 큰 몫을 했다고 할 수 있다.

조현준

* 1장부터 인용되는 『젠더 트러블』 국역판(조현준 옮김, 문학동네, 2008) 본문은 괄호 안에 쪽수를 표시해 두었다. 예) (99)

1장   왜 『젠더 트러블』인가

섹스, 젠더, 섹슈얼리티

페미니즘에는 인류 절반의 여성이라는 일관된 집단으로서의 정치 주체가 반드시 필요한가? 알파걸과 골드미스가 대중문화의 이상적 아이콘으로 각광받는 현대에도 페미니즘의 정치성은 여전히 유효한가? 우리는 지금 생물학적 남/녀의 대립 구도가 문화적인 남성성/여성성의 양상과 호응하지 않는 시대에 살고 있다. 스크린 속에만 존재하던 여자보다 예쁜 꽃미남과 남자보다 힘센 여전사는 이제 현실의 층위로 넘어오면서 아름답고 부드러우며 감성적인 '메트로섹슈얼metrosexual' 남성, 능력 있고 강인하며 지성적인 '콘트라섹슈얼contrasexual' 여성으로 새롭게 부상했다. 남성은 원래 여성적인 것

으로 간주되던 최신 유행의 패션과 세련된 스타일을 중시하는 '도시
metro'적 향취를 발산하는 반면, 여성은 전통적 여성상과는 '반대로
contra' 데이트나 결혼보다는 사회적 성공과 고소득 직종을 중시하는
알파걸과 골드미스의 모습을 구현한다. 섹스와 젠더는 상호 간의 안
정된 비례적 호응의 연결고리를 상실했고, 페미니즘의 정치 주체도
일관된 집합으로서의 안정성에 위기를 맞았다.

　　주디스 버틀러는 섹스, 젠더, 섹슈얼리티가 자연스러운 상호 관
련성을 가진 변별적 자질이라는 가정에 반대한다. 어떤 사람이 생
물학적으로 여성이라면 당연히 여성적인 특성을 가졌을 것이며, 이
성애적 규범하에서 다른 남성을 욕망할 것이라는 전제를 거부하는
것이다. 버틀러에게 섹스/젠더/섹슈얼리티, 몸/정체성/욕망 사이
에 필연적 관계는 존재하지 않으며, 이들 모두가 제도 담론의 이차
적 구성물이라는 면에서 공통적으로 젠더의 양상으로 수렴된다. 보
부아르의 주장대로 "몸이 하나의 상황"[1]이라면 언제나 이미 문화적
의미로 해석되지 않은 몸, 사회적으로 설명되지 않는 섹스는 존재할
수 없다.

　　버틀러는 섹스를 담론 이전의 해부학적 사실성으로 간주할 수
없으며, 그 정의상 섹스는 지금까지 줄곧 젠더였다는 것을 밝히고자
한다(99). 섹스라 불리는 것은 젠더만큼이나 문화적으로 구성된 것이며, 그런 의미에서 섹스는 언제나 이미
젠더라는 주장이다. 섹스가 이미 젠더라면 섹슈얼리티의 다변성이나 다양성은 더욱 확장된다. 이성애적

1　Simone de Beauvoir,
The Second Sex, trans. E.
M. Parshley, New York:
Vintage 1973, p. 301.

섹슈얼리티가 정상성으로 안정되어 보이는 것은 섹스와 젠더의 일관성이나 통일성이라는 외관을 유지하기 위한 책략에 불과하다.

섹스, 젠더, 섹슈얼리티가 모두 '자유롭게 떠다니는 인공물free-floating artifice'(95)이자 언제나 생성되는 과정 중의 구성물이라는 점에서 모두 젠더와 같다면 그런 젠더는 어떤 맥락에서 해석되어야 할까? 어떤 사람이 여성이라는 사실은 그 자체로 완전한 의미가 될 수 없다. 누군가를 여성이라고 말한다는 것은 그 사람의 생물학적 구조상의 여성적 특질을 지칭할 뿐 아니라, 그 사람이 여성성이라는 당대의 특정한 이상을 구현하고 있다는 의미인 동시에, 다른 여성이 아닌 어떤 다른 남성에게 욕망을 느낀다는 함의가 전제되어 있는 것이다. 이는 이미 젠더화된 그 '사람'이 젠더의 특정한 장치를 초월한 존재여서가 아니라, 젠더 자체가 언제나 다른 역사적 맥락 속에서 가변적이고 모순적으로 설정되기 때문이며, "담론적으로 성립된 정체성의 인종적 · 계급적 · 민족적 · 성적 · 지역적 양상들"(89)과 부단히 마주치기 때문이다. 이처럼 문화와 정치의 접점에서 구성되는 젠더를 그 접점과 분리해내기란 거의 불가능하다. 따라서 젠더란 변화하면서 맥락화되는 현상으로서, 어떤 본질적인 존재가 아니라 "문화적이고 역사적인 특수한 일련 관계를 둘러싼 상호 수렴의 지점"(103)이 된다.

문화와 정치의 접점에서 구성되는 제도 권력의 담론 효과인 젠더는 이제 섹스, 젠더, 섹슈얼리티를 포괄하는 개념이 된다. 그런데도 젠더는 자신의 기원을 감추고 마치 자연스러운 것, 본질적인 것

젠더는 패러디다

인 양 자신의 겉모습을 꾸미게 된다. 그래서 젠더는 반복된 몸의 양식화이자 반복된 일단의 행위로 나타난다.

> 젠더는 본질의 외관, 자연스러운 듯한 존재를 생산하기 위해 오랫동안 응결되어온 매우 단단한 규제의 틀 안에서 반복된 몸의 양식화이자 반복된 일단의 행위이다. 젠더 존재론의 정치 계보학은, 만약 성공적이기만 하다면 젠더의 본질적 외관을 젠더의 구성적 행위들로 해체할 것이며, 이러한 행위들을 젠더의 사회적 외관을 감시하는 다양한 힘들이 만든 강제적 틀 안에 두고 설명할 것이다 (147~183).

이처럼 버틀러는 반복된 '몸의 양식화'와 수행적인 '일단의 행위'를 통해 젠더 존재론의 '계보학genealogy'을 시도한다. 이는 본질적인 것처럼 보이는 젠더의 외관이 사실상 당대의 제도 규범이 당연하다거나 자연스럽다고 장려하여 오랫동안 반복적으로 행해온 어떤 구성된 행위에 불과하다는 것을 밝히는 작업이다. 버틀러는 이 반복된 구성적 행위는 그 자체로 애초부터 존재한 것이 아니며, 그것이 어떤 외양을 띠어야 한다는 규범을 만들고 그 규범에 맞게 젠더를 구성하는지를 감시하는 다양한 제도 권력의 담론 효과라고 주장한다.

그렇다면 이런 버틀러가 주장하는 젠더 계보학은 어떤 맥락에서 이해되어야 할까? 이 장은 최근 학계뿐 아니라 사회 문화 전반에서 폭넓게 나타나는 버틀러에 대한 관심의 증가 속에서² 버틀러의 가장 중요한 핵심 저작이자 젠더에 대한 계보학적 방법론의 기초에 있는 『젠더 트러블』을 중심으로, 그녀의 젠더 논의가 갖는 문제의식과 의의를 짚어보고자 한다.

버틀러의 논점: 젠더 계보학에서 정치 윤리학으로

버틀러는 31세가 되던 1987년에 예일 대학교 박사논문 『욕망의 주체들Subjects of Desire』을 출간한 이후 꾸준한 강의와 집필 활동을 하면서 UC버클리 수사학과, 비교문학과에서 교편을 잡고 있는 유대계 백인 레즈비언 교수다. 그녀는 프로이트와 라캉의 정신분석학과 주체형성 이론, 폴 드 만과 데리다의 해체론의 영향을 받았고, 푸코의 권력 이론과 (역)담론 이론을 주요한 방법론적 토대로 삼고 있다. 또한 알튀세르의 이데올로기와 호명 이론, 그람시의 헤게모니 이론, J. L. 오스틴의 수행성 논의 등을 비판적으로 수용하고 있으며, 프랑스 레즈비언 이론가 모니크 위티그*, 미국의 언어철학자 솔 크립케, 미국의 인류학자 게일 루빈* 등의 선행 지적 풍토에도 능숙하다.

특히 1990년에 출간된 『젠더 트러블』은 기존 페미니즘이나 철학을 향해 도발적인 논쟁과 문제를 제

2 현재 인터넷에는 각국의 버틀러 팬들이 만든 인터넷 잡지인 팬진 〈주디judy!〉가 있고 2006년에는 버틀러가 주연인 폴 자데르만 감독의 다큐멘터리 〈주디스 버틀러: 제3의 철학〉이 서울여성영화제에서 상연되었다. 또 버틀러는 2008년 서울대학교에서 개최된 세계 철학자 대회에도 화상 강연으로 참여한 바 있다. 버틀러 책의 국내 번역본으로는 『의미를 체현하는 육체』(김윤상 역, 인간사랑 2003), 『안티고네의 주장』(조현순 역, 동문선 2005), 『젠더 트러블』(조현준 역, 문학동네 2008), 『불확실한 삶』(양효실 역, 경성대출판부 2008), 『누가 민족국가를 노래하는가』(주해연 역, 산책자 2008), 『윤리적 폭력 비판: 자기 자신을 설명하기』(양효실 역, 인간사랑 2013) 등이 있다. 이외에도 『젠더 허물기』, 『갈림길』 등의 번역이 진행 중이며 이처럼 최근 버틀러의 저작이 활발히 번역되는 것은 그녀의 저작에 대한 국내 독자·학계의 관심이 상당히 증폭했음을 보여주는 지표이기도 하다.

젠더는 패러디다

3 버틀러에게 보편성은 역사적인 배제와 포함의 과정 속에서 우연적으로 결정되기 때문에, 비역사적인 오이디푸스 콤플렉스에 따른 성차의 구분이라는 본질주의로 결정될 수 없다. 성차란 젠더의 수행성으로 인해 역사적 맥락에서 사회적으로 구성되기 때문에 정신분석학적 본질주의로 환원될 수 없기 때문이다. 그리고 라클라우에게 보편성은 항상 어떤 특정한 내용에 의해 헤게모니화 되어야 하는 것이고 헤게모니라는 우연성의 논리에 의해 결정되는 것이라서 계급 본질주의 같은 정치적 본질주의를 배제하는 것이다. 반면 지젝은 역사성과 비역사적인 중핵 간의 변증법이라는 관점에서 버틀러와 라클라우의 입장을 둘 다 비판한다. 그는 성차나 정치의 우연성이 특정한 역사적 형식이며, 이 형식이 나타나기 위해 원초적으로 배제된 것이 무엇인지 질문해야 한다고 주장한다. 지젝은 버틀러나 라클라우가 텅 빈 보편성을 헤게모니화하는 특수한 내용을 분석할 뿐 그 보편성을 가능하게 한 근본적 불가능성을 분석하지 않는다는 점에서 비역사적이라고 비판한다. 자세한 논의로는 Judith Butler, Ernest Laclau and Slavoj Zizek, *Contingency, Hegemony, Universality: Contemporary Dialogues on the Left*, New York: Verso 2000를 참고.

기하면서 학계에 트러블을 일으켰고 세계적으로 번역 출간되어 10만부 이상 팔리면서 큰 주목을 받았다. 이후 버틀러는 『의미를 체현하는 육체*Bodies That Matter*』, 『권력의 심리 생활*Psychic Life of Power*』, 『격분하기 쉬운 말*Excitable Speech*』 등을 출간하면서 페미니스트이자 퀴어 이론가, 정신분석학과 해체론적으로 재해석된 푸코의 계승자로, 수행성과 수행적 언어를 결합한 언어철학자로 자신의 입지를 굳혔다. 『우연성, 헤게모니, 보편성*Contingency, Hegemony, Universality*』에서는 지젝, 라클라우 등 다른 좌파 학자들과 논쟁적 비평을 벌이면서 이론적 교환을 통해 우연적 토대 위의 텅 빈 '보편성'이라는 주제를 면밀히 고찰했으며**3**, 『안티고네의 주장*Antigone's Claim*』에서는 희랍 비극의 고전적 여성 영웅 안티고네를 친족 교란과 젠더 역전의 급진적 퀴어 주체로 재해석했다. 이어서 『불확실한 삶*Precarious Life*』과 『젠더 허물기*Undoing Gender*』 그리고 『윤리적 폭력 비판: 자기 자신을 설명하기*Giving an Account of Oneself*』에서는 사회 속에서 인식 가능한, 또한 생존 가능한 언어적 주체로 산다는 것의 문제를 타자의 윤리학이라는 관점에서 성찰하고 있다.

이후 출간된 가야트리 스피박과의 대담집 『누가 민족국가를 노래하는가?*Who Sings the Nation-State?*』는 국가의 이중성, 즉 사적 영역에서의 잠정적이고 일시적인 심리 상태 state와 공적 영역에서의 법과 군대의 복합체인 국가state의 문제에 주목한다. 이 책에서 그녀는 시민권을 얻기 위해 투쟁하는 불법체류자 및 난민의 관점에서는 국가 없음이 단순한 국적의 누락이 아니라, 권력의 장 내부에서 법적인 권리를 박탈당하는 적극적인 방식이라고 주장한다.

실제로 국가에서 추방된 사람이나 추방을 두려워하는 사람들, 독일의 이주노동자, 팔레스타인 점령지구의 사람들, 관타나모 수용소 포로들의 권리 박탈은 보편적 주체의 양상이 아니라 역사적으로 특수한 상황이다. 조르조 아감벤이 말하는 '벌거벗은 삶bare life'도 사실상 누구에게나 해당되는 보편적인 조건이자 주권 권력의 이면적한 양상이기보다는, 특정한 법제적 권력에 의해 권리가 박탈된 사람들이 겪는 역사적으로 특수한 상황이라는 주장이다.4 이런 정치학과 윤리학에 대한 관심은 이후 『전쟁의 틀: 삶은 언제 애도 가능한가?Frames of War: When is Life Grievable?』와 『갈림길: 유대성과 시오니즘 비판Parting Ways: Jewishness and the Critiques of Zionism』, 『박탈: 정치적인 것에서의 행위수행Dispossession: The Performative in the Political』에서도 계속된다.

헤겔 철학이 1930~1940년대 프랑스 철학자들에게 미친 영향을 연구한 『욕망의 주체들』에서 시작해 2006년 5월 텍사스 오스틴에서 열린 미등록 이주자 집회에서 '스페인어로 부른 미국 국가'의 '수행적 모

4 Judith Butler and Gayatri Chakravorty Spivak, *Who Sings the Nation-State?: Language, Politics, Belonging*, New York: Seagull Books 2007, pp. 31~42.

젠더는 패러디다

순performative contradiction'에 주목하기까지 버틀러의 연구는 이론과 실천 양면에서 다양한 스펙트럼을 펼친다.

그러나 그녀의 논의를 큰 맥락에서 정리하자면 전기의 이론적 젠더 계보학과 후기의 실천적 정치 윤리학으로 분류할 수 있을 듯하다. 이중 젠더 계보학 논의의 시발점이자 버틀러에게 대단한 관심과 명성을 가져다준 책은 그녀를 페미니스트이자 퀴어 이론가로서 자리매김하게 만든 두 번째 저작 『젠더 트러블』일 것이다.

계보학은 원래 니체의 『도덕의 계보학On the Genealogy of Morals』에서 다뤄진 논의를 계승한 미셸 푸코의 비평적 방법론으로, 담론의 구성물을 근본적 전제인 양 조작하려고 보이지 않는 배타적 실천을 꾸준히 해온 정치적 사법 주체를 밝히려는 논의 양식이다. 그런데 버틀러는 여기에 젠더의 관점을 부가하면서 이성애적 토대 위에서 페미니즘의 법적 주체인 여성을 생산한 뒤 그 생산 사실을 은폐해온 정치적 작용을 '페미니즘 계보학'의 이름으로 추적한다. 이 계보학은 여성을 하나의 정치 주체 집단으로 범주화하려는 페미니즘의 노력에 저항하기 때문에 기존 페미니즘과 트러블을 일으킨다. 기존의 이분법적 구조는 해체되어야 하고, 단일한 의미 범주는 새로운 의미의 가능성으로 끊임없이 열려야 하며, 원인과 결과는 뒤집혀야 한다.

9·11 사건이 있었던 2001년 이래로 버틀러의 관심은 현실 정치에 대한 윤리성으로 선회했다. '나'라는 정체성이 만들어지는 '우리'라는 맥락을 중시하면서 '우리 속에 허물어지는 나'를 강조하고, 여성뿐만 아니라 인간성이나 인간다움을 박탈당할 위협에 놓인 모든

소수자의 문제로 논의 대상을 넓힌다. 이런 대상에는 성적 소수자뿐만 아니라 전쟁 포로, 장애인 그리고 자기 자신처럼 미국 안에서 이스라엘 정책에 반대하는 유대인 지식인도 포함된다. 현실의 정치적 맥락에서 윤리적 방식을 취하기 위해서 무엇이 필요한지 고민하는 것이다. 또한 윤리라는 이름으로 수용되는 일반화의 폭력에 저항하기 위해 '주체에 앞서 있는 타자'의 가능성을 고민하고자 한다. 그런 의미에서 나보다는 우리, 주체보다는 타자로 논의의 중요성이 이동한다.

전기의 젠더 계보학과 후기의 정치 윤리학은 여전히 과정 중에 있는 버틀러의 이론 작업 중 일부에 불과하다. 2000년 이후 엄청난 다작을 쏟아내며 다방면으로 관심을 확대하고 있는 버틀러의 논의가 어디까지 미칠지는 아직도 미지수다. 그녀가 주장하는 '과정 중의 주체'처럼 버틀러의 논의는 '과정 중의 이론'인 것이다.

그러나 『젠더 트러블』은 이론가이자 철학자로서 버틀러의 입지를 굳혀준 저작임에는 분명하다. 그렇다면 아직 완결되지 않은 버틀러의 전체 이론 체계에서 『젠더 트러블』의 중요성 및 젠더 이론이나 페미니즘적인 입지가 무엇인지 살펴보겠다.

『젠더 트러블』의 입장

무엇보다 『젠더 트러블』은 '정치성'과 '재현'이 꼭 함께해야 하는가라는 문제의식에서 출발한다. 페미니즘이라는 정치성에는 보편 여성이라는 일관된 재현 주체가 필요하다는 기존 논의에 트러블을 일으키는 것이다. 우선 정치성은 권력의 이중적 기능, 즉 사법적 기능과 생산적 기능에 주의를 기울여야 한다. 정당함과 부당함을 구분하여 부당함을 처벌하고 훈육한다는 의미에서 권력의 사법적 기능은 겉으로 드러나 있지만, 어떤 개념의 인식 가능성 자체를 통제하여 인식 가능한 주체subject는 생산하고 인식 가능하지 않은 주체는 비체abject로 만드는 권력의 생산적 기능은 은폐되어 있기 때문이다. 사법적 권력은 자신이 그저 재현할 뿐이라고 주장하는 것을 필연적으로 생산한다(87). 정치학의 사법 주체들은 보이지 않는 어떤 배타적 실천을 통해서 생산되므로 주체의 정체성은 그 정체성을 근본적 전제인 양 조작하려는 정치성을 피해갈 수 없다.

　게다가 '여성'이라는 재현 대상은 '여성들'이라는 복수 형태로 있다 하더라도 그것이 묘사하거나 재현하려는 바에 완전히 동의하는 안정된 기표가 아니라 경합의 장소, 불안의 원인이 되는 문제적 용어라는 데 주목해야 한다. 이미 젠더화된 사람이라도 다른 역사적인 맥락에서 보면 그 젠더가 항상 일관되거나 연속적인 선상에서 구성될 수 있는 것이 아니기 때문이다. 젠더는 담론적으로 구성된 정체성의 성, 인종, 계급뿐 아니라 민족, 지역, 국가의 양상과도 교차되므로 여성에 대한 재현 자체도 정치나 문화를 떠나서는 불가능하다.

　그러므로 페미니즘의 정치성을 위해서 여성 주체로 재현되는 여성이 반드시 전제되어야 할 필요는 없다. 특히 버틀러는 범주로서의 여성에 대해 비판적이며, 여성에 대한 재현은 여성 주체가 가정되지 않을 때 의의가 있다는 입장을 견지한다. 여성을 페미니즘의 주체로 '재현'하는 언어와 정치의 사법적 구성은 그 자체가 하나의 담론적 구성물에 불과하며 당면한 '재현 정치학'의 결과이기 때문이다. 통일되거나 단일한 범주로 여성을 재현하기란 어렵지만 그렇다고 페미니즘의 '정치성'이 포기되는 것은 아니다. 그래서 단일한 재현이나 통일된 범주를 전제하지 않는 정치학, 혹은 '범주로서의 여성'이 없는 페미니즘의 정치학이 발생한다. 이것이 버틀러가 '정체성의 정치학'에 일으키는 트러블이며, 여성이라는 일관되거나 공통된 범주로서의 주체가 없는 '비정체성의 정치학'이 탄생하는 배경이다.

이처럼 여성 없는 페미니즘, 혹은 비정체성의 정치학에 입각한 페미니즘 계보학을 위해 버틀러가 사용하는 방법론은 주로 세 가지 방식으로 전개된다.

첫 번째, 이분법이나 대립 구도를 해체하고 와해시키는 작업이다. 앞서 섹스, 젠더, 섹슈얼리티가 생물학적 결정물/문화적 구성물/본능적 욕망으로 구분할 수 없을 만큼 모두 제도 담론의 이차적 결과물이라는 논의를 했다. 갓 태어난 아이를 '씩씩한 왕자님' '예쁜 공주님'으로 호명하는 것 자체가 탄생의 순간, 이미 생물학적 성과 동시에 발생하는 문화적 의미화의 양상을 보여준다. 또한 시대적 요구에 맞추어 변모된 꽃미남/여전사, 메트로섹슈얼/콘트라섹슈얼은 남성성과 여성성의 범주가 자신을 구성하는 동시에 이미 자신 안에 대립항의 양상까지 포함하고 있음을 보여준다. 여기에 이성복장 전환자transvestite, 성정체성 전환자transgender 그리고 성별 전환자

젠더는 패러디다

transsexual의 논의까지 더해지면 이들 관계는 복합적으로 겹쳐져 더 이상 선행하는 본질과 후행하는 현상이라는 논의가 불가능해진다. 예컨대 한 남성을 사랑하던 여장남성이 꾸준히 자신을 여성으로 동일시한 결과, 남성에서 여성으로 성전환 수술을 했는데 수술 직후부터 남성보다는 여성을 좋아하게 되었다면, 그런데 그 여성이 알고 보니 여장한 남성이었다면 이때 섹슈얼리티는 기존의 동성애/이성애라는 대립 구도로 설명될 수 없는 복잡하고 가변적인 구성물이 된다.

두 번째는 모든 단일한 정체성을 부정하고 일관되거나 통일된 동일자의 내적 안정성을 의심하는 방식이다. 섹스, 젠더, 섹슈얼리티 각각은 단일하고 통일된 일관성으로 설명할 수 없는 트랜스의 영역에 걸쳐 있다. 여성과 남성으로 동시에 살았던 19세기의 양성인간 에르퀼린 바르뱅5이나 성 염색체의 10퍼센트는 기존 성 염색체의 분류에 맞지 않는다고 주장한 20세기 데이비드 페이지 박사의 과학적 발견을 굳이 거론하지 않아도(284~292)6 섹스가 이미 젠더라면, 젠더는 결정된 내적 본질이 아니라 형성 중인 구성물이며 고정된 '명사'가 아니라 부단히 움직이는 '동사'다. 여성이라는 것 자체가 이미 결정되고 완결된 속성이거나 고유성이 아니라, 서로 다른 역사적 맥락 속에서 늘 가변적이고 모순적으로 구성되면서 담론적으로 성립되는

5 에르퀼린 바르뱅은 여성으로 태어났지만 이차 성징기에 남성적 징후를 보인 19세기 프랑스의 양성인간이다. 수도원의 교사로 재직 중이던 바르뱅은 20대 초반 왕진 온 진료의사에게 치료받던 중 남성적인 신체의 양상을 듣기게 된다. 이후 두 차례의 의료검진과 공청회를 거쳐 바르뱅은 법적인 성을 여성에서 남성으로 변경한다. Michel Foucault, ed. *Herculine Barbin, Being the Recently Discovered Memoir of a Nineteenth Century Hermaphrodite*, trans. Richard McDonngall, New York: Colophone 1980 참고.

과정 중의 구성물이기 때문이다. 젠더는 변화 속에 맥락화된 현상이자 문화적이고 역사적으로 특수한 일련 관계를 둘러싼 상호 수렴점이 된다. 옷 바꿔 입기, 이성과의 동일시, 성전환 수술은 각각 섹스, 젠더, 섹슈얼리티상의 다양한 접점을 형성하면서 생물학적 몸과 문화적인 동일시 그리고 본능적인 욕망의 영역이 서로 복합적으로 교직되는 무한히 열린 재의미화의 가능성을 연다. 따라서 젠더의 '통일성'은 강제적 이성애 중심주의를 통해서 젠더 정체성에 통일성을 부여하려는 제도적 실천의 결과에 불과하다(145).

마지막은 인과론의 전도다. 구조주의나 정신분석학은 인간의 근원적인 욕망을 이성애로 전제하고 대상을 제한하는 근친애 금기법의 필연성을 주장했다. 두 학문은 근친애의 금기야말로 인류의 근간이자 보편적 토대라고 전제한다. 그러나 근친애적 욕망을 금지해야 할 법으로 생산한 것은 당대 제도 규범의 반복된 규율적 실천이다. 태초에 욕망이 있어서 그것을 금지하는 법이 있는 것이 아니라, 법이 이미 금지해야 할 욕망을 전제해두어서 특정한 욕망을 금지해야 할 대상으로 생산한 것이다. 예컨대 근친애의 욕망이 있어서 근친애 금지의 법이 생긴 것이 아니라, 근친애의 금지라는 법이 근친애적 욕망을 인간의 근원적 욕망으로 생산한다는 것이다. 권력의 생산적 기능에 따라 사법 권력은 법으로 재현하는 것을 필연적으로 생산하게 되고, 이에 따라 권력의 사법 체계는 특정한 욕망을 근원적이거나 일차적인 욕망으로 생산하면서 이성애를 규범적인 욕망의 토대로 설

6 1987년 MIT의 페이지 박사는 인간의 성염색체의 10퍼센트가 XX에도 XY에도 분류될 수 없다고 주장했다.

정하게 된다.

결국 단단하고 결정적인 토대를 가지는 것으로 보이는 남녀의 성차, 통일되고 안정된 범주로서의 여성, 근친애의 금기에 전제된 이성애 중심주의는 사실상 지배 이데올로기가 반복된 규제적 이상의 각인 행위를 통해 자연스러운 것으로 생산해낸 사법 권력의 결과물이다. 그리고 그 기저에는 이성애자만이 인식 가능한 주체이고, 동성애자는 인식 불가능한 비체라고 선언하는 가부장적 이성애 중심주의가 있다. 정신분석학이 금지 대상으로 규범화한 욕망은 강제적 이성애compulsory heterosexuality라는 모태에 근간한 근친애의 욕망을 근원적 욕망으로 전제하면서 다른 욕망의 가능성은 배제한다. 동성애적 욕망은 억압되기에 앞서 애초에 배제되어 욕망으로서 인정도 인식도 되지 못하는 것이다.

페미니즘이 섹스, 젠더, 섹슈얼리티의 문제를 포괄하는 급진적 젠더 정치학으로서의 젠더 계보학이 되려면, 이미 섹스 안에 들어 있는 문화적·제도적 규제를 인식해야 하고, 젠더 내부의 다양성과 변화 가능성을 인정해야 한다. 아울러 특정 섹슈얼리티를 비체의 기준으로 삼는 규율 권력의 지식 생산 체계에 대해서도 비판적 거리를 가져야 한다. 이 같은 인식을 바탕으로 원인과 결과의 전도를 통해 담론을 구성하는 '역사적 현재the historical present'(92)를 밝히려는 것이 바로 버틀러가 말하는 계보학적 작업이다. 그리고 실천적 층위에서 그것은 근친애적 욕망 이전에 원천적으로 배제된 동성애적 욕망을 밝히는 과정이 될 것이다.

젠더 정체성을 구성하는 방식: 패러디, 수행성, 반복 복종, 우울증

버틀러의 계보학적 입장은 젠더 정체성을 구성하는 방식에서 보다 구체화된다. 본질이나 핵, 근원으로 존재하지 않으면서 무한히 변화하며 자유롭게 떠도는 인공물이 젠더라면, 이런 젠더가 구성되는 방식은 패러디, 수행성, 반복 복종, 우울증으로 설명될 수 있다. 본질이나 원본의 진정성이나 진품성을 허무는 회화적 모방으로, 언제나 새로운 행위로 나를 연출하면서 과정 중의 주체를 보여주는 수행성으로, 규범에 복종하지만 반복된 복종의 실천을 통해 또 다른 새로운 의미를 창출할 규범 내부의 새로운 전복 가능성으로, 또 상실했지만 완전히 떠나보내지 못한 애정의 대상이 나의 자아를 만드는 우울증적 에고 구성의 방식으로 젠더는 복잡하게 열려 있다.

패러디

우선 패러디적 정체성은 원본에 대한 모방이 아니라 원본이라 가정되는 복사본에 대한 모방으로 얻어지는 정체성이기 때문에 원본의 권위를 부정한다. 패러디가 원본의 희화화나 조롱을 목적으로 원본을 모방하는 행위, 혹은 그 결과물이라면 이것은 원본의 권위와 본질을 전제하지 않는 모방을 가능하게 한다.

예컨대 여장남성drag[7]이 여성을 모방한다면 이때 모방되는 여성은 사실 여성 자체가 아니라 여성이 지니고 있다고 가정되는 당대의 이상적 관념이다. 여장남성이 대표하는 짙고 풍성한 속눈썹, 길고

38

젠더는 패러디다

부풀려진 헤어 스타일, 화려한 메이크업, 과잉 노출과 과장된 에스라인은 평범한 일상의 여성을 모방했다기보다는 가장 여성다운 여성으로 이상화된 인공적 자질을 과도하게 모방한 결과이기 때문이다. 이런 인공적 이상을 모방하는 것이 비단 여장남성만은 아니다. 여성도 자신을 여성적으로 연출하고 싶을 때는 이런 인공적인 이상을 모방한다. 그런 의미에서 원본으로서의 여성과 모방본으로서의 여장남성 간에는 차이가 없으며 오히려 모방 사실을 인정하고 전면화하는 여장남성이, 자연스러운 여성성을 가장하는 여성스러운 여성보다 여성성의 생산과정을 더 솔직하고 분명하게 보여준다. 모방하는 것은 여성 자체가 아니라 이상적인 여성성으로 간주되는 문화적이고 인공적인 이상이기 때문에 "드랙은 젠더를 모방하면서 은연중에 젠더 자체의 우연성뿐 아니라 모방적인 구조도 드러낸다."(343)

부치butch와 팸femme[8]의 경우에도 마찬가지다. 팸이 자신의 부치는 좀 더 여성스러우면 좋겠다고 말한다면, 이미 여성이라는 생물학적 범주 안에서 일어나는 남성성의 패러디 양상이 노출된다. 부치는 여성이면서 남성성이라는 이상적 인공물을 모방할 수도 있고, 그 과정에서 파트너의 요청에 부응해 다시 한번 여성성이라는 이상적 관념을 모방할 수도 있다. 이때 부치와 팸은 레즈비언 안에서 이성애적 남녀 구도를 답습하는 것이 아니라, 이미 여성 내부에서 여성적 여

7　드랙에는 남장여성인 드랙 킹drag king과 여장남성인 드랙 퀸drag queen이 있다. 보통 그냥 드랙이라고 할 때는 주로 드랙 퀸을 지칭한다. 영어 그대로 쓸 경우 킹이나 퀸의 자리를 결정하는 것이 어떤 복장을 입느냐를 중심으로 결정되지만, 국역할 경우 남장이나 여장을 했더라도 본래 여성인지 남성인지가 더 강조되어서 인용문의 경우 원문 그대로 옮겼다.
8　부치는 여성동성애자 중 남성 역할자를, 팸은 여성 역할자를 의미한다. 여기에는 공통된 국역어가 정립되어 있지 않아서 영어 발음 그대로 옮겼다.

성/남성적 여성이 분리될 가능성 그리고 섹스와 상관없이 다양한 젠더 교차적 동일시가 일어날 가능성을 보여준다. 젠더 패러디 개념은 패러디적 정체성이 모방하는 본질로서의 원본이 존재하지 않으며, 원본 개념 자체가 이미 선험적인 본질이 아니라 제도 문화의 이차적 구성물이라는 것을 보여준다. 젠더 패러디는 젠더 자체가 '기원 없는 모방'을 통해서만 구현되는 방식을 드러낸다.

동성애자와 이성애자의 관계도 복사본 대 원본의 관계가 아니라 복사본 대 복사본의 관계로 설명된다. '원본'이라는 관념의 패러디적인 반복은 원본조차 자연스럽거나 본래적이라는 관념의 패러디에 불과하다는 것을 보여준다. 원본과의 공감을 유지하는 '패러디'와 원본이 존재할 가능성을 반박하는 '패스티시'를 구분하고 있는 프레드릭 제임슨의 분류에 따를 경우[9] 원본 개념을 조롱하는 모방은 패러디보다는 패스티시의 특징이 된다. 이것이 버틀러가 말하는 패러디적 웃음의 패스티시 효과다. 전복적 정치성에 이르는 패러디의 전복적 웃음은 메두사의 웃음처럼 도처에 존재한다.[10]

9 Fredric Jameson, "Postmodernism and Consumer Society", *The Anti-Aesthetic: Essays on Postmodern Culture*, ed. Hal Foster, Port Townsend: Bay Press, 1983 참고.

10 버틀러는 패러디적 웃음의 패스티시 효과에서 오는 전복성의 예를 몇 가지 들고 있다. 패러디적 웃음의 전복적 가능성은 『사물의 질서*The Order of Things*』 서문에서 푸코가 보르헤스의 구절을 읽다가 터뜨렸던, 모든 친숙한 표식을 산산이 부수고 동일자와 타자의 구분을 와해시킨 폭발적 웃음에 있다. 또한 가족을 학살하고 친족을 부정하며 성의 범주까지 부정하면서 문자 그대로 모든 것을 파괴했던 피에르 리비에르Pierre Rivière의 웃음, 데리다가 『글쓰기와 차이*Writing and Difference*』에서 언급한 헤겔 변증법의 개념적 지배를 피해가는 잉여로서의 바타이유의 웃음이 그 예가 될 수 있다. 무엇보다도 엘렌 식수Hélène Cixous가 논했던 자신을 보는 사람을 돌로 만들어버리는 응시인 메두사의 웃음이 있다. 한번 쳐다보기만 해도 주체를 돌로 굳게 만드는 메두사의 웃음은 안정된 표면을 산산이 부수며, 동일자와 타자의 변증법이 당대 성차의 축을 따라 발생한다는 사실을 폭로한다(278~279).

젠더는 패러디다

수행성

두 번째로 젠더 특성은 표현적인 것이 아니라 수행적인 방식으로 구성된다. 버틀러는 니체가 『도덕의 계보학』에서 주장한 "행위, 수행, 과정 뒤에는 어떤 존재도 없다. 행위자는 그 행위에 부가된 허구에 불과하다. 행위만이 전부이다There is no 'being' behind doing, effecting, becoming; 'the doer' is merely a fiction added to the deed—the deed is everything" **11**라는 주장을 더 발전시켜 "행위 뒤에 행위자는 없다There is no doer behind the deed"는 수행적 젠더 정체성 논의를 끌어낸다. 행위자는 행위 안에서 또 행위를 통해서 가변적으로 다양하게 구성된다는 것이다. 젠더의 표현물 뒤에 젠더 정체성은 없다. 젠더 정체성은 자신의 결과라고 간주되는 바로 그 '표현물들'을 통해서 수행적으로 구성될 뿐이다.

피터 오스본과 린 세갈*이 진행했던 인터뷰에서 버틀러는 수행performance과 수행성performativity을 구분하는 것이 중요하다고 밝힌다. 수행에는 주체가 전제되어 있는 반면, 수행성은 주체라는 개념 자체에 저항한다는 것이다.**12** 권력이 담론을 통해 작동하면서 주체를 생산하는 동시에 주체를 불안정하게 만들게 되는데, 이때 수행성이나 수행적 화행speech act은 주체를 생산하는 비유나 수사로 유용하다. 수행성이나 수행적 화행은 자신이 명명하는 것을 존재로 만드는 발화 행위로, 이름이 불리는 순간 그 이름의 명명 행위가 특정 정체성을 구성하

11 Friedrich Nietzsche, *On the Genealogy of Morals*, trans. Walter Kaufmann, New York: Vintage, 1969, p. 45.
12 Judith Butler, "Gender As Performance", *A Critical Sense: Interview With Intellectuals*, ed. Peter Osborne, New York: Routledge, 1996, p. 112.

면서 담론이 특정한 방식으로 생산성을 띠는 계기다. 그러므로 버틀러에게 수행성이란 자신이 명명하는 것을 생산할 능력을 가진 담론의 양상으로 이해된다. 그리고 오스틴을 새롭게 해석한 데리다의 방식처럼 **13** 이런 생산은 사실 언제나 반복이나 인용을 통해 발생하게 된다. 수행성이란 행위 주체의 존재론적 효과가 세워지는 매개수단vehicle이자 담론 양식이라 할 수 있다.

　　전통적 주체 개념을 허무는 버틀러의 행위주체성agency 개념은 그 행위 주체의 젠더 또한 어떤 사람의 내재적이고 본질적인 핵이 아니라, 겉으로 드러나는 현재의 행위와 관련된 수행적 젠더의 구성 방식과 유사하다. 행위라는 표면 뒤에 행위자라는 심층이 가정되지 않는 것처럼, 젠더도 자신을 명명하면서 그것을 존재로 만드는 제도 담론의 반복된 실천의 결과물로만 존재한다. 명명 행위나 반복된 몸의 양식화가 그 문화적 의미를 보여주고 생산하는 다양한 방식이 수행적이라면 행위나 속성이 가늠될 수 있는 선재하는 정체성이란 존재하지 않는다. 젠더 정체성은 담론의 결과라고 가정되는 젠더의 '표현물들'에 의해 수행적으로 구성되는 것이다. 이제 겉과 속, 행위와 행위자, 외양과 본질, 연기와 연기자라는 이분법은 와해되고

13 1950년대 영국 언어철학자 J. L. 오스틴은 『말로 어떻게 행위할 것인가』에서 발화를 진술문constative과 수행문performative으로 나누고 전자는 진술, 상황 기술, 진위판단을 하지만, 후자는 말하는 순간 행위가 발생한다고 보았다. 그리고 발화의 결과 즉각적인 행위가 나타날 때에는 발화수반 illocutionary 수행문, 발화의 결과로 행위가 나타날 때에는 발화효과perlocutionary 수행문이라고 불렀다. 그러나 궁극적으로 모든 진술문은 "이로서 ~라고 선언한다"라는 말을 붙이면 수행문이 된다는 의미에서 넓은 의미의 수행문이라고 볼 수 있다고 지적했다. 다만 오스틴은 맥락과 관습, 발화자의 의도와 권위에 따라 적절한 수행문과 부적절한 수행문을 구분했는데, 데리다는 「서명, 사건, 맥락」에서 가장 고유한 서명이야말로 반복에 근거한다는 예를 들어 모든 수행문은 반복된 인용의 형식으로 나타나는 부적절한 수행문이라고 주장한 바 있다. 자세한 논의로는 Austin, *How To Do Things With Words*, Cambridge: Harvard UP, 1975와 Jacques Derrida, "Signature Event Context", *Margins of Philosophy*, trans. Alan Bass, Chicago: University of Chicago Press, 1972를 참고.

젠더는 패러디다

이들 간에는 진실하거나 거짓인 것도, 본질적이거나 왜곡된 것도 존재하지 않는다. 모든 젠더가 행위 중에 가변적으로 구성되는 일시적으로 잠정적인 양상에 불과하다면 진정한 젠더 정체성에 대한 모든 가정은 허구로 드러나게 된다.

수행성은 이런 반복적 규범의 실천을 통해서 언제나 새로운 의미의 가능성을 연다. 버틀러에게 수행성은 반복성의 과정, 규범의 규정적이고 규제적인 반복 바깥에서는 이해될 수 없는 것이다 Performatvity cannot be understood outside of a process of iterability, a regularized and constrained repetition of norm.**14** 그리고 이런 반복은 주체에 의해 수행되는 것이 아니라 주체를 가능하게 하면서 그 주체의 일시적 조건을 구성한다. 이 반복성은 수행이 단일한 행동이나 사건이 아니라 하나의 의례화된 생산물, 즉 규약하에서 반복된 의례적 행위라는 뜻이다. 이런 반복적인 수행은 규범과 규제를 가능하게 하는 조건인 동시에 그것이 새 의미로 열릴 미시적 가능성이기도 하다. 그것이 반복을 통한 제도 규범의 수행이 가져올 전복성이다.

특히 수행성에 대해서는 연극적 수행성과 언어적 수행성을 구분하여 생각해야 한다. 연극적 수행성은 어떤 주체란 구체적 시간과 공간의 맥락에 있는 행위를 통해 구성되며 그 행위 안에 어떤 본질적 정체성도 갖고 있지 않다는 의미다. 즉 무대 위에서 연극 행위를 하는 연기인처럼 인간은 사회라는 무대 위에서 자신의 역할을 늘 다르게 반복하며 자신의 정체성을 구성해나간다는 의미인 것이다.

14 Judith Butler, Bodies *That Matter: On the Discursive Limits of "Sex"*, New York: Routledge 1993, p. 95.

반면 언어적 수행성은 진술문과 달리 수행문이 전하는 말이 행위가 되는 효과에 주목한다. 인간이 언어적 존재라면 언어에는 행위를 수행하는 힘이 있고 그 언어적 수행력이 인간을 구성하기도 하기 때문이다. 예컨대 신랑 신부의 결혼을 선언하는 목사의 말, 아기에게 세례성사를 행하는 신부의 말은 그 말 자체가 어떤 행위를 형성해서 결혼 당사자나 성사 당사자의 정체성을 구성하게 되고, 그 수행문의 발화 시점부터 발화 효과를 유효하게 작동시키는 결과를 가져온다. 즉 언어가 남녀를 부부로 만들고, 아기를 신자로 만든다.

반복 복종

세 번째로 이런 수행문의 호명에 의해 탄생하는 젠더 주체는 법 안에서 법에 대한 반복 복종을 통해 법의 재의미화나 재발화를 모색한다. 알튀세르에게 주체는 이데올로기가 호명할 때 그에 응답함으로써 탄생하는 것이라면, 버틀러의 주체는 그 호명에 완전히 복종하지 않고 잉여 부분을 둠으로써 완전한 복종도, 완전한 저항도 아닌 복종을 하는 주체다. 즉 규범 속 주체의 몸은 규제 속에 몸의 틀을 잡고 몸에 규제를 가하는 동시에, 반복된 규제복종 행위 속에 자기도 모르게 그 규제를 파괴하는 이중적인 역할을 하게 된다.

주체는 자신의 이름이 불리는 순간 그 이름으로 불린 사람이 자신인지, 또 그 호명에 응답할지 말지 망설이게 된다. 말하자면, 호명된 자신의 이름에 응대하라는 상징적 요구와 그 이름을 자신이 오인한 것이 아닌지에서 오는 불안정성과 비예측성 때문에 주체는 호명된 이름이 지칭하는 정체성을 완전하게 달성할 수 없다. 오인이라는 상상계적 요소는 법에 따라 선취되고 구조화될 뿐 즉각 법에 복종하는 것이 아니기 때문에 완결된 상징적인 정체성의 구성은 불가능해진다. 상상계 속에 정체성의 실패가 나타날 것이므로 정체성은 상징계에 의해서 완전하게 총체화될 수 없다.[15]

주체에 정체성을 부여하기 위한 호명은 법의 무의식이 반복적으로 주체를 호명하는 과정에서 그 정체성의 침해를 통해서만 정체성을 구성하게 된다. 반복된 법의 호명과 그에 대한 주체의 응대는 재의미화나 재발화의 가능성을 열 수 있다. 다시 말해 주체를 형성하는 동시에 재형성하고 주체의 복종에 대한 열정적 집착을 새롭게 수정하는 동시에 불안정하게 만들 수 있다. 복종의 무의식은 알튀세르의 호명론과 프로이트의 무의식론을 버틀러가 독창적으로 결합한 사례로 법 안에서 주체가 재의미화되거나 재발화될 미시적 가능성으로 주장된다.

우울증

마지막으로 우울증의 형성 구조를 가진 젠더 정체성은 사랑했던 대상을 자신의 에고에 '합체incorporation'하는 방식을 중시한다. 프로이트는 「애도와 우울증Mourning and Melancholia」에서 애정의 대상을 상실했을 때 애도와 우울증이라는 두 가지 반응이 나타난다고 설명한다. 애도는 갑작스러운 애정 대상의 상실로 인한 리비도의 철회 과정에서 주체가 사랑했던

15 Judith Butler, The Psychic Life of Power, Stanford: Stanford UP, 1997, p. 96~97.

대상을 잠시 내투사introjection했다가 일정 기간의 리비도 철회 작업이 끝난 뒤 다른 대상애object-love로 진행하는 정상적인 반응인 반면, 우울증은 애도에 실패할 때 나타나는 현상으로 사랑했던 대상에 대한 상실을 극복할 수 없어서 대상을 주체의 에고로 합체해버리는 병리적 반응으로 설명된다. 사랑했던 대상이 주체의 에고 안으로 들어와 주체의 에고가 되는 것이다.

우울증의 주체는 상실한 애정의 대상이 무의식적인 것이라서 그 대상을 완전히 극복하는 것이 불가능하다. 그리고 극복되지 못한 상실의 대상이 에고를 형성하므로, 주체는 대상애 단계에서 자아 구성 단계, 즉 나르시시즘 단계로 퇴행하게 된다. 이제 애정의 대상은 주체의 에고가 되고, 원래 주체의 에고는 수퍼에고로 변화한다. 이 수퍼에고는 에고에 대해서, 마치 주체의 에고가 애정의 대상에서 애정을 발산하듯 증오와 박해를 가한다. 사랑이란 애증의 양가감정인데 이렇게 합체된 에고에 대해서 수퍼에고는 부정적 감정을 같은 크기의 에너지로 투여하기 때문이다. 이처럼 무의식적인 대상 상실, 나르시시즘 단계로의 퇴행 그리고 사랑의 양가감정의 발산이라는 특징을 갖는 우울증은 프로이트에게는 자기 파괴적, 자멸적 병리 양상이었지만, 버틀러에게는 젠더화된 몸의 에고를 구성하는 일반적 방식으로 설명된다.

일련의 허가와 금기로서의 에고 이상은 남성적 동일시와 여성적 동일시를 규정하고 결정한다. 동일시는 대상 관계를 대체하는 상

젠더는 패러디다

실의 결과이기 때문에, 젠더 동일시는 금지된 대상의 성이 하나의 금지로서 내면화되는 일종의 우울증이다. 이러한 금지는 분명하게 젠더화된 정체성과 이성애적 욕망의 법을 허가하고 또 규정한다. 오이디푸스 콤플렉스의 해결은 근친애의 금기를 통해, 또한 그 이전에 동성애에 대한 금기를 통해 젠더 정체성에 영향을 미친다. 그 결과 동성의 애정 대상을 동일시하고, 동성애적 카섹시스의 목적과 대상 둘 다를 내면화하게 된다(206~207).

사랑했던 애정의 대상을 상실한 결과 이 대상 관계는 동일시로 대체되므로, 젠더 동일시는 금지된 대상의 성이 하나의 금지로서 주체에 내면화되는 일종의 우울증이 된다. 이때 근친애의 금지와 그 이전의 동성애 금지는 젠더 정체성에 영향을 미치게 되고, 그 결과 동성의 애정 대상은 주체의 에고로 동일시되며, 동성애적 성향과 그 애정의 대상은 둘 다 주체의 에고로 내면화된다. 이에 따라 주체 안에는 사랑했지만 상실한 대상, 적절한 애도가 불가능해서 무의식적으로 합체한 대상이 들어 있다. 여자아이의 에고에는 동성애 금기 때문에 부정했던 어머니, 근친애의 금지 때문에 부정한 아버지가 '이중부정 double negation'의 방식으로 합체되어 있다. 이제 여자아이는 이미 여성 대상과 남성 대상을, 또한 동성애와 이성애를 금기로서 자신의 내부에 합체하고 있기 때문에 그 자아 안에는 부정의 방식으로 선취된 타자가 이미 존재한다. 따라서 엄격한 이성애자야말로 진정한 동성애자의 알레고리며, 드랙이야말로 진정한 이성애자의 알레고리라는 역설이 가능해진다.

쟁점으로 재구성한 『젠더 트러블』

본질적 여성성을 거부하고 구성된 여성성을 주장하는 버틀러의 이론은 매혹적이지만 그 독해가 쉽지만은 않다. 그녀는 레비-스트로스, 시몬 드 보부아르, 모니크 위티그, 줄리아 크리스테바, 자크 라캉, 미셸 푸코, 자크 데리다 등 많은 프랑스 철학자의 개념을 현란하게 펼치면서도 대단히 비판적으로 전유하고 있기 때문에 많은 쟁점을 끌어내고 있다. 그렇다면 계보학적 방법론에 입각해 여러 선행 철학자나 이론가의 논의와 트러블을 일으키는 버틀러의 논쟁적 글쓰기 방식은 어떤 방식으로 전개되는 것일까?

　『젠더 트러블』에서 버틀러의 쟁점은 보부아르에서 푸코에 이르기까지 다양하게 펼쳐진다. 우선 버틀러는 "여성은 태어나는 것이 아니라 만들어진다"는 보부아르의 논의에서 태어나거나 만들어지는 여성이 전제되어 있다고 비판한다. 전체와 완전을 의미하는 초월적이고 정신적인 남성 주체의 대척점에, 결핍과 결여를 뜻하는 내재적이고 체현된 여성 타자가 일련의 부정적이고 열등한 속성으로 서 있다고 본 것이다.

　반면 이리가레의 경우, 여성은 부재라는 패러독스를 구성하기 때문에 남성적 의미 질서 안에서 규정 불가능성이나 지칭 불가능성 같은 '재현 불가능성the unrepresentable'을 나타내게 된다. '하나가 아닌 성the sex which is not one'은 단 하나인 남성 의미화 경제masculine signifying economy 안에서 구현 자체가 불가능한 것이다. 버틀러는 이런 보부아르의 논의가 남성/여성의 논의를 정신/몸, 주체/타자, 우월한 것/열등한 것이라는 이분법적 구도로 전개한다고 보고 있으며, 이리 가레의 논의는 남성 의미화 경제에 입각한 일원론에 기초하고 있다고 파악한다. 존재하는 것은 남성적 질서뿐이라 그 질서 안의 여성은 표시 불가능성이나 재현 불가능성으로만 표상된다는 것이다.

일원론과 이원론을 넘어

버틀러는 이런 일원론과 이원론 너머의 가능성을 타진해야 한다고 주장한다. 보부아르의 이원론이나 이리가레의 일원론은 선구적인 페미니즘적 통찰에도 불구하고 타자에서 주체를 향해 가야 하는, 결핍이나 결여로서의 여성이나 기존의 상징 질서로 말해질 수 없는, 부재나 공백으로서의 여성을 통일되거나 일관된 전체로 구성한다는 혐의에서는 자유롭지 못하기 때문이다. 여성의 몸이라는 것은 젠더의 표식에 앞서는 어떤 의미 있는 존재라고 말해질 수 없기 때문에 페미니즘의 전체화 제스처에도, 여성 정체성의 보편성에도 저항해야 한다. 버틀러는 범주나 통일성이 전제되지 않은 젠더야말로, 그 전체성이 끊임없이 연기되어서 어떤 시점에서도 완전히 구현될 수 없는 복합물, 본질의 형이상학에 도전하는 구성물로서의 젠더가 될 수 있다고 주장한다.

젠더는 정의상의 완결이라는 규범적 목적에 복종하지 않으면서 다양한 집중과 분산을 허용하는 열린 집단이 되어야 한다(114). 이는 버틀러가 택한 모든 본질이라 불리는 것이 구성된 경위를 따지는 계보학적 방법론과 맞닿아 있다.

가면의 전략

버틀러에게는 조앤 리비어*의 여성성도 비판의 대상이 된다. 리비어는 「가면으로서의 여성성Womanliness as a masquerade」에서 여성성이란 남성성이 없는 척 위장하는 가면이고, 남성성은 여성성이 없는 척 위장하는 장치라고 설명한다. 리비어는 임상 사례분석을 하던 중 광고 분야 전문직을 가진 여성이 결혼식 전에 일부러 여의사를 찾아 처녀막을 훼손시킨다던가, 대학의 여교수가 사석에서 동료들에게 과장된 교태와 애교를 부리고 자기와 별 관련 없는 다른 남성들의 인정과 호감을 받으려고 여성성을 가장해 그들을 유혹하고자 노력한다는 사실을 알게 되었다. 또 목공이나 가전제품을 다루는 데 능숙한 가정주부가 남성 수리공 앞에서는 자신이 그런 분야에 무지한 척하는 사례도 접하게 되었다. 그 외에도 여성적인 동성애 남성이 거울을 보며 성적 만족감을 얻을 때 반드시 목에 나비넥타이를 매야 하는 사례도 보았다. 그래서 리비어는 여성성이나 남성성, 혹은 이성애나 동성애까지도 사실상 뭔가 다른 것을 위장하기 위한 가면이라는 생각에 도달한다. 다시 말해 남성적 여성, 즉 지식이나 권력을 가진 여성은 자신이 아버지의 남근을 훔쳤다는 사실 때문에 초래될

젠더는 패러디다

다른 남성들, 즉 아버지 같은 사람들father figures의 보복을 피하고 또 그 앙갚음에 대한 불안을 피하기 위해 남근이 없는 척 위장한다. 또 여성적 남성은 자신의 여성성이나 동성애 경향을 감추기 위해 자신을 좀 더 남성적으로 위장하며, 자신을 여성적으로 가장해서 동성애라는 사회적 금기 때문에 가해질 위협을 덜 수 있다.

문제는 가면으로서의 여성성이나 남성성에 관한 논의는 각각 감춰야 할 내적 남성성과 여성성 같은 본질적인 요소를 전제한다는 점이다. 버틀러는 "일상생활에서 남성적 유형과 여성적 유형들은 대체로 이성애적이긴 해도 명백히 이성의 특성을 보이는 사람을 계속 만나게 된다"[16]는 리비어의 주장이 남녀 특질의 조건과 구조를 분류하고 있으며, 어떤 사람의 성적 특질을 표현하는 것이 무엇이고 그런 분명한 특질이 어떻게 표면상의 성적 경향을 표현하는지에 관해 고정된 관념을 갖고 시작한다고 비판한다(182).

버틀러에게 젠더 정체성은 가면 뒤 본질적인 젠더의 실체를 숨기고 있는 것이 아니라 그런 모방 행위와 가면으로 인해 젠더 정체성을 구성하는데, 리비어의 논의에 따르면 특질과 성적 욕망 간에 어떤 상관성이 전제될 뿐 아니라 사실상 관찰자의 관찰이라는 지각 행위 속에 젠더 특성과 성적 욕망 간의 통일된 관계성을 창출하기도 한다. 겉으로 보이는 외양과 내면 속 진리라는 이분법에 입각한 젠더 존재론을 극복하고 행위를 통해 일시적으로 형성되는 젠더 수행성을 주장하기 위해서는, 어떤 갈등의 해소를 위해 가면을 착

16 Joan Riviere,"Woma nliness as a Masquerade", *Formation of Fantasy*, eds. Victor Burgin, James Donald, Cora Kaplan, Lond on: Methuen, 1986, p. 35.

용한다는 여성성의 가면 논의는 비판 대상이 된다. 그것은 내적인 젠더 본질을 전제하고 있을 뿐 아니라 섹슈얼리티의 문제를 젠더의 문제로 떠넘기기 때문이다. 이성애의 과장이 동성애에 대한 방어의 일환이라면 주체의 섹슈얼리티는 설명할 길이 없고 그에 따라 주체는 무성적 존재로 해석된다.

라캉이 말하는 상징적 위치로서의 여성성에 대한 버틀러의 비판은 좀 더 혹독하다. 버틀러는 남성은 팔루스를 가지는 방식having the phallus으로, 여성은 팔루스가 되는 방식being the phallus으로 존재한다면 여성이 팔루스가 되는 방식은 언제나 다른 사람, 즉 남성 주체를 '위한 존재being for'(172~173)가 된다고 비판한다. 여성이 존재하는 것은 다른 사람에 대한 존재 인식을 통해 자신의 정체성을 확인하고 증대하려는 남성 주체를 위한 것이고, 그 중심에는 '팔루스'라는 대단히 근본주의적인 정신분석학 설명 체계가 있다. 남성이 팔루스를 소유하는 방식으로 존재한다면 그것은 자신의 거세 불안 때문에 거세된 여성에게 팔루스라는 가면을 씌워서 가면으로 위장된 여성을 소유하는 방식으로 존재한다는 것이 되고. 이런 남녀 간의 성적 관계는 실패한 상호 관계의 모델에서 오는 코미디 차원의 요소가 된다. 여성이 팔루스인 것처럼 보이기 위해 가면을 쓴다면 이때의 가면은 가면에 선행하는 존재나 존재론적 특징을 주장하게 되고, 가면으로 가려지고 폭로될 수 있는 여성적 욕망이나 요구가 있다고 가정하는 것이 된다(175).

또한 버틀러는 라캉이 말하는 유명한 언명, '성관계는 없다'로 일컬어지는 남녀 관계 실패에 대한 종교적인 이상화는 종교적 비극의 구조로 나타나기 때문에, 아버지의 법을 피할 수도 알 수도 없는 권위에 비유하는 신학적 충동으로 읽혀야 한다고 강력히 비판한다. 이런 법을 구성하는 것 자체가 법의 영원한 불가능성을 말하는 생산적 권력을 부정하는 노예의 도덕이라는 것이다(195).

라캉의 성차 논의에 대해 '신학적 충동'이나 '노예의 도덕'으로 일갈하는 버틀러의 비판은 대단히 강도 높은 비판의 양상을 보인다. 이는 라캉의 논의가 상징계적인 법, 아버지의 질서라는 절대적 위치를 중심으로 구조화되어 있을 뿐 아니라 레즈비언을 욕망의 부재 상태로 탈성화하고 있다는 점에서 비롯되는 듯하다. 단단하거나 안정되어 보이는 역사적 현재의 형성 과정을 계보학적으로 탐구하려는 버틀러에게 이미 그 너머의 의미화가 불가능한 굳건한 법으로서의 상징 질서는 계보학적인 탐구 자체를 불허하는 신학적 충동이자 노예의 도덕으로 폄하되는 것이다. 라캉의 법은 심리적 층위에서 실패할 수는 있어도 그 심리적 저항 때문에 전치되거나 재형성될 수는 없다고 간주된다. 그런 의미에서 버틀러에게 라캉이 말하는 저항은 영원히 실패할 수밖에 없는 운명에 처한 것으로 평가된다.

젠더 우울증

프로이트의 젠더 우울증에 관해서 살펴보자면, 버틀러는 주체의 외적 대상이 주체 자체의 내적 에고를 형성하는 방식에 있어서는 프로이트의 논의에 동의하고 있으나 그 사랑의 대상이 기본적으로 이성애적 구도에 입각해 있다는 점에 대해서는 비판적 자세를 견지한다. 프로이트는 애도와 달리 우울증은 사랑하는 대상을 에고에 합체하는 기제라고 설명하면서, 젠더 동일시는 금지된 동성 대상이 구성적 외부로 작동하는 바로 그 금지로 인해 내면화되는 우울증이라고 설명한다. 근친애 금기라는 오이디푸스 콤플렉스의 구도에서 본다면 여성의 젠더는 사랑했지만 금지되었던 아버지라는 대상이 내면화되어 여성의 젠더 정체성을 형성한 것으로 설명할 수 있다.

그러나 사실 아버지에 대한 사랑 이전에 원천적으로 봉쇄되었던 어머니에 대한 근친애적 욕망은 대상의 억압에 앞서 욕망 자체가 애초에 배제되었다는 것이 버틀러의 관점이다. 이렇게 배제된 일차적 동성애는 우울증적 젠더 형성의 원인이 된다. 이성애자의 우울증은 여성다운 여성이라는 안정된 젠더 정체성을 얻기 위해 문화적으로 형성된다. 프로이트의 정신분석학에서 근친애 금기의 법은 억압된 이성부모에 대한 욕망을 규제하기 위한 것이라고 말하지만, 실은 그런 금지의 법이 욕망은 일차적으로 이성애적인 욕망이라는 전제를 부지불식간에 반복 생산하고 있다는 게 버틀러의 주장이다. 그리고 이 과정에서 억압 이전에 근원적으로 배제된 것은 동성애적 욕망이라서 이런 동성애적 욕망은 이성애 사회에서 우울증의 양식으로 드러날 수밖에 없다. 이성애적 욕망은 법에 선행하는 것이 아니라 그 법이 법 자체로 확립되기 위해 생산된 법의 결과물이다.

몸의 정치학

크리스테바에 대한 비판은 기호계나 코라chora**17**의 이상성이 사실
상 정치적 전복력을 가지지 못한다는 점에서 비롯된다. 우선 크리스
테바는 스스로 패배를 안고 있는 자가당착의 이론으로 설명된다. 크
리스테바 이론에서 시적 언어의 혁명적 가능성이나 전복의 근원으
로 간주되는 기호계semiotic**18**는 그 자체로는 인식 가능한 것인지, 실
행 가능한 것인지 알 수 없다는 의미에서 언제나 이미 상징계에 종
속된다는 비판이다. 그렇기 때문에 크리스테바는 자신이 대체하려
는 아버지 법의 안정성과 재생산성에 의지하고 있다. 크리스테바가
상징계에 침범하는 시적 언어의 혁명성으로 파악한 기호계적 특성
은 출산, 동성애, 정신병, 혹은 시적 정신병poesis 상태에 접해 있기
때문에 기호계적 리비도의 전복은 문화의 관점에서 유지될 수 없으
며, 문화 안에서 이것이 계속 유지되면 정신병과 문화
적 삶 전체의 붕괴를 가져올 수밖에 없다는 것이다. 그
에 따라 기호계는 해방의 이상으로 규정되는 동시에
스스로 부정되는 자가당착의 모순을 안게 된다.

크리스테바는 문화 개념을 부권적 구조로 보호하
고, 모성성은 문화 이전의 실재로 설명하면서 어머니
의 몸에 대한 자연주의적 설명으로 인해 사실상 모성
성을 물화하고 있다는 비판도 받는다. 버틀러는 담론
이전의 모체에서 발견된다고 주장되는 리비도의 다
원성이라는 것이 사실상 주어진 역사적 담론의 생산

17 코라는 플라톤의 『티
마에우스』에서 인유한 개념
으로 다원성과 다성성이 억
압 없이 혼재하는 혼돈 상
태, 혹은 어머니의 자궁이나
매트릭스 같은 그릇을 의미
하기도 한다.
18 '정립계the thetic'나
'상징계the symbolic' 이전
의 충동이나 무의식적 차원
을 의미하는 '기호계'는 기
호 체계를 연구하는 기호학
semiology이나 기호sign와
구분하기 위해 '원기호적인
것'으로 옮겨지기도 한다.

물, 문화의 기원이 아닌 결과물이 아닌지를 질문한다(239~240). 이는 혁명성의 근원으로 제시되는 모성성에 생물학적 함의는 없는지, 그에 따라 가부장적 이성애주의에 입각한 것은 아닌지에 대한 비판적 독해다. 또 그것이 모성성이건 이성애건 역사적 담론 이전의 근본적 근원이 설정되는 모든 방식에 저항하는 계보학적 심문이기도 하다. 여성 동성애를 상징계 속에서 의미화될 수 없는 정신병으로 간주하는 것도 비판 대상이 된다. 크리스테바에게 모성적인 몸은 일관되거나 분명한 정체성의 상실을 의미하기 때문에 시적 언어는 정신병과 맞닿아 있는 것인데, 여성의 기호계적인 표현에 있어서 모성적인 것으로의 귀환은 정신병을 의미하는 담론 이전의 대상이나 어쩌면 동성애를 의미하게 된다. 버틀러는 크리스테바가 시적 언어가 상징계에 참여함으로써 문화적으로 유지된다고 주장하면서, 동성애도 똑같이 정신병이 아닌 사회적 표현물로 만들지는 못했다고 비판한다(246).

크리스테바는 동성애적 욕망의 집중 발현이 시적 언어나 출산 행위처럼 상징계 안에서 허가된 위치 이동을 통해서만 이루어질 수 있다고 파악한다. 따라서 여성 동성애는 문화 안에 등장하는 정신병인 동시에 문화적으로 유지될 수 없는 활동이 된다. 매개되지 않은 여성 동성애적 욕망의 발현이 정신병으로 이어진다면, 결국 부권적 법의 위치를 바꾸려던 시적-모성성의 실천은 아버지의 법이 문화의 토대가 된다는 부권적인 법에 매여 있게 되므로 상징계의 거부도, 해방 담론도 전혀 불가능한 '실패한 전복 이론'이 된다는 게 버틀러의 비판이다.

근원적 쾌락의 문제

버틀러의 푸코 비판은 다소 조심스럽다. 부권적 법을 하나의 토대로 설정하는 라캉이나 신新라캉계 이론가들에게 적대적이던 버틀러는 푸코가 섹슈얼리티를 권력이 침윤된 구성물로 보면서 섹스의 범주를 비판하고 섹슈얼리티라는 권력 체제를 수용한 점을 높이 평가한다. 특히 『성의 역사 1: 앎의 의지』(이하 『성의 역사 1』)는 섹슈얼리티가 권력과 동시에 존재한다는 의미에서 버틀러가 주장하는 젠더 계보학의 토대가 된다.

그러나 버틀러는 푸코가 에르퀼린 바르뱅의 일기에 부치는 서문에서 에르퀼린의 섹슈얼리티를 구성하는 동시에 그것을 비난하는 구체적인 권력 관계는 보지 못한 채 낭만화한다고 비판한다. 푸코는 『성의 역사 1』에 나오는 섹슈얼리티 이론과는 반대로, 에르퀼린에게서 본 쾌락의 세계를 '비-정체성의 행복한 중간지대'(264)나 '고양이도 없이 빙글대는 웃음만 떠도는 세계'(267)라고 이상화하면서 이것을 섹스나 정체성의 범주를 초월하는 세계로 낭만화했다는 것이다. 버틀러는 푸코가 양성구유의 몸이나 성-교차적인 몸이 성적 범주화의 규제 전략을 드러내고 또 그것에 저항할 방법도 보여준다고 호평하는 한편, 이런 생물학적 '성'이 소멸된 결과, 일의적 성으로 강제된 이분법적 인식의 틀을 벗어나는 쾌락의 증식을 낳을 것이라고 주장함으로써 초월적 쾌락의 세계, 즉 일종의 해방 담론을 제시했다고 비판도 한다.

버틀러를 비판하는 목소리들

버틀러의 논쟁적 글쓰기는 여러 다른 이론가의 논의에 대한 부분적 수용과 비판의 방식으로 이루어져 있어서 많은 트러블을 일으킨다. 몇 가지 논쟁 사례에서 살펴본 것처럼, 버틀러의 젠더 계보학은 어떤 것을 근본적 원인이나 근원적 핵심이라고 간주하는 모든 논의의 발생 과정을 탐구하여 그 원인이나 핵심으로 간주되던 것이 사실은 지배적 제도 담론의 이차 효과에 불과하다는 것을 밝히고자 한다. 따라서 그녀는 근본적인 구조나 필수불가결하고 굳건한 법으로서의 위상을 지닌 모든 안정된 질서에 트러블을 일으키고 있다. 그것은 페미니즘이라는 정치적 운동의 주체인 여성에 대해서도 마찬가지다.

페미니즘의 정치학에 여성 주체가 필요한지, 아니면 담론의 매개나 권력의 대리자 정도로 약화된 행위주체성, 혹은 행위자 없는 행위만으로 충분한지를 놓고 버틀러를 둘러싼 이론적인 찬반양론이 제기되어왔다. 낸시 프레이저*와 세일라 벤하비브*는 페미니즘의 정치 주체인 여성 주체가 해체된다면 과연 페미니즘이 가능한지에 대해 우려를 표명했다.[19] 존 윌리엄스와 웬디 해리슨은 젠더의 존재론적 지위를 해체하면서 젠더 수행성이라는 또 다른 근본주의적 개념을 세운 것은 아닌지 의문을 제기했다.[20] 본질주의적 여성을 타파하는 젠더의 이론화 작업에서 보여준 통찰력과 그 파급적 영향력에 대해서 수전 보르도*, 로이스 맥네이*, 조

19 세일라 벤하비브, 낸시 프레이저, 드루실라 코넬, 주디스 버틀러 간의 여성 주체 논쟁에 관해서는 Seyla Benhabib et al, *Feminist Contentions: A Philosophical Exchange*, New York: Routledge, 1995을 참고.

너선 돌리모어, 마이클 워너*는 찬사를 보내왔다. 그러나 토릴 모이*는 버틀러가 모든 것을 해체하는 것처럼 보여도 사실은 권력을 으뜸 원칙으로 삼는 근본적 토대주의자라고 비판했고, 제이 프로서는 『에고와 이드』에 나오는 프로이트의 '몸의 에고'라는 개념을 버틀러가 오독해 자의적으로 적용했다고 비판했다.

한편 버틀러의 난해한 문체는《뉴욕타임스》의 비판을 받았고, 1999년에는 우익 경향의 학술지《철학과 문학Philosophy and Literature》에서 선정한 최악의 필자 콘테스트에서 일등으로 선정되기도 했다. 특히 2008년 여름 내한했던 시카고 대학교 윤리학 석좌교수 마사 누스바움은 버틀러의 현학적 문체의 암시성, 압축성, 불명확성을 비판하면서, 이는 현실적 고통과 억압에 초연한 패러디 교수, 엘리트 지식인의 골방 무저항주의나 강단 허무주의라고 강도 높게 비난한 바 있다.**21** 버틀러가 젠더 정체성의 규범을 초월하는 이상으로 제시한 퀴어 이론은 비관적 성애의 인류학이며 무도덕적 무정부주의의 정치학이라는 것이다. 누스바움은 버틀러를 향해 방향성이 상실된 전복은 위험한 정치적 공백이며, 그에 따라 저항의 공간은 적고 위험한 무저항주의는 커진다고 비판했다.

이에 대해 버틀러는 날카로운 사회비평이 왜 어렵고 힘든 언어로 쓰이는 것인지 자문하면서 자신의 난해한 글쓰기가 익숙한 세계를 새롭게 바라보는 방식을 유발해서 '상식'과 '평범'으로 간주되는 암묵적 전제들에 문제를 제기할 수 있다고 반박한다. 상식에

20 John Hood Williams and Wendy Cealy Harrison, "Trouble with Gender", *The Sociology Review* 46(1), 1998), pp. 73-94.

21 Martha C. Nussbaum, "The Professor of Parody", *New Republic*, Vol. 220. Issue 8.

는 급진적인 면이 없다는 주장이다. 난해한 글쓰기는 익숙한 규범적 세계에 비판적 시각을 견지하면서 새로운 사상이 이 세계로 진입하는 불가피한 방식이다. 이론과 철학을 위해서는 느리면서도 엄밀한 분석으로서의 '반추적 독서' '신중한 독서' 그리고 어려운 글쓰기가 필요하다는 것이 버틀러의 입장이다.

버틀러의 삶에 다가가기:
〈주디스 버틀러, 제3의 철학〉

2006년 폴 자데르만이 감독한 영화 〈주디스 버틀러, 제3의 철학Judith Butler: Philosophical Encounters of the Third Kind〉은 2004년에 출간된 버틀러의 『젠더 허물기』 홍보 및 버틀러 논의의 대중적 소통을 의도한 다큐멘터리 형식을 취하고 있다. 이 영화의 배경은 크게 세 부분인데 하나는 버틀러가 과거에 재직했던 UC 버클리, 또 하나는 『젠더 허물기』의 판매가 왕성하게 이루어지는 파리의 서점가와 강의실, 마지막은 신디 셔먼 회고전이 열리고 있는 갤러리다.

무엇보다 이 영화에는 버틀러의 육성으로 서술되는 실제 개인사가 다수 등장한다. 버틀러는 자신의 유년기가 담긴 사진을 공개하면서 오하이오 주 클리블랜드의 유복한 유대계 미국인 가정에서 자란 어린 시절을 담담히 회술回述한다. 무엇보다 버틀러는 14세 이후 자신이 게이이자 레즈비언이었고 16세에 커밍아웃을 하면서 사회와 세상으로부터 배제되고 비난당할까봐 대단히 두려웠다고 밝힌다.

영화 속에서는 성적 규범뿐 아니라 학교 규범에도 적응하기 어려웠던 과거가 드러나기도 한다. 당시 버틀러는 권위나 규칙을 강조하는 제도 교육을 싫어하는 문제아여서 결국 학교 수업을 받지 못하고 다니엘 실버라는 랍비에게 개인 교습을 받았다고 한다.

버틀러는 자신을 유대계 백인 레즈비언 페미니즘 철학자로 선언하지만, 자신의 젠더가 이 사회 속에 분명한 이름을 갖지 않는 것에 문제를 제기한다. 그녀는 드랙 퀸도, 복장전환자도 아니며 기존 범주로 정해진 어떤 위치에도 속하지 않으니 이 사회 내 의미망 속에 자신의 자리는 없다고 말한다. 또 여성은 태어나는 것이 아니라 만들어진다는 보부아르의 주장에 기본적으로 동의는 하지만, 만들어지는 여성이 어떤 것인지 그 여성을 인식할 수 있는 사회적 장은 있는지 심도 깊은 고찰이 필요하다고 주장한다.

버틀러는 자신의 정체성을 이렇게 말한다. "저는 철학자입니다. 좀 다른 방식이긴 하지만요. 그리고 페미니스트예요. 의심의 여지가 없죠. 또 퀴어지요. 맞습니다." 더불어 버틀러는 이성애적 결혼을 권하는 사회적 분위기에 대해 결혼은 성욕망이나 친족을 조직하는 하나의 방식이라는 것은 알지만 왜 반드시 두 사람만 있어야 하는지를 반문한다. 두 사람 이상일 수도 있고, 비규범적인 결혼이나 가족, 혹은 성욕망의 배치도 있을 수 있다고 생각해야 하는 게 아닌지를 묻는 것이다.

이런 문제는 규범으로서의 젠더는 강압적이라고 주장하는 『젠더 트러블』에서 이미 제기되었다. 젠더 규범은 본질이나 자연이기보다는 구성된 행위이고 반복적으로 고정된 전형이 축적된 결과에 불과한데도, 현실 사회 속에는 이런 규범을 위반할 때에 따르는 강력한 제재 수단, 즉 사회적 호모포비아라는 강력한 반작용이 존재한다. 지배 규범의 반복적 행위 양식인 규범적 젠더에 따르지 않는다는 것은 목숨을 위협하는 실존적 공포인 것이다.

실제로 1984년 찰리 하워드는 여성스럽게 걷는다는 이유만으로 십대 친구 세 명에게 스테이트 스트리트 브리지 너머로 던져져 익사당했고, 1993년 네브라스카 주에서 티나 브랜든은 트랜스젠더라는 이유로 친구들에게 강간과 폭행을 당한 뒤 살해되었다. 1998년 와이오밍 대학교 학생 매슈 셰퍼드는 여성스러운 게이 남자라는 이유로 구타당한 뒤 기둥에 묶여 구타, 방화, 총상을 입은 채 발견되었다. 2002년 캘리포니아 주에서는 트랜스젠더 그웬 아라우조가 파티가 끝난 뒤 네 남자에게 집단 폭행을 당하고 시에라 산기슭의 언덕에서 버려진 시신으로 발견되었다. 이들은 트랜스포비아와 호모포비아를 드러내는 대표적 사례로 GBTQL[22] 사회에 엄청난 충격을 주었다.

『젠더 트러블』이 수행적으로 형성되는 젠더의 구성 양상을 말한다면, 2004년 출간된 『젠더 허물기』는 버틀러가 1999년에서 2003년 사이에 쓴 글 모음집이

22 Gay, Bisexual, Transsexual, Queer, Lesbian의 약자로 성적 소수자를 통칭한다.

다. 버틀러는 이 책에서 젠더는 행하는 것인 동시에 허무는 것이라는 이중성을 말하고 그런 의미에서 하나의 실패라고 주장한다. 우리는 우리 자신을 알 수 없고 또한 내가 규정되는 것은 나 자신만이 아닌 우리라는 관계 속에 있기 때문이다. 규범이 어떻게 만드는 행위를 하면서 동시에 허물기도 할까? 개인의 정체성은 개인의 행위에 의해 구성되기도 하지만 그 행위가 기반한 사회 규약에 의해 구성되기도 한다. '나'는 그런 우리, 사회, 맥락, 공동체로 인해 허물어진다. 그만큼 개인을 구성하는 행위는 그 사람의 정체성을 만들기도 하지만 그 사람이 살 수 없게 그 삶을 위협할 가능성도 된다. 그에 따라 시민권이나 인권을 줄 권한을 가진 주체가 누구이고 무엇인지에 관한 논의가 필요해진다. 특정한 정체성도, 젠더도, 인간됨도 그 각각의 요소를 규정하는 공동체의 관계망, 지식 권력과 제도 규범의 인식론에 입각해 있다.

〈주디스 버틀러, 제3의 철학〉에서 핵심적인 부분은 주체가 타인과의 관계를 통해 자신의 젠더 범주를 미래로 열어낼 가능성이다. 이제 젠더 범주만이 아니라 인간의 삶을 삶 자체로 규정하게 만드는 모든 규범에 대해 비평적 자세를 유지하는 것이다. 성적 소수자를 중심으로 한 젠더 계보학에서 시작해 인간적 삶의 보편 가치를 추구하는 방향으로 전환했다는 면에서, 버틀러의 연구 주제 폭은 확대된 한편, 계보학적 비평의식은 심화되었다. 젠더를 수행적으로 구성하던 여성, 성적 소수자 문제뿐만 아니라 이제는 이스라엘, 팔레스타인, 이라크를 중심으로 한 인권운동, 전쟁포로 처우 문제까지 포

젠더는 패러디다

괄하게 되면서, 버틀러는 인간을 인간으로 대접케 하는 기반에 있는 '인간'에 대한 정의를 심문하고, 그 정의를 윤리적으로 고찰한다. 이는 인간 개개인의 시민으로서의 정체성, 인권이 가능해지는 권력의 맥락 및 정치 규범을 비판적으로 성찰하고 인간적인 삶의 가능성이 무엇인가라는 주제를 부각시키기 위한 시도로 평가된다. 우리 속에 내가 허물어지는 것이라면 우리를 만드는 제도 규범과 나와 너의 상호인정, 또한 그 인식 체계와 지식 담론을 근본적으로 문제 삼게 되기 때문이다.

그런 면에서 『젠더 트러블』에서 『젠더 허물기』로의 이행은 버틀러의 이론 전개상 어떤 중요한 변환점을 형성한다. 1990년 당시 버틀러는 여성이라는 '범주'에 전제된 여성 주체의 보편성과 통일성도 그 범주를 중심으로 하는 또 다른 폭력을 불러올 수 있기 때문에 제도권의 백인 부르주아 페미니즘을 경계했다. 여성의 '해방'조차도 누구를 위한 어떤 해방인지가 역사적으로 맥락화되지 않으면 또 다른 폭력으로 작동할 수 있다고 여겼기 때문이다. 여성의 억압은 간단히 등급화될 수도, 인과론으로 설명될 수도 없는 생산적 권력과 제도 담론의 비결정적이고 불확정적인 효과로 설명되었다.

14년 뒤 버틀러의 관심은 확실히 여성에만 국한되지 않는다. 존재적 인식론은 나에서 '우리'로 확대되고, 현실의 사회 소수자에 대한 정치 윤리적 성찰이 전개되며, 다문화 시대에 차이를 수용하는 정당한 방식이 모색된다. 다시 말해 과거의 『젠더 트러블』이 '나'의 불안정적이고 비결정적인 젠더의 양가성이나 모호성을 옹호하면서 하나의 범주로 고정되지 않는 비정체성의 젠더 이론을 형성하고자 했다면, 『젠더 허물기』는 여성이자 사회 소수자인 '우리'가 이 현실적 문화 관계 속에서 소통하고 말하고 느끼는 그 정체성이 놓인 현실적 삶의 정치성이라는 문제로 시각을 확대한다.

지금 21세기 대한민국은 신자유주의 소비 자본주의 트렌드를 타고 아름답고 강인한 여전사, 알파걸과 골드미스, 고소득 전문직종과 화려한 패션 구매력으로 무장한 콘트라섹슈얼을 대학가와 대중매체에서의 이상적 여성상으로 제시하고 있다. 캠퍼스 내에서 페미니즘은 구태의연한 시대착오적 구시대 유물로 간주되거나, 대학 내 학과나 협동 과정으로서의 존립 기반을 점차 상실해가는 현실 부적응 분야로 여겨진다. 현재 대중문화의 이상적 아이콘은 힘세고 광포한 야수와 의존적이고 가녀린 미녀가 아니라, 여자보다 더 예쁜 꽃미남과 남자보다 더 힘센 여전사이자 명품족이다. 2008년 버틀러는 한 인터뷰에서 한국의 명품족 '된장녀'가 특권과 부를 향한 욕망인 동시에 그 욕망과 은밀하게 결탁되어 작동하는 권력 장치임을 자각하는 것이 중요하다고 지적하면서 현재의 한국적 상황에 대해서 관심을 표명한 바 있다.[23] 중요한 것은 어떤 욕망 자체가 아니라 욕망을 작동시키는 권력의 내적 장치를 발견하는 일이고, 그런 욕망을 생산한다는 사실을 감추

23 "된장녀의 욕망은 특권과 부를 상징하는 명품에 대한 욕망이다. 명품을 사면서 그들은 잠시 자신이 그 특권적 위치와 공간을 점하고 있다고 상상한다. 초국가적으로 기호화된 상품의 형식으로 권력은 은밀하게 그녀의 욕망 안에서 작동한다. 권력이 상품의 전면에 드러나지 않는다고 해서 없는 것은 아니다. 그 권력은 지구화된 자본의 국지적인 형태로 작동하면서, 노동의 성별분업, 가정 내 낮은 여성의 지위를 공고하게 유지시키는 법적 제도의 형태로 드러나고 있다. 이런 장치들이 여성에게 결코 유리한 것이 아님을 자각하는 것이 중요하다. 이런 자각을 통해서 된장녀의 욕망은 더 많은 경제적 권리와 기회에 대한 요구로 변화될 수 있을 것이라고 생각한다." 《중앙일보》 2008년 1월 31일자, 버틀러와 김혜숙 교수 이메일 대담 중에서

젠더는 패러디다

고 있는 권력의 생산 작용을 추적하는 일이다. 그리고 이것은 『젠더
허물기』나 『불확실한 삶』 이후 후기의 정치 윤리학을 가능하게 한
현실의 권력 관계에 대한 면밀한 계보학적 재독해의 가능성이기도
하다.

2장   이원론과 일원론 너머:
보부아르와 이리가레 비판

'페미니즘과 정체성의 전복'이라는 부제에서도 알 수 있듯 『젠더 트러블』의 핵심 논의는 기존 페미니즘에 대한 계보학적 심문과 정체성 논의에 대한 도발적 탐문에 있다. 기존의 페미니즘은 이성애 중심주의적 헤게모니를 구성하면서 비이성애적인 것을 주변화했기 때문이다.

버틀러가 페미니즘을 향해 던지는 질문은 과연 이성애와 동성애가 분명하게 구분되는 것인지, 또 페미니즘이라는 집단 안에 이성애 가족 중심적인 패권 질서는 없는지에 관한 것이다. 즉 남성과 여성을 구분하는 기준이 확실해 있는 것인지, 남녀가 확실하다기보다는 사실 남녀를 구분하고 남녀 간의 성애만을 정상성으로 인정하는 이성애 질서의 권력이 마치 성차가 확실한 듯한 효과를 창출한 것은 아닌지를 묻는다. 남녀 간 성차도, 또 이성애와 동성애라는 욕망도 사회문화적 구성물이라면 문화적 구성물로서의 남성성이나 여성성과 그리 다르지 않다. 섹스나 섹슈얼리티도 모두 젠더의 속성을 가지고 있는 것이다. 그래서 섹스는 이미 젠더다.

페미니즘 계보학, 젠더 계보학은 섹스, 젠더, 섹슈얼리티는 모두 문화적 구성물이고 그런 의미에서 모두 젠더로 흡수될 수 있음을 밝히고자 한다. 페미니즘 계보학은 말 그대로 페미니즘의 젠더 논의 내부에서 당연하거나 자연스럽게 간주되어오던 것을 문제 삼고 그 자연스러움이나 당연해 보이는 외관을 만들기 위해 보이지 않게 작동하는 제도 담론의 작용을 파헤치려는 노력이다. 이런 논의는 전술했듯이 섹스와 젠더 구분을 허물어 섹스조차 당대의 인식 규범이 문화적으로 구성되었음을 밝히고, 인과론을 전도해 원인처럼 보이는 이성애적 욕망이 실은 동성애를 배척하는 제도 규범의 결과임을 알리며, 이런 모든 생산 권력의 기반에는 자연스럽지 않은 것을 자연스러운 것처럼 보이게 만드는 작용을 하는 이성애적 가부장제 담론이 숨어 있음을 폭로하기 위해서다.

이런 새로운 젠더 주체 논의를 위해서는 기존의 여성 논의를 재검토해야 한다. 페미니즘의 대모이자 프랑스의 실존주의 철학자인 시몬 드 보부아르는 "여성은 태어나는 것이 아니라 만들어지는 것이다"라는 주장으로 유명하다. 또한 생물학이 아닌 문화가 정체성이 된다는 그녀의 주장은 몸 자체가 하나의 상황이며, 역사적·문화적 맥락이라고 설명한다는 점에서 페미니즘의 맥락에서 획기적인 인식의 전환을 가져온 것도 사실이다.

그러나 좀 더 면밀히 들여다보면 "여성은 태어나는 것이 아니라 만들어지는 것"이라는 주장에는 사실상 태어나는 여성과 만들어진 여성의 이분법이 엄연히 존재한다. 또 태어나는 여성의 열등성을 극복하기 위해 만들어지는 여성은 이상적인 것이고 남성에 가까운 것이라는 암묵적 전제도 깔려 있다. 태어나는 여성이 열등하므로 그런 열등적인 상황을 극복하기 위해서는 이차적 교육과 후천적 학습이라는 만들어진 여성의 노력이 있어야 한다는 뜻으로 해석되기 때문이다. 그에 따라 거부되어야 할 생물학적 여성과 수용해야 할 문화적 여성의 이분법이 표면화되며, 이때 선천적 여성성과 대비되는 후천적 여성성은 사실상 보편적 인간으로 표상되는 남성적 기준이나 이상을 표방하게 된다.

보부아르가 남녀의 젠더 이원론을 수용한다면 뤼스 이리가레는 젠더 일원론을 주장한다고 할 수 있다. 이미 남성 중심적인 상징 질서 안에 여성의 위치는 아예 없는 것처럼 보이기 때문이다. 남성 중심적 체계나 구조 안에서 여성적인 것은 재현이 불가능해서 아예 주체의 표식이 될 수 없다. 그래서 여성은 남성 의미화 경제 안의 재현 불가능성이라는 패러독스를 만든다. 부재로서의 여성, 혹은 언어적 부재로서의 여성의 성은 재현이 불가능한 성으로서 '하나이지 않은 성'이다. 이는 언어 구조 자체가 남근 중심적 의미화 체계라서 이런 정체성 담론 안에서의 여성은 '생각될 수조차 없는 성'을 지칭하

젠더는 패러디다

게 된다. 남성적이고 로고스 중심적인 언어로 이루어진 남근로고스중심주의Phallogocentrism 경제는 남성만이 의미를 가질 수 있는 일원적인 체계라서 이 안에서는 남녀 간의 상호작용이 불가능하고 남성 간 동성사회적homosocial 관계만 있을 뿐이다. 따라서 이런 질서 속 여성은 재현 불가능성을 구성한다는 패러독스만을 연출할 뿐이다.

버틀러는 보부아르의 이원론이나 이리가레의 일원론에 모두 반대한다. 몸은 자신의 젠더 표식에 앞서 있는 어떤 의미 있는 존재론을 가질 수 없다고 주장함으로써, 전체주의적 페미니즘의 제스처에 저항하고 범주로서의 여성 정체성에 반대하려는 것이다. 따라서 극복해야 할 대상이나 재현 불가능성으로서의 여성성도 보편화되거나 통일된 어떤 여성 범주를 구성한다는 점에서 비판받는다. 어떤 범주도 통일성도 없는 여성 주체, 행위 중에 구성되는 가변적 여성 행위 주체성만이 여성을 나타내는 양상이자 다른 행위 중의 가변적 여성 정체성과 연대할 수 있는 연합의 정치학을 가능하게 할 출발 지점이라고 여기는 것이다. 그렇다면 보부아르와 이리가레에 대한 구체적인 논쟁점이 무엇인지 면밀히 들여다보자.

보부아르에게: 섹스는 이미 젠더다

보부아르의 『제2의 성The Second Sex』은 잘 알려져 있듯이 페미니즘 철학의 시작이자 기초가 된 여성학의 고전이다. "여성은 태어나는 것이 아니라 만들어지는 것이다"라는 보부아르의 말은 페미니스트가 아니어도 누구나 들어봤을 만한 경구로 여겨질 정도다.

그러나 전술했듯 이 경구에는 이중적 의미가 내포된다. "여성은 태어나는 것이 아니라 만들어진다"는 말은 생래적인 여성의 열등성을 부인한다는 의미에서 여성도 남성과 원래 같은데 후천적 교육에 의해 열등한 요소를 학습하게 되므로, 여성의 교육 환경 개선과 직업 기회의 확대가 여성 해방의 방법이라고 주장하는 것처럼 보인다. 그런데 사실 이 문구에는 태어나는 여성과 만들어지는 여성 사이의 엄격한 구분이 있고 태어난 여성의 열등성을 극복해야 한다는 의미에서, 여성성 자체에 대한 폄훼가 내포되어 있다. 태어나는 여성은 열등할지라도 만들어지는 여성은 그 열등성을 극복할 수 있다는 섹스와 젠더 간의 위계도 들어 있다. 그렇다면 보부아르는 모든 인간이 추구해야 할 보편적 주체를 남성으로 상정해두고 그 남성의 상대물로 제시된, 성분화된 존재로서의 생물학적 여성에 열등성을 어느 정도 가정하고 있는 것은 아닐까? 그리고 생물학적 여성을 넘어 문화적 여성성으로 끊임없이 움직여야 한다고 할 때 사실 그 문화적 여성성은 남성적 가치나 남성성으로 대표되는 보편 주체로서의 인간의 가치는 아닐까?

"여성은 태어나는 것이 아니라 만들어지는 것이다"라는 보부아르의 명제에서 젠더는 분명 구성되는 것으로 말해진다. 그러나 이 공식에는 그 젠더를 사용하거나 전용하는 어떤 행위 주체, 즉 코기토가 암시된다. 버틀러가 제기하는 문제는 젠더라는 것이 보부아르

젠더는 패러디다

가 제시하는 것처럼 이미 전제된 코기토가 의지에 따라 선택할 수 있거나 변용할 수 있는 것일까라는 점이다. 이 경우 여성으로 구성된 다는 것이 이미 전제된 행위 주체의 특정한 선택 양식이 될 수 있을까 가 의심된다. 몸의 의미도 맥락적 상황에서 오는 것이라면 언제나 이 미 문화적 의미로 해석되지 않은 여성 코기토는 존재하기 어렵다.

　보부아르는 여성이 만들어지는 것이라고 했지만 그런 여성은 언제나 어떤 문화적 강제 안에서 만들어진다. 이런 강제는 물론 해 부학적 성에서 오는 것은 아니다. 여성으로 만들어지는 사람이 반 드시 해부학적인 여성일 필요는 없는 것이다. 보부아르의 주장대로 '몸이 하나의 상황'이라면 이미 늘 문화적 의미로 해석되지 않은 몸 에 기댈 것은 아무것도 없다. 타고나는 성은 담론 이전에 존재한다 고 생각되는 해부학적 사실성의 자격을 얻을 수 없기 때문이다. 섹 스는 사실상 지금껏 줄곧 해부학적 진리처럼 보였지만 실은 문화적 구성물이라는 것이 버틀러의 주장이다. 그래서 섹스는 젠더다.

　몸이 이미 하나의 상황이라면 태어나는 여성과 만들어지는 여 성의 구분은 이미 불가능하다. 몸은 문화적 의미가 각인되는 수동적 매개나, 그것에 대한 해석적 의지가 문화적 의미를 결정하는 어떤 도구로 간주되어왔다. 하지만 버틀러가 보기에 "몸은 그 자체가 하 나의 구성물"이다. 몸에 젠더가 표시되지 않으면 몸이 의미화 가능 한 실존적 존재가 된다고 말할 수 없기 때문이다. 그러니 섹스가 고 정되어 있다거나 자유롭다고 말하는 것은 모든 젠더 분석에 어떤 경 계를 설정하는 특정한 담론의 기능이다. 아울러 젠더에 대한 담론은 문화 안에서 상상할 수 있고 구현될 수 있는 젠더 배치 가능성의 경계를 미리 전제해두고 또 미리 선점해둔다. 그런 경계는 보편적 합리성의 언어처럼 보이는 이분법 구조에 기초한 지배적 문화 담론의 관점에서 확립된다. 따라서 섹스나 젠더는 이미 그 언어가 상상할 수 있는 인식성의 영역 안에 만들어진 구성물이다. 섹스는 이미 젠더이며 몸은 몸 자체이기보다는 몸에 대한 인식 가능성이자, 몸에 인식성을 부여한 당대 담론의 결과물이라는 점에서 정신과 그리 다르지 않다.

한편 보부아르에게 '주체'는 언제나 이미 남성적이고, 그래서 여성 혐오적인 실존주의 분석의 틀 안에 있다고 보여진다. 그래서 주체는 자신을 보편적인 것으로 세우면서 언제나 여성적인 것과 대립된다. 여성적인 '타자'는 인간의 보편 규범 외부에 있고, 보편적인 것보다 열등한 '특수한 것', 불변하는 정신에 미치지 못하는 몸의 체현, 초월성에 도달하지 못하는 내재성으로 비난받는다. 보부아르는 여성의 몸이 규정적이고 제한된 본질이 아니라 여성의 자유를 위한 도구이자 상황이 되어야 한다고 주장한다. 이런 이론은 자유/몸의 데카르트적 이분법을 그대로 수용하는 것이다.

버틀러는 보부아르가 변증법적 종합을 추구할 때조차 이런 정신/몸의 이분법을 그대로 유지하고 있다고 비판한다. 그 결과 정신/몸의 이분법이 무비판으로 재생산된다고 본다. 이런 무비판적 정신/몸의 이분법은 그 구분이 전통적으로 생산, 유지되고 합리화되는 암묵적 젠더 위계를 재고하는 방식으로 전환되어야 한다. 젠더는

젠더는 패러디다

변화하거나 맥락화된 현상으로서, 본질적인 존재가 아니라 문화적이고 역사적인 관계를 둘러싼 상호 수렴점에서 구성된다. 따라서 정신/몸, 젠더/섹스가 구분되는 것이 아니라 이미 문화적 인식소에 의해 사고되고 사회적 지배소에 따라 사유되므로 정신이나 젠더의 의미로 포섭된다. 그에 따라 섹스, 젠더, 섹슈얼리티는 모두 젠더로 수렴되며, 젠더는 끊임없이 변한다는 의미에서 명사가 아닌 동사다.

버틀러는 섹스와 젠더의 구분이 불가능한 만큼 태어나는 여성과 만들어지는 여성의 이분법, 남성적인 것과 여성적인 것의 이분법, 정신과 몸의 이분법도 불가능하다는 견해를 밝힌다. 몸은 이미 수동적 도구나 매개도 아니고 본질의 형이상학을 구성하는 핵심이나 본질도 아니다. 몸은 자체가 하나의 구성물이라서 미리 젠더화된 본질이나 속성의 중핵이라는 것이 존재하지 않는다면 이것은 보부아르의 타고난 성/만들어진 성, 즉 섹스/젠더의 이원론에 대한 반론이 될 수 있다. 젠더뿐만이 아니라 몸으로 구현되는 섹스마저도 사회적으로 구성된 주체들 간의 관계이자 구체적인 맥락과 역사와 인류학 안의 구성물이기 때문에 섹스/젠더의 이분법은 그 설정 자체가 불가능한 것이 되기 때문이다. 고로 버틀러는 보부아르의 섹스/젠더의 이분법적 구분에 반대하고, 섹스는 이미 젠더이며, 자유롭게 떠도는 인공물이라고 주장한다.

이리가레에게: 문제는 남성/여성이라는 구도를 만든 권력

이리가레는 여성이 정체성의 담론 안에서 하나의 패러독스를 구성한다고 했다. 여성은 '하나'가 아닌 '성'이라는 것이다. 즉 이미 전반적으로 확산되어 보편화된 남성적 언어, 남근로고스 중심적 언어 안에서 여성이 구성하는 것은 '재현 불가능성'이다. 다시 말해 여성은 생각조차 될 수 없는 성을 나타내고 언어적 부재나 공백만을 재현한다는 것이다. 남성 중심성이라는 일원적인 의미화에 기대어 있는 언어 체계 안에서 여성이 구성하는 것은 '규제 불가능성unconstrainable'이나 '지칭 불가능성undesignatable'이다. 그런 의미에서 여성은 하나가 아닌 성, 남성적 의미질서를 벗어나는 성이 된다. 의미의 주체인 남성과 의미의 대상인 타자라는 사르트르식 틀 안에서 여성은 잘못 재현되었을 뿐만 아니라 그런 의미화의 오류는 재현의 전체 구조상의 문제점을 지적하기도 한다.

이런 이리가레의 주장은 일원론적 남성 경제를 주장한다는 점에서 보부아르의 이원론과 대립된다고 볼 수 있다. 이리가레에게는 지칭조차 불가능한 여성이 보부아르에게는 남성의 타자로 지칭이 가능하기 때문이다. 이리가레는 주체와 타자가 모두 남근로고스 중심주의 의미화 경제 안에 있는 개념이라고 보지만, 보부아르는 여성이 남성의 부정성으로 존재하며, 완전한 남성성과 대비되는 결핍이나 결여로 존재한다고 본다.

버틀러는 보부아르에게 젠더 구조는 불균형적 변증법의 실패한

젠더는 패러디다

상호 관계라면, 이리가레에게는 불균형적 변증법 자체가 남성 의미화 경제의 자기 독백적 산물이라고 주장한다. 남성적 의미질서 안에서 여성의 의미화가 불가능하다는 것은 이 재현 체제 전체의 부적절함을 지적해주는 것이기도 하다. 따라서 하나가 아닌 성은 패권적인 서구 재현에 대한 비판의 출발점인 동시에, 주체라는 관념 자체의 틀이 되는 본질의 형이상학 비판의 출발점이기도 하다.

이리가레는 여성적인 '성'이 언어적 부재의 지점이자 문법적으로 지칭되는 본질의 불가능성이라고 주장하려 한다. 따라서 여성적 성은 그런 본질이 남성적 담론의 지속적이고 근원적인 환상이라는 것을 폭로하는 관점이라고 본다. 이런 부재의 지점은 남성 의미화 경제 안에서는 표시되지 않는다. 이리가레에게 여성의 성은 단순한 '결핍'이나 '타자'가 아니라 그런 재현 요건 자체를 비껴가는 어떤 것이다. 그러므로 여성성은 주체의 표식이 될 수 없을 뿐만 아니라 남성과의 관계라는 관점에서 이론화될 수도 없다. 이 담론 자체가 합당한 것이 될 수 없기 때문에 여성의 성은 기표와 기의의 닫힌 체계를 구성하는 남성 의미화 경제 안에서는 재현될 수가 없다. 여성의 성을 이런 식으로 의미화하는 남근로고스 중심주의적 의미화 양식은 영원히 자기 증식하고 싶은 남성적 욕망의 환상을 재생산하는 것으로 비판받는다.

버틀러가 볼 때 사람에 대한 보편적 관념은 젠더를 구체적 맥락 위에서 사회적으로 구성된 주체들 간의 관계로 이해하는 역사적·인류학적 위치에서 발생된 사회 이론의 출발점이 되어야 한다. 버틀러는 사법 권력은 자신이 재현할 뿐이라고 주장하는 것을 반드시 생산하고 있기 때문에 재현과 정치는 다른 것이 아니며, 중립적으로 보이는 재현이 실은 재현 정치의 결과물이라고 보며, 젠더 또한 끊임없이 변화하는 맥락 속의 관계적 수렴점이라서 본질적이거나 근원적인 존재를 전제하지 않는다. 그런데 이리가레의 재현 불가능성이나 규제 불가능성, 지칭 불가능성은 그 자체로 어떤 재현물을 세우고 있고 그 역시 남성 의미화 경제의 대립물로서의 어떤 재현물을 세우려는 재현 정치의 결과로 생긴 것이다. 여성을 남성 체계 내의 재현 불가능성으로 의미화하는 것은 여성을 미성숙한 남성으로 개념화하는 것만큼이나 보편적이고 통일된 여성 주체를 세우려는 시도로 간주되기 때문에 비판의 대상이 된다.

버틀러에게 젠더는 문화적이고 역사적인 특수한 일련의 관계를 둘러싼 상호 수렴점인 반면, 이리가레에게는 여성적인 성이 언어의 부재 지점이며, 문법적으로 규정된 실체의 실현 불가능성이자 남성적 담론의 지속적이고 근원적인 환영이다. 그런 면에서 여성의 성은 재현의 필요조건을 벗어나기 때문에 주체의 표식이 될 수 없다. 성차가 발생하는 문화적·역사적 맥락의 배열을 횡단하는 이런 독백적이고도 획일적인 남성 의미화 경제를 규명하는 일은 어렵지만, 규명한다고 해도 그렇게 되면 모든 타자의 문화는 세계적 남근로고스 중심주의의 여러 확대 사례 안으로 들어가게 되고, 이는 그와 다른 차이들을 남근로고스 중심주의 아래 식민화시켜 남성중심주의의 자기 증식적 노력을 반복할 위험이 있다. 다른 한편으로 여성성, 모

젠더는 패러디다

성성, 섹슈얼리티, 여성적 글쓰기는 남성중심주의와 대립되는 또 다른 초문화적 구조로 이해할 수도 있다. 이런 대안적 개념화는 언제나 일반화와 보편화의 위험이 있다. 모든 범주적 통일성이나 일관성에 대한 주장은 구체적 주체의 배치가 구성되는 역사적 맥락을 간과하게 만들 수 있기 때문이다. 그래서 버틀러는 개념의 내용을 미리 전제하지 않는 연합의 정치학과 대화적 만남을 추구하며 그 대화 가능성의 조건과 한계를 만드는 권력 관계를 우선적 심문의 대상으로 삼는다.

실제로 보부아르는 정신과 몸의 이분법을 유지하면서 몸을 대표하는 여성이 정신을 대표하는 남성으로 향하기 위한 끊임없는 노력을 정주해야 한다고 주장한다. 여기에는 자유/구속, 남성성/여성성, 주체/타자, 대자/즉자, 초월/내재, 추상/체현, 보편/특수, 전체/결핍, 의미하는 주체/의미되는 대상이라는 이분법이 언제나 존재할 뿐 아니라, 후자는 끊임없이 전자를 향해 나아가야 하기 때문에 전자가 페미니즘의 어떤 이상으로 제시된다. 그렇다면 남성과 여성의 젠더 이분법은 여전히 계속 유지되고 있으며 남성성은 추구해야 할 목표, 여성성은 극복해야 할 미성숙성이나 장애 요소로 자리 잡는다. 여성이 이상으로 삼는 것은 남성적 이상으로 제시되는 후천적 여성성이며, 생래적이고 선천적인 의미에서의 여성성은 부정되거나 극복해야 할 할 대상이 된다.

마찬가지로 남성 중심적으로 간주되는 일원론적 경제 체계 또한 불가능하다. 이리가레는 남성 일원론 경제 안에서 여성은 재현조차 불가능하다고 주장하며 그런 의미에서 어떤 다른 대안적 의미화 경제의 필요성을 제기한다. 남성 일원적 체계 안에서 여성은 재현 불가능성으로만 존재한다고 보기 때문이다.

그러나 버틀러가 볼 때 더욱 중요한 것은 남성이든 여성이든 당대의 그 정체성을 구현하게 만든 제도 권력이나 그 권력이 만든 인식성이나 담론 체제에 대한 분석과 고찰이다. 남성 의미 체계를 대신할 여성 신성으로서의 여성 상상계나 여성적 상징계라는 대안적 이상향보다는 이 사회 속에 남성성이나 여성성을 이런 방식으로 구현한 구체적 맥락이 무엇인지를 알아보는 계보학적 탐색이 더욱 중요하다. 사회가 남녀라는 이분적 구도로 되어 있는지 아니면 남성이라는 일원성으로 되어있는지의 문제보다는 이원성이나 일원성으로 구도화한 구체적 권력 기반이 무엇인지를 밝히는 작업이 더욱 중요하기 때문이다.

버틀러가 보기에 일원론이든 이원론이든 여성 범주의 일관성이나 통일성에 대한 주장은 구체적인 '여성들'의 층이 구성되는 다양한 문화적·사회적·정치적 접점을 경시한다. 중요한 것은 여성이라는 정체성의 경계를 정하는 권력 관계에 대한 계보학적 심문이자 인접 경계한 영역과의 대화적 가능성이다. 이런 연합의 정치학에 대한 반근본주의적 접근에는, 정체성이 어떤 확정된 전제도 아니고 연합의 의미나 형상이 그 결과물이나 성과물에 앞서 미리 알 수 있는 것도 아니라는 사유가 기초하고 있다. 따라서 버틀러에게 젠더는 그 총체성이 영원히 연기되고, 절대로 완전하게 그 시간대에 주어질 수 없는 복합적 산물이다.

쟁점 정리: 이분법과 보편주의에 대항하는 페미니즘 비평은 가능한가

보부아르와 이리가레는 사실 버틀러의 젠더 이론 형성에 많은 영향을 준 여성 철학자들이다. 이들은 방식은 다르지만 젠더 불평등의 근본적 구조가 재생산되는 구조를 논의하고자 했다. 보부아르는 남성과 여성의 불평등하고 비대칭적인 상호 관계를 비판적으로 조망했고, 이리가레는 그 관계성을 나타내는 인식론적 틀 자체가 여성은 제외된 남성 중심적 의미화 경제라고 비난했다. 버틀러는 기본적으로 보부아르와 이리가레의 불평등한 관계 설정이나 그 설정이 일어나는 인식 틀에 대한 비판적 관점을 견지하는 것에는 찬성하지만, 보부아르의 이원론과 이리가레의 일원론을 넘어서는 방식을 모색하고자 했다. 그러기 위해 버틀러는 보부아르의 논의에서 몸 자체가 상황의 산물임을 강조하면서, 전통적인 몸과 정신, 섹스와 젠더, 타고나는 성과 만들어지는 성의 이분법 자체가 불가능하다고 반박한다. 한편 이리가레의 논의에서는 주체/대상의 논의 자체를 가능케하는 전체 질서가 남성적이라서 여성은 아예 재현이 불가능하다는 논의는 남성중심주의를 일반화하거나 다른 대안적 인식 틀의 가능성을 고려하기 때문에, 완전하게 있는 전체와 아무것도 없는 부재라는 또 다른 이분법적 구조가 생길 것을 우려한다.

버틀러가 이들을 비판적으로 독해하는 근본적 원인은 그것이 일원론이든 이원론이든 하나의 보편 구조를 설정하게 되면 그 일원론과 이원론을 발생시킨 당대의 담론 질서나 제도 권력에 대한 맥락적이고 역사적인 계보학식 접근이 불가능하기 때문이다. 그렇다면 쟁점은 다시 구조주의와 역사주의, 공시론과 통시론의 문제가 된다. 버틀러는 개별적이고 구체적인 역사적 맥락의 주체가 아니고서는 어떤 이론의 출발점도 될 수 없으며, 보편화된 일반론에 대한 주장은 그것을 중립적으로 만드는 보이지 않는 권력 작용이 도사리고 있다는 입장을 견지하기 때문이다.

버틀러는 일원론이든 이원론이든 어떤 일반 구조와 보편 질서를 세워두는 일은 문제적일 수 있다고 지적한다. 그런 의미에서 페미니즘 비평은 남녀의 이분법 속에 숨겨진 남성 우월론이나 남성 의미화 경제라는 전체주의적 주장도 탐구해야 하지만 페미니즘 자체가 갖는 전체화의 움직임과 관련해서도 자기비판적인 태도를 취해야 한다. 적을 단일한 것으로 규명하려는 노력은 무비판적으로 억압자의 전략을 모방하는 대항 담론에 불과하기 때문이다. 억압에 대한 저항을 논의할 때는 최소한 인종적·계급적·이성애 중심적 종속과 관련된 복합 요소와 상충하는 작용들도 충분히 고려해야 한다.

본질주의를 비판하는 현대 페미니즘 논쟁은 여성이 하나의 단일한 정체성을 가지며 남성의 억압을 받았던 공통된 경험에 기반한 피해자로 일반화된다는 주장을 반박하려는 입장에서 시작되었다. 초창기 페미니즘은 인류 절반의 단결을 강조했지만, 여성 범주의 일

젠더는 패러디다

관성이나 통일성에 대한 주장은 결국 구체적인 맥락에서 다양한 여성의 층이 복합적으로 형성되는 문화적·사회적·정치적인 접점을 간과하거나 경시하게 된다.

따라서 버틀러는 남성 억압자/여성 피억압자, 남성 지배자/여성 희생자의 이분법에 의거한 페미니즘 구조의 문제점을 제기하고 여성 내부의 여러 차이로 인한 페미니즘 지평의 확대를 모색한다. 또한 여성이라는 공통되거나 일반적인 범주의 설정이나, 여성을 피억압자나 희생자라고 보는 페미니즘은 구체적 여성이 갖는 당대의 맥락적 의미보다는 추상적 여성의 구조적 보편성만을 추구할 수 있다고 경계한다.

우리에게 무엇보다 요구되는 것은 역사적이고 맥락적인 의미에서 구체적으로 구현되는 다양한 여성 지층에 대한 탐색이다. 사실 모든 여성을 희생자로 볼 수도 없고 여성이라고 해서 모두를 피억압자라는 통일된 범주로 일반화하기도 어렵다. 같은 의미에서 모든 여성을 남성 주체의 타자로 보거나, 남성 중심 사회에서 표현 자체가 불가능한 재현 불가능성으로 보는 것은 문제적일 수 있다. 통일성과 보편성에 의거한 여성의 범주적 재현 양상에 대한 비판적 검토가 요구되는 것이다.

문제는 여성의 재현 양상이기보다는 그런 방식으로 통일성과 보편성을 부여해 재현한 권력 관계의 정치적·역사적인 맥락에 대한 탐구다. 이런 대화적 관계의 가능성에 관한 조건과 경계를 정하는 권력 관계가 무엇보다도 먼저 심문되어야 한다. 이런 비근본주의적 접근 방식은 연합의 정치를 가능하게 하면서도 정체성을 어떤 전제로 삼지 않으며, 동시에 연합체의 의미나 형태가 그 결과물에 앞설 수 있다고도 주장하지 않는다. 결국 정치적 연합 조직이 어떤 방식으로 연합되어 어떤 형태로 작동하게 되었는지 정치적·역사적인 맥락이 중요한 만큼, 젠더 또한 어떤 것으로도 정체화될 수 없는, 즉 그 총체성이 영원히 연기되는 하나의 복합물이다. 그리고 이런 의미의 총체성은 지금 이 시간 완전할 수 없도록 영원히 미래로 열려 있다. 이것이 바로 비평적 의미에서의 계보학 방법론이다.

젠더는 패러디다

미추의 이분법 너머 역사적·가변적으로 구성되는 아름다움:
〈미인시대〉,〈그녀의 무게〉,〈뷰티 21〉

2002년, (사) 한국여성연구소에서 만든 다큐멘터리 〈미인시대〉는 아름다움이라는 보편적 관념도 역사적 구성물임을 보여준다. 예나 지금이나 여성은 아름답기를 간절히 원하고 그 아름다움은 육체적 자질이나 매력에 중심을 두고 있다. 그래서 아름다움은 여성성, 여성의 젠더 특성과 결부되어 생각된다. 그러나 아름다운 몸의 구현 양상은 시대마다 상당한 차이를 보인다. 조선시대의 미인은 둥근 얼굴에 좁은 어깨로 대표된다면 현대의 미인은 작은 얼굴과 큰 키가 팔등신 비율의 중요한 요건이다. 그렇다면 아름다움 역시 역사적 개념이자 맥락적 단어다.

조선시대 여성은 '여자출문 필옹폐기면女子出門 必擁蔽其面'이라는 가르침에 따라 집 밖을 나갈 때면 반드시 얼굴을 가리는 장옷을 걸쳐야 했다. 그러나 1920년대 신여성 운동이 일어나면서 여성은 트레머리와 통치마를 해방의 징표로 삼았다. 나혜석과 최승희는 그 당시 대표적인 신여성이었다. 미소년과의 자유연애를 원한다는 광고를 내거나, 신정조론을 선언하고 직업 전선에 뛰어든 신여성의 이색적 행태는 많은 신문 만평에서 드러난 냉소적이고 비하적인 반응에도 불구하고 당대 여성의 성적 욕망과 경제적 욕구를 유감없이 발현했다.

그러나 1950년 6월에 전쟁이 발발하면서 60만의 전쟁 과부가 생겨났다. 이들은 전쟁으로 인해 공석이 된 남성 직업 영역에 충원되면서 가정에서 나와 생활전선으로 뛰어들었다. 미군 캠프를 중심으로 자연스럽게 미국 문화가 확산되었고 서양 문물은 양품洋品이라는 이름의 미국 상품으로 확산되었다.

1956년 한형모 감독의 영화 〈자유부인〉은 서구 문화에 대한 동경으로 인해 일시적으로 탈선했던 주부의 이야기를 다룬다. 여기엔 서양 문물의 동경, 여성의 경제적 독립의 가치, 자유연애라는 개인적 가치에 대한 당대의 유행이 재현되지만 마지막에는 이 주부가 일시적 과오를 뉘우치고 전통적 가치, 즉 원래 여성의 자리인 가정으로 되돌아가는 것으로 결론난다.

여성의 미는 국가 이데올로기를 정당화하는 수단으로 작동하기도 했다. 1957년부터 시작된 미스코리아 대회는 미인의 기준을 몸의 수치로 수량화했고, 1961년 만들어진 건설적 재건 체조는 유흥

성이나 퇴폐성이 강하다고 평가되던 고고춤이나 댄스홀의 비규범적 춤을 규제하기 위해 국가에서 제시한 대안적인 몸 동작이었다. 당시 미스 코리아의 기준이 신장 160센티미터에 가슴 37, 허리 23, 엉덩이 36인치였다니, 지금 기준으로 보면 턱없는 단신으로 여겨지지만 그 당시 기준으로는 평균 10센티미터가 웃도는 장신이었다고 한다.

선발 시엔 한국적 미인을 뽑는다고 광고했지만 사실 선발 기준은 서구화된 미 기준에 맞는 미인에 맞추어져 있었고 한국에서 선발된 미인이 국제 미인대회에서 얼마나 한국의 국가적 위상을 드높일 것인가가 더 큰 관심의 대상이었다. 미인대회는 미인 자체의 선발보다는 미인 배출 국가라는 국가 홍보 사업의 일환이었던 것이다. 보리혼식이나 베트남 파병 등의 국책사업 홍보도 마찬가지다. 미녀 연예인들이 국책산업 광고에 동원되어 당대의 국가 정책을 독려하는 어머니의 모습으로 국민의 건강을 염려하고, 해외로 파병되는 군인의 사기를 독려했던 것도 같은 맥락에서 이해할 수 있다.

현대에 와서는 미인대회가 다변화되었고 슈퍼모델 대회나 슈퍼탤런트 대회는 국가적 미의 사절단보다는 연예인이 되는 개인의 직업 등용문이 되었다. 한편, 규격화된 여성의 미 기준에 저항하고 이중으로 소외된 장애인 여성의 문제도 제기하는 안티 미스코리아 대회도 생겨났다.

그러나 국책사업 홍보수단이나 규범화된 미의 규격에 저항하는 여성들조차 날씬하고 아름답기 위해 매일 부단히 노력해야 했다. 날씬하고 아름다운 현대 여성의 미적 이상은 광고를 통해 강화되었기 때문이다. 1960년대와 비교해보면 여성의 평균 신장은 10센티미터가량 커졌는데도 여성이 원하는 이상적 몸무게는 아직도 변함없이 48킬로그램이다. 그리고 대중매체의 영향으로 온 국민이 몸무게와 허리 사이즈를 재고 얼굴 크기를 서로 비교한다.

이제 날씬한 몸에 대한 점점 커져가는 사회적 강박은 운동과 다이어트, 지방제거수술 등 각종 신체관리 산업을 육성하기에 이르렀다. 여성의 주체적 자아에 대한 탐색은 아름다움을 지향하는 것을 바탕으로 광고에 전용된다. 광고 속에 나타나는 여성 모델은 평범하길 거부하고, 공주처럼 살기 싫어하며, 경쟁과 운동을 즐기고, 사무직이나 전문직의 길을 개척하려 하지만 모두 하나같이 미인이기 때문이다.

아름다운 몸에 대한 지향은 보편적이거나 통일적이지 못하다. 조선시대에는 장옷, 신여성 운동이 있을 때는 통치마와 트레머리 그리고 단발머리, 시간이 더 지나서는 국가 시책을 홍보하는 한복과 올림머리, 그다음엔 양품과 미니스커트, 이제는 전문직을 가진 날씬한 장신의 서구적 마스크 여성이 미인으로 불린다. 그 각각의 미인을 구성하는 요건은 어떤 여성을 이상적으로 구현할 것인지에 대한 지배 권력의 세밀한 담론 장치가 들어 있다. 그러니 중요한 것은 미녀는 희생자라거나, 미녀를 극복하고 강인한 남성적 힘을 획득하자거나, 미녀는 남성 사회에서 아무 의미가 없다는 것이 아니라, 각 시대의 미녀가 그 의미를 얻게 되는 구체적이고 맥락적인 배경에 대한

젠더는 패러디다

계보학적 추적일 것이다. 역사와 맥락이 구성한 오염된 몸만이 있을 뿐 순수한 몸이란 더 이상 존재하지 않는 것이다.

임순례 감독의 2003년작 〈그녀의 무게〉(〈여섯 개의 시선〉중 한 편)는 미인의 기준에 들지 못하는 현실 속 청소년의 고민과 고통을 보여준다. 주인공 조선경은 졸업과 취업을 앞둔 여상의 고3 여학생. 그녀는 날씬하지도 예쁘지도 못하다. 선경은 취업을 위해 쌍꺼풀 수술과 체중 감량을 원하지만 수술비도 다이어트 약도 구매할 여력이 없는 부모를 둔 소시민 가정의 딸이라 한숨만 나온다. 취업하면 갚겠다고 수술이나 다이어트 약 혹은 단식원 입소까지 졸라보지만 설사약이나 먹어보라는 엄마의 말에 좌절한다. 결국 선경은 수술비를 벌기 위해 학생 신분임에도 노래방 도우미라는 위험한 수단을 택하는데 저가 성형수술의 부작용으로 인해 우스꽝스러운 짝짝이 눈매를 갖게 되고 취업 면접에서 면접관과 다른 피면접생들의 조롱을 사게 된다. 아름다운 몸이라는 육체 조차 고가의 의료비를 댈 수 있는 경제적 여력에 따라 위계화되는 상품이자 상징자본이 된 것이다.

여성이 취업하는 데 160센티미터 이상의 키에 50킬로그램 내외 체중이라는 암묵적 신체 요건이 필요한 것은 공공연한 비밀이다. 따라서 성형수술은 이제 자기만족이나 열등감 해소의 수단을 넘어 자본주의 사회에서 생존하기 위한 취업 준비의 일환으로 인식된다. 방학 동안 100만 원을 투자해 12킬로그램을 감량한 친구 선미는 끼니 때 먹는 즐거움이나 영양식의 건강함을 포기한 대신 다이어트 퀸이라는 교내의 명성을 얻지만, 신체검사 직전에도 도시락을 거를 수 없는 선경은 그저 무신경한 덩치이거나 입고 싶은 옷은 입을 수 없는 체제 부적응자처럼 보인다. 심지어 쉬는 시간마다 혹은 수업시간까지도 눈꺼풀에 붙였다 뗐다 하는 쌍꺼풀 테이프는 수술비가 없는 '찌질한' 하급 인생의 모자라고 덜떨어진 미를 향한 노력처럼 보이기도 한다. 그나마 선경은 어리다지만, 뚱뚱한데다 나이까지 든 여자는 무능의 대표적 전형으로 각인된다. 가령 영화 프레임 밖에서 촬영 작업 중인 임순례 감독은 지나가던 행인에게 감독으로 인정받지 못하며 여전히 뚱뚱한 아줌마로 불리기도 한다.

2005년 미장센 단편 영화제에 출품된 이영재 감독의 〈뷰티 21〉은 미래의 획기적인 여성 미용 상품에 대한 SF 영화다. 주로 클럽을 배경으로 젊고 감각적이며 성적인 매력을 가진 여성의 아름다움이 이 영화의 중심에 있다. 가상의 미래 세계에서 이제 미는 철저히 상업적인 인스턴트 제품이다. '뷰티 21'이라는 제품 하나면 일정 시간 동안 그 제품 콘셉트에 맞는 미인이 될 수 있기 때문이다. 주인공 여성의 삶에 대한 성패는 클럽에서 만난 훈남을 유혹할 능력과 그 능력의 결과로 얻어진 훈남과의 원나잇 스탠드 성공 여부에 달려 있다. 이 미용 제품의 구매를 유혹하는 광고는 '행복은 당신의 선택에 달려 있다'고 주장한다. 그 행복은 이성을 유혹할 능력을 가진 행복이거나 성적 만족을 얻을 수 있는 행복으로 보인다. 아름다움은 행복에 도달하는 요건이고 아름다움에 도달하는 요건은 특정한 미용 상품이다. 즉 행복은 상품의 구매력에 달려 있다.

젠더는 패러디다

<그녀의 무게>중 한 장면. 이 작품은 여고생 선경을 통해 미인의 기준에 들지 못하는 현실 속 청소년의 고민과 고통을 보여준다.

냉장고 가득 신제품 뷰티 21의 시즌 69 버전을 핑크(사랑스러움), 옐로우(스포티함), 오렌지(세련됨) 계열별로 가득 채워둔 여성 주인공은 오늘은 어느 제품을 사용할지 잠시 고민한다. 화면 가득히 제품에 대한 광고가 쏟아지고, 제품을 고른 여성은 그 제품에 맞는 미인으로 변신해 클럽에서 가볍게 춤추며 자신의 피부와 몸 위를 훑고 지나갈 남자의 눈길을 기다린다. 남녀의 눈길이 얽힌 것도 잠시, 둘은 카섹스를 나누고 남자는 담배를 피워 문다. 여자는 남자의 라이터 불에 드러난 자신의 피부를 보고 제품 효력 시간이 다한 것을 알고는 "오늘 즐거웠어"라는 인사와 함께 유유히 사라진다. 며칠 뒤 그녀는 다른 콘셉트의 미인으로 변모하여 같은 남자와 바에서 만나게 되는데, "우리 한 번 만난 적 있죠"라는 구태의연한 남자의 작업 멘트에 그녀는 "아뇨"라고 짧게 응수하고 새로운 인연인 척하는 것으로 영화는 끝난다.

여기서 아름다운 몸은 소비 상품적 가치로 논의되고 그 열매는 성적 매혹의 성공 여부로 가늠된다. 스펙이 지식자본이라면 미모는 육체자본이다. 아름다운 얼굴이나 몸은 가까운 슈퍼나 편의점에서 돈으로 구매할 수 있는 물건이다. 또한 부담 없이 원나잇 스탠드를 즐기고 싶은 세련되고 쿨한 도시 여성의 성적 해방구로 가는 손쉬운 도구이기도 하다. 도시의 사랑 방식은 하룻밤 가볍게 즐기되 상대가 누구인지 알려하지 말고 더 깊은 관계로 발전되지도 말아야 한다. 행복이 제품 선택과 그 구매력에 달렸다면 행복은 성적 쾌락이고, 행복을 가능하게 하는 것은 제품 선별 능력과 구매 경제력이다.

이에 대한 비판적 시각이 없는 것은 아니다. 실제로 한 여배우가 화장이나 헤어만 바꾸면서 여러 역할을 동시에 소화함으로써 '일회용'처럼 보이는 오늘날의 미인이나 미적 기준이 얼마나 획일적인지 보여준다. 또 제품의 약효가 떨어지면 보통 피부보다 더 건조하고 병적으로 부스러지는 피부를 보여주면서 제품의 부작용도 암시하는 듯하다. 또 그런 제품으로 이루어진 행복이라는 것이 이성의 관심과 육체적 쾌락에만 국한된 단선적인 것으로 제시되는 것도, 하룻밤 상대를 다시 만나도 잘 알아보지 못하는 것도 인스턴트 만남에 대한 비판적 시각을 견지하는 듯 보인다. 여성의 성은 일견 해방된 것처럼 보이지만 그동안 비판해왔던 바람둥이 남성의 모습을 그대로 모방해 재현한다.

동시에 해방의 가능성도 존재한다. 여성은 남성적 쾌락 추구의 가치를 모방하면서 동시에 조롱하며, 순결녀나 정절녀 같은 전통적 여성형 모델에 저항한다. 이 작품에서는 성적 매력이 가장 강력한 무기처럼 제시되지만 현실의 알파걸과 골드미스에게는 학력과 재력 혹은 체력까지도 여성이 가질 수 있는 강력한 무기일 수 있다. 미래의 미인에 대한 기준은 여전히 매끈한 피부, 매혹적인 화장, 화려한 네일 아트, 날씬한 몸, 유혹의 기술, 성적 매력으로 표현된다. 그리고 계발된 상품 소비를 통해 이런 미의 기준에 도달할 수 있는 여성에게는 일시적이지만 행복을 선사한다.

〈미인시대〉, 〈그녀의 무게〉, 〈뷰티 21〉은 여성의 이상적 자질인 아름다움은 시공을 초월하는 보편적 관념이 아니라 시공간에 따라 얼마든지 변할 수 있는 가변적 구성물임을 각각 과거, 현재, 미래의 시점에서 보여준다. 과거의 미는 국책 사업이나 국가 정책을 효율적으로 해내기 위한 도구였고, 현재의 미는 취업과 승진에 필요한 육체자본이며, 미래의 미는 즉석 연애와 성적 쾌락의 수단이다. 과거에는 국가 장치, 현재와 미래에는 좀 더 개인적 차원의 욕망과 욕구가 반영되어 있는 것처럼 보이지만, 사실 아름다움이라는 것이 객관적·중립적인 개념이 아니라 그것을 구성하는 다양한 맥락 속의 역사적 구성물이라는 것만큼은 분명해 보인다. 이는 젠더가 제도나 규범으로 환원될 수 없는 가변적이고 역사적으로 구성된 인공적 장치이자 권력과 담론의 수렴점이라는 버틀러의 주장을 현실 속에 입증하는 구체적 사례로 보인다.

이원론과 일원론을 넘어서려는 버틀러의 논의는 무엇보다 구조주의적 논의를 넘어서는 역사주의적 관점에 있다. 그것이 남성과 차별되는 여성의 아름다움이라는 특성이건, 뚱뚱한 몸과 대립되는 날씬한 몸에 대한 지향이건, 아니면 거친 피부를 극복하는 매끄러운 피부에 대한 동경이건 아름다움은 역사적 구성물이다. 그것은 열등한 여성성을 극복해 남성적 가치를 획득하려는 여성성의 진보도 아니고, 남성중심주의 사회에서는 자신의 목소리를 낼 수 없는 여성성이 침묵이나 히스테리의 언어로만 표현하는 몸짓도 아니다.

분명 여성의 아름다움은 시대적 지배 세력이 아름다움이라는 기준으로 기획한 시대 이념이자 시대 사상의 집결체다. 본질적인 아름다움은 존재하지 않는다. 만일 존재한다면 그것은 당대의 지배 규범이나 인식 권력이 본질적인 것이라고 단단히 교육하고 내면화한 탁월한 결과물일 것이다. 여성을 바라보는 시선이 언제나 역사화되어야 하는 까닭이 여기에 있다. 이처럼 당연하고 자연스러운 관념을 문제 삼고 쟁점화하는 곳에서 젠더 계보학은 출발한다. 그것이 순수하지 않은 몸, 오염된 몸을 논의할 계보학적 가능성이다.

3장   가면의 전략:
리비어와 라캉 비판

가면의 전략이란 무엇인가

여성성이란 무엇인가? 여성성에 대한 논의는 오랫동안 여러 학자들의 논의거리였다. 여성성은 여성학자뿐 아니라 남성 철학자에게도 중요한 관심사였다. 어떤 이론가는 여성성은 관계적 속성이라고 했고, 다른 이는 남성 담론 안의 재현 불가능성으로, 또 다른 이는 보편적 남성성과 대비되는 독특한 속성으로 설명했다. 조앤 리비어와 자크 라캉은 여성성은 가면이라고 주장한 이론가다. 가면으로서의 여성성은 어떤 의미를 가지며 버틀러에게 어떤 비판 지점을 제공할까?

사실 우리 모두는 '법 앞의 주체'다. 태어날 때 생식기의 모양에 따라 남자와 여자라고 불리지만 그런 기준을 만들어낸 것도 실은 의료과학이라는 규율 담론이기 때문이다. 이런 규율 담론은 사법 권력을 생산하고 사법 권력은 자기가 재현할 뿐이라고 주장하는 것을 사실상 생산해낸다. 버틀러는 이런 보이지 않는 생산의 기제를 밝히려고 하며 그것이 바로 계보학의 과제라고 말한다. 이런 계보학적 관점이 페미니즘과 결합될 때 그 비판의 출발점은 여성성을 구성하는 '역사적 현재'에 있다. 법 앞의 젠더 주체인 여성을 현재라는 역사적 시점에서 논쟁의 대상으로 만들려는 시도인 것이다. 이는 이성애가 부과한 여성성만을 페미니즘 논의의 대상으로 삼았던 기존 페미니즘에 대한 반박이자 저항이기도 하다. 이제 여성성은 그 자체가 논쟁 대상이 되면서 자신의 보편성과 통일성을 끊임없이 허물고자 한다.

여성을 구분하는 방식은 크게 네 가지가 있다. 조너선 컬러는 보편성과 통일성을 허무는 젠더 주체를 설명하기 위해 네 가지 주체에 대해 설명한다. 정체성을 구성하는 기본 범주에 있어서 형성 양식과 규모에 주목하면서 양식 면에서는 본질적인 것과 구성적인 것을, 규모 면에서는 집단적인 것과 개인적인 것을 구분했다. 이에 따라 네 가지 주체 양상이 나오게 되는데, 그것은 본질적 집단, 본질적 개인, 구성된 집단, 구성된 개인이다.[24]

이중 버틀러의 주체 논의를 설명하기에 가장 합당한 것은 구성된 개인일 것이며, 컬러의 관점보다 더 나아가 버틀러가 논하는 주체는 그 개인이 처한 역사성과 시간성, 공간적이고 지리적이며 정치적인 복합적 맥락이 더욱 강조된다. 개별적 차이를 가지고 시시각각 다르게 구성되는 개인

24 조너선 컬러, 이은경 옮김, 『문학 이론』, 동문선, 1993 참고.

은 매 시간 주어진 역할과 상황에 따라 다른 정체성을 구현한다. 예 컨대 한국의 여대생이라면 이른 아침엔 부모님의 딸, 등교한 뒤엔 대학생, 하교 뒤에는 알바 직원, 또 어떤 날은 과외 선생, 또 등록금 반값 투쟁 같은 정치적 시급성이 있을 때는 해당 정치 운동의 주체 가 되는 등 한 개인은 하루에도 여러 다른 정체성을 띠게 될 것이다.

이런 젠더는 반복해서 패러디적 모방의 놀이를 하는 가면 같은 것이고, 무대 위에서 펼치는 연극적 행위 속에 구성되며, 반복된 호 명에 복종하면서도 완전히 복종하지 못하는 잉여물을 남기면서 새 로운 의미의 가능성이 된다. 또 사랑했던 대상을 극복하지 못해 타 인을 자신의 내부에 합체하면서 자신 안에 이미 타자를 안고 있는 주체로도 설명된다. 버틀러의 젠더 주체는 비결정적이고 가변적이 라는 의미에서 이성복장 전환자, 성정체성 전환자, 성별 전환자처럼 트랜스와 크로스의 영역에 있다. 버틀러가 복장 전환자인 드랙을 비결정적이고 가변적인 젠더 주체의 예로 종종 드는 이유도 여기에 있다.

드랙 퀸은 생물적 남성이지만 여성을 모방하는 주체이므로 패 러디적 주체라 할 수 있다. 그런데 드랙이 모방하는 것은 일반적 생 물학적 여성이라기보다는 당대의 여성성에 관한 이상적 규범이다. 그러므로 드랙의 여성성은 일반적 여성의 모습이기보다는 특정 시 기에 여성성으로 간주되어온 이상적 특질의 총화이자 과장된 재현 물이다. 일반적 여성보다 여장한 남성이 더 여성적으로 보이는 것도 그 때문이다. 여성성은 자연스러운 여성의 내적 자질이라기보다는

젠더는 패러디다

여성의 자연스러운 내적 자질로 간주되던 당대의 이상적 개념이거나 관념인 것이다.

드랙은 이처럼 반복적인 모방 행위의 수행적 사례이자 여성성의 호명에 대한 반복 복종이지만, 동시에 그 복종을 통해 언제나 조금 다른 여성성을 구현하게 되므로 여성성이라는 규범적 이상에 균열을 줄 수도 있다. 이런 모방 행위를 통한 젠더의 수행은 패러디적 웃음과 반복 복종 속에 새로운 의미화의 가능성을 남긴다. 또한 우울한 주체는 자신이 사랑했던 대상을 자신의 내부에 잠재적으로 보유하고 있다는 의미에서 주체와 타자의 경계를 허무는 젠더 논의의 잠재성을 보여준다.

최근 여성에 대한 논의도 성차에 대한 인정과 부정이라는 입장으로 분류되기 때문에 컬러의 입장과 크게 다르지 않다고 여겨진다. 여성성이 본질적이고 생래적인 것인지, 아니면 사회적이고 역사적인 구성물인지가 가장 큰 구분의 기준으로 여겨진다. 주디스 로버는 예전의 페미니즘 논의는 제1의 물결, 제2의 물결, 제3의 물결로 논의되었다면 최근의 논의는 젠더 개혁, 젠더 저항, 젠더 반항 페미니즘으로 분류된다고 주장한다.**25**

다시 말해 제1의 물결이 여성의 동등한 투표권을 주장하고, 제2의 물결이 타자로서의 여성의 독특성에 초점을 두고 있다면, 제3의 물결은 섹스와 젠더와 섹

25 로버는 자유주의 페미니즘, 맑시스트 페미니즘, 사회주의 페미니즘은 젠더 개혁 페미니즘으로, 급진주의 페미니즘, 문화 페미니즘, 레즈비언 페미니즘, 정신분석 페미니즘, 관점 페미니즘은 젠더 저항 페미니즘으로, 다문화 페미니즘, 남성 페미니즘, 사회구성 페미니즘, 포스트모던 페미니즘, 퀴어 이론은 젠더 반란 페미니즘으로 분류한다. 그러나 이런 분류보다 중요한 것은 젠더 독특성을 주장할 것인가 아니면 사회적 구성을 강조한 것인가라고 주장한다. 주디스 로버, 『젠더 불평등: 페미니즘 이론과 정책』, 최은정 옮김, 일신사, 2005 참고.

슈얼리티의 복합적 상호작용을 연구하는 것에 중점을 둔다. 반면 로버의 분류에 따르면 젠더 개혁 페미니즘은 가족과 경제 내 여성의 동등한 지위를, 젠더 저항 페미니즘은 여성에 대한 남성의 착취와 억압에 저항하는 반항의 정신을, 젠더 반란 페미니즘은 기존에 이분화된 젠더 구조나 사회질서에 도전적 사유를 추구하는 것이 된다.

이런 분류의 핵심에는 사실 성차가 있는가라는 근본적인 질문이 있다. 젠더 개혁, 젠더 저항, 젠더 반란 페미니즘이라는 분류는 복잡해 보이고 그중 버틀러가 추구하는 퀴어 이론은 젠더 반란 페미니즘에 속하지만 그 분류의 핵심에 있는 것은 성차를 본질적 특성으로 보는지 아니면 사회적 구성물로 보는지에 대한 관점의 차이다.

이 두 관점에 따라 여성의 몸을 어떻게 볼 것인지의 시각도 달라지는데, 여성성을 본질로 보는 관점은 몸을 해부학적 운명으로 보지만, 여성성을 구성물로 보는 관점은 몸을 후천적 습득물로 간주한다. 후천적 습득물로서의 몸을 말할 때 몸은 어떤 다른 것을 전달하는 도구나 매개 정도로 축소되기도 하는데, 구성물로서의 여성성은 해부학적 운명으로서의 몸보다는 그 위에 각인되는 사회적 의미나 문화적 상징을 중시하게 되므로 몸 자체는 그런 의미와 상징이 쓰이는 표면으로 간주되기 때문이다. 이에 따라 몸은 '수동적 매개'나 '텅 빈 백지'로 인식되기도 하는데, 이때에는 무엇을 매개하는지 그리고 어떤 각인을 통해 의미화되는지가 더욱 중요해진다.

여성성이나 여성의 몸이라는 문제가 가면의 정체성과 연관되면 논의는 더 복잡해진다. 여성성이 가면이라는 주장은 여성에게 어떤 다른 본질이 있는데 그것을 가리기 위해 가면을 쓴다는 것인지, 아니면 여성의 본질이 그 속에 아무것도 감춘 것이 없는 가면 그 자체라는 것인지가 불분명하기 때문이다. 가면의 정체성은 내부에 무엇인가를 가리기 위한 수사로 활용되기도 하고, 그 내면에 아무것도 없기 때문에 일시적으로 수행적으로 구성되는 가면이 곧 그 사람의 정체성이라는 의미로 사용될 수도 있기 때문에 매우 이중적이다.

여성의 몸도 생물학적 기관이라는 본질을 가리기 위한 문화적으로 부여된 의미로 여겨지기도 하고, 그 몸의 표층에 덧씌워지는 옷이나 장신구, 제스처나 움직임 자체가 사회적 맥락에서 꾸며진 몸의 의미로 간주되기도 한다. 다시 말해 여성의 몸을 하나의 가면으로 본다면 가면으로서의 여성성은 심리적 내면에 덮인 신체 기관이라는 본질을 가리는 외피를 의미할 수도 있고, 몸 표면에 나타나 있는 표층적 속성으로서의 교태, 애교 자체가 여성성으로 간주될 수도 있다. 다시 말해 여성성이 가면이라는 것은 정신이라는 본질에 몸이라는 외양을 걸친다는 의미도 되고, 몸에 걸친 옷이나 행동, 태도가 이미 하나의 정체성이라는 의미도 된다. 후자의 의미일 경우 가면 자체가 본질/외양의 이분법을 벗어나는 수행적 주체성을 의미하게 되며 행위 속에서 일시적으로 구성되는 가변적·임시적 정체성이라는 의미에서 버틀러의 수행적 정체성 논의와 연결될 수 있다.

그렇다면 '여성성은 가면이다'라는 기존의 논의와 버틀러가 주장하는 수행적 젠더 정체성 이론은 어떤 면에서 연결되고 또 어떤 면에서 대립되는 것일까? 페미니즘의 관점에서 '가면으로서의 여성성'을 논의한 대표적 이론가에는 조앤 리비어가 있다.

리비어는 프로이트의 논문을 영어로 번역해 영미권에 소개했던 영국의 심리학자로 그녀가 쓴 1929년 「가면으로서의 여성성」은 여성성을 '교태'나 '애교'로 보는 대표적 논문으로 알려져 있다. 리비어는 자신의 클리닉에 내원했던 여성 환자들이 대체로 공적 영역의 지식을 많이 가졌거나 전문직 여성일수록 지나치게 여성성을 과장한다는 점을 알게 되었다. 그래서 공적 지위의 여성이나 남성적 지식을 가진 여성일수록 여성성을 과장한다는 잠재적 결론을 내리고 그 원인을 분석한다. 분석 결과 이런 여성 환자들의 공통적 특징은 자신의 남성성을 감추고 싶어한다는 점이었다.

조앤 리비어는 이런 환자들의 심리를 연구한 끝에 여성적인 여성보다는 남성적인 여성이 공적인 석상에서 자신의 여성성을 일부러 과장하는 경향이 많은데, 그 이유는 자신이 가진 남성성을 들키지 않기 위해서라고 결론 내린다. 즉 가면으로서의 여성성은 심리적으로는 자신의 유년기에 아버지로부터 훔친 남근을 들키게 될까봐, 사실은 들킬 경우 아버지에게 보복당할까봐 자신의 남성성을 가리는 방어 전략이라고 주장하는 것이다. 따라서 리비어에게 여성성은 남성성을 가리기 위한 일종의 은폐 수단으로 논의된다.

리비어의 경우, 여성성은 여성이 쓰는 가면인데 그 여성은 '남성성을 소망'하지만 그 남성성의 공적인 외관을 취할 시 가해질 비난이 두려워 쓰는 위장이며, 남성성은 남성이 쓰는 가면인데 외적인 여성성을 감추고 싶은 남성 동성애자가 쓰는 위장이다. 여성에게 관심이 없는 남성 동성애자가 다른 남성에게 남성성을 인정받고 싶어서 여성성을 감추고 남성이 되는 것이라면 이는 성적 쾌락의 문제이기보다는 갈등과 긴장을 피하려는 전략으로 볼 수 있다. 레즈비언도 성적 욕망을 거부하는 무성적 위치가 된다. 리비어의 논의를 연구한 스티븐 히스 역시 여성성은 '리비도의 거부'이자 근본적인 남성성이 없는 척 위장하는 전략이라고 말한다.

다른 한편 1958년에 자크 라캉은 「남근의 의미」라는 논문에서 주체가 여성의 상징적 위치를 차지하기 위해서 없는 남근이 있는 척 가장함으로써 남성의 욕망을 자극하는 미끼가 되어야 한다고 주장한다. 남근이 없는 여성은 남근이 있는 '척해야' 여성일 수 있다는 것이다. 이때 여성은 남성성이나 남근이라는 가면을 쓰고는 있으나 실은 그 내면은 텅 빈 상태, 즉 아무것도 없는 상태로 설명된다.

'있는 남성성을 없는 척'하거나 '없는 남근을 있는 척'하는 것은 모두 내면의 어떤 본질을 숨기기 위한 위장 전략이라 할 수 있다. 그리고 이 위장 전략 안에는 각각 남성성과 남근 부재라는 진리가 들어 있다. 이런 '남성성'이나 '남근 부재'는 사실상 욕망이나 섹슈얼리티의 문제로 논의되기보다는 개인의 성 정체성과 동일시의 문제로 환원된다. 따라서 리비어나 라캉에 대한 버틀러의 쟁점은 주로 정체성에만 한정되어 있어서 성욕망에 대한 고찰이 부족하다는 데 모아진다. 그것은 남성성을 가리거나 아무것도 없는 것을 가리기 위한 수단으로 가면을 활용할 뿐 섹슈얼리티의 측면에서 여성성 자체를 논의하지 않기 때문에 '무성적 위치로서의 레즈비언'이나 '레즈비언의 탈성화된 위치'를 설명하는 방식이 된다는 것에 대한 비판이다(180).

라캉의 성차 도식에서 남성은 '팔루스를 가지는' 상징적 위치를 점유하고, 여성은 '팔루스가 되는' 상징적 위치를 점유한다고 설명하는데, 이때 남성의 위치와 여성의 위치는 둘 다 문제가 된다. 남성은 자신이 가진 음경에 대한 거세 불안 때문에 상징적 팔루스를 추구하고, 여성은 자신이 갖지 못한 음경 때문에 스스로 팔루스가 되어 남성의 욕망 대상으로 존재하기 때문이다. 이때 여성의 '팔루스 되기being'는 사실상 남성 주체를 '위한 되기being for'다. 여성의 '팔루스 되기'는 자신을 위한 것이 아니라 다른 어떤 사람을 위한 것이고, 그것은 사실 자신의 정체성을 강화하고 확대하려는 남성 주체를 '위한 되기'라는 것이다.

라캉은 레즈비언은 '욕망의 부재'로 보이는 거부의 합체이며, 그에 따라 레즈비언의 무성적 위상이 관찰을 통해 발견된다고 주장했다. 그러나 이런 관찰은 레즈비언의 성적 욕망을 섹슈얼리티 자체의 거부로 간주하려는 이성애적이고 남성 중심적인 관찰의 결과에 불과하다고 버틀러는 주장한다. 관찰자 자신이 이성애적 남성으로 구성되면서 성적 욕망 자체를 이성애적인 것으로 가정하기 때문에, 레즈비언의 욕망은 마치 성적 욕망 자체의 거부인 양 무성적 위치에서 설명된다는 것이다.

이런 이성애적인 여성이나 남성의 입장에서 보는 레즈비언의 욕망은 무성적이거나 탈성적인 것이 될 수밖에 없기 때문에, 언제나 정체성의 관점에서 설명될 뿐 욕망의 관점에서는 설명되지 않는다. 라캉의 설명 방식은 레즈비언 여성의 성적 욕망을 전혀 염두에 두지 않고 있기 때문에 레즈비언을 성적 욕망의 거부라고 본 것이다.

그러나 레즈비언을 성적 욕망의 거부라고 보는 것은 라캉의 정신분석학에 내재한 이성애적 가부장제를 영속화하려는 일종의 신학적 충동일 뿐이다. 게다가 이성애와 동성애, 남성과 여성 간의 상호적 변증법이 도출될 수 없다는 의미에서 노예의 도덕이기도 하다. 그렇다면 버틀러가 비판하는 가부장적 이성애 중심성이나 남성 중심성은 무엇이고 어떤 지점에서 레즈비언의 섹슈얼리티를 놓치고 있는지 차근히 살펴보자.

리비어에게: 이성애적 욕망에 안주한 가면

조앤 리비어는 영국의 프로이트계 정신분석학자이자 영향력 있는 임상의였고 프로이트의 『문명 속의 불만Civilization and Its Discontents』 등을 영역한 학술논문의 저자이기도 하다. 무엇보다 1929년 출간된 「가면으로서의 여성성」은 여성성을 가면으로 분석하는 가장 영향력 있는 논의라 할 수 있다. 리비어는 지적인 여성의 여성성 발달이나 과장의 임상 사례를 접한 뒤, 왜 교태나 애교와 무관해 보이는 독립적 직업이나 전문 지식을 가진 여성이 과장된 여성성을 보이는지를 연구했다.

분석 결과, 교태나 애교로 나타나는 여성성은 지식이나 권력이라는 남성성을 가리기 위한 방어 가면이라고 그녀는 주장했다. 남성성을 가진 것에 대한 보복 불안을 해소하기 위해 여성성을 과장한다는 것이다. 이후에도 리비어는 질투란 원초적 장면에서 발생한 부러움을 감추려는 가면이라고 주장했으며, 프로이트의 이론과 멜라니 클라인의 이론을 접목한 정신분석학적 여성학자로 인정된다.

리비어의 「가면으로서의 여성성」은 여성들의 여성성이 자신의 남성성을 감추기 위한 가면이라고 주장하는 반면, 라캉은 여성이라는 상징적 위치는 자신의 무nothing를 감추고 남성을 유혹하기 위한 '미끼로서 남근'이라는 가면 혹은 베일을 쓸 때 얻어진다고 주장한다. 이 둘의 논의는 매우 대립적으로 보이지만 가면이나 베일이라는 은닉 장치를 활용한다는 점에서 공통적이다. 그렇다면 두 사람의 가면 논의를 좀 더 자세히 살펴보기로 하자.

우선 조앤 리비어는 여성성을 가면으로 보며 주로 가면을 쓰는 이유는 공격성이나 갈등을 피하기 위해서라고 말한다. 리비어가 심리 분석에 활용한 사례는 주로 지적이거나 지식이 뛰어난 여성들에 관한 것인데 그중에는 남성 동성애자도 한 명 들어 있다. 이들은 공통성은 강박적인 '이중 행위double action' 26에 있다. 「가면으로서의 여성성」에서 분석된 실제 환자들의 사례는 다음과 같다.27

첫 번째 사례는 29세에 결혼한 여성인데, 이 여성

26 Victor Burgin et al. ed, *Formations of Fantasy*, Methuen: London, 1986, p, 38.
27 같은 책, pp. 38~40.

젠더는 패러디다

은 처녀성 상실에 대한 엄청난 불안증 때문에 결혼식을 하기 전에 여의사를 찾아가 처녀막을 손상시켰다. 결혼 전 성관계에 대한 그녀의 태도는 오르가슴을 얻겠다는 데 중심을 두고 있으려는 결심으로 나타났고 이는 남자에게 지배당하지 않으려는 결심과 관련되어 결과적으로 그녀는 결혼 뒤 만족할 만한 오르가슴을 얻었다. 남편의 사랑은 그녀의 자존심을 회복시켜주었고 분석 동안 남편에 대한 적대적 거세 충동이 들 때에는 성행위 욕망이 줄어들고 불감증으로 나타나곤 했다. 이 여성은 자신의 공격성을 '여성성이라는 가면'으로 가리고 있던 것인데, 여성성의 가면이 사라지면 거세된 자(불감증) 아니면 거세하려는 자(음경을 두려워하거나 환대하는 상태)가 되었다. 분석 동안 바람 피우는 남편과의 동일시는 일어났지만 동성애적 경험은 나타나지 않았고, 대신 그것은 강렬한 오르가슴을 동반하는 동성애적 꿈으로 대체되었다.

두 번째 사례는 유능한 가정주부의 사례인데, 그녀는 집 안 수리에 있어서 남성적인 일을 곧잘 도맡아 하면서도 건축업자나 실내장식업자가 방문하면 자신의 기술적 지식을 숨기고 싶다는 충동에 시달렸다. 그녀는 매우 순진해서 아부를 하고 기술이 없는데 우연히 그 전문 기술을 맞춘 것처럼 연기한 것이다. 정육점 주인이나 제빵사 앞에서도 비슷한 상황이 벌어져 그녀는 자신의 관점을 분명히 밝힐 수 없었고, 그러다 보니 무지하고 바보 같고 정신없는 여자처럼 보이도록 행동은 하지만 종국에는 자신의 주장을 관철시켰다.

세 번째 사례는 현명하고 똑똑한 아내이자 엄마 그리고 대학 강사였는데 강의를 할 때면 특히 학생이 아니라 동료들 앞에서 여성적인 옷을 입고 희롱하는 듯한 가벼운 농담을 너무 많이 즐겨서 비난과 비판을 받았다. 그녀는 자신의 남성성을 진실이 아닌 게임이나 농담처럼 흘려야 했으므로 자신의 전공 주제 영역을 진지하게 다룰 수 없었고 남성과 자신을 동등한 입장으로 생각할 수도 없었다. 이런 경박한 태도는 그녀에게 향할 것으로 가정된 새디즘을 피해 새디즘이 야기할 공격성을 피할 수 있도록 도와준 것으로 볼 수 있다.

네 번째 사례는 명백한 동성애자 남성의 사례인데 금기와 불안이 가득한 이 남성은 가운데 가르마를 타고 나비넥타이를 맨 뒤 거울을 보면서 자위를 할 때 가장 큰 성적 만족을 얻었다. 가운데 가르마와 나비넥타이라는 페티시는 자신을 여동생으로 위장하는 일종의 의례였다. 이는 그의 의식에서는 여자가 되고 있다는 욕망으로 나타나지만 무의식적 층위로 보면 이는 남성 경제에 기반한 새디즘적인 동성애 관계라 할 수 있다.

세 명의 이성애 여성과 한 명의 동성애 남성에 대한 가면의 논의를 잘 들여다보면 가면은 모두 공격성과 갈등의 해소라는 관점에서 남성적 여성이 자신의 남성성을 가리고 동성애 남성이 자신의 동성애를 가리기 위해 착용하는 위장물이자 차폐물이다. 리비어는 섹슈얼리티의 관점에서 이성애와 동성애를 이루는 여성의 성적 욕망에 관한 어니스트 존스*의 발달 유형학을 바탕으로 이성애적인 것과 동성애적인 것의 경계를 흐리는 '중간 유형'에 관심을 갖는다. 즉 남성적인 여성이 일부러 과장하는 여성적 교태나 애교의 문제에도 주

젠더는 패러디다

목하지만, 여성적인 남성 동성애자가 자신을 남성적으로 표현하는 중간 유형을 눈여겨본다. 이런 논의의 기저에는 일상생활에서 남녀 유형은 주로 이성애적 발달 국면 속에 전개된다는 전제가 들어 있고, 그런 이성애적 기반에서 이성에게 호감을 느끼는 사람이 이성적 특성으로 느끼는 것이 무엇인지, 이것이 성적 경향과 어떻게 연관되는지를 관찰하고 있다.

버틀러가 비판하는 부분은 이 지점이다. 이성애적 욕망을 기반으로 한다거나 상대 이성에 대한 성적 특성을 전제하는 것은 어떤 안정된 관념을 전제하고 있어서 그런 관념에 입각한 지각이나 관찰은 성적 특성이나 성적 욕망, 성적 경향 간에 있던 기존의 상관관계를 그대로 인정하는 것이며, 그런 지각이나 관찰이 이루어지는 데 있어서 어떤 통일성을 전제하고 있다. 이런 젠더 특성과 자연스럽게 호응되는 성적 경향 간의 통일된 상관관계는 성에 대한 어떤 상상적 지형으로 작동하게 된다. 리비어가 외양상의 여성성이 근본적이거나 본질적인 것은 아니라고 주장한다는 면에서는 젠더 핵심gender core 즉, 본질적인 젠더라고 여겨지는 핵심적인 젠더 특성의 개념에 저항하고 자연스러운 본질을 강조하는 유형학을 탈피하려는 듯 보인다. 그러나 교태나 애교라는 겉으로 나타나는 젠더 특성이 공포나 불안을 해소하기 위한 방어기제라면 젠더는 기존 체제 안의 에고 방어기제와 관련되는 것이지 젠더 자체나 섹슈얼리티를 논의하는 방식이라고 보기는 어렵다는 것이다.

리비어가 남성성을 소망하는 여성은 남성에 대한 보복 불안과 공포 때문에 여성성을 과장하는 것이라고 주장하는 것은 샨도르 페렌치의 논의를 가져온 것이다. 페렌치는 동성애적인 남성은 자신의 동성애에 대한 '방어'를 위해 이성애를 과장한다고 주장했는데, 여기서 동성애적 남성이 과장되게 표현하는 이성애적 경향이 무엇인지는 불분명하지만 게이 남성과 이성애 남성이 외양상 별반 다르지 않은 외관을 나타내는 것만은 분명하다. 이런 외관의 유사성은 일종의 징후적 방어기제로 설명되는데 그 이유는 게이 남성이 동성애적인 문화의 전형에 순응하지 않기 때문이다. 리비어는 동성애 남성과 이성애 남성이 같은 외양을 보이는 것을 남성적 여성과 여성적 여성이 같은 여성성을 보이는 것과 같은 맥락에서 설명한다. 동성애에 대한 사회적 처벌만큼 두려운 것은 남자의 자리, 특히 아버지의 자리를 훔쳤다는 환상에서 비롯된 보복 불안이자 거세 공포라고 보는 것이다.

딸이 아버지의 남근을 훔쳤다는 상상, 즉 마음 속에서 아버지와의 경쟁이 일어나는 원인은 공적 영역에서 아버지가 차지하는 위치, 즉 권력적 지위 때문이다. 예를 들면 공적 담론의 장에 있는 연사, 강사, 작가 같은 직업적 위치 때문에 아버지의 권력적 지위와 경쟁한다고 느낀 것이다. 이때 딸은 교환의 대상이기보다는 교환의 주체라는 위치를 차지한다. 아버지를 거세하고 아버지의 권력을 찬탈하고자 하는 딸의 욕망은 그 딸이 언어 안에서 주체로 등장하기 위해 기호로서의 여성의 위치나 어머니의 위치를 부인하는 것으로 해석될 수 있다.

젠더는 패러디다

이성애의 가면을 쓴 동성애 남성과 여성성의 가면을 쓴 남성적 여성 간의 관계는 남성 동성애와 여성 동성애의 관계와 유사하다. 남성성을 소망하는 여성이 여성성을 하나의 가면으로 착용해 그 남성성을 가진 대가로 인한 보복을 피하는 것처럼, 동성애자가 외적인 이성애를 가장하는 것은 동성애에 대한 공격을 피하기 위한 것이다. 여성이 자신의 남성성을 숨기려고 일부러 여성성이라는 가면을 쓰는 상황에서 교태와 애교의 대상은 주로 자신이 거세하고 싶은 남성 관객들이고 그 거세 욕구의 보복으로 이어질 공포의 대상인 아버지상들이다. 따라서 중요한 요소는 억압된 여성성이나 동성애가 아니라 억압된 분노나 보복 불안, 공포 등이 된다. 그에 따라 가면으로서의 여성성은 젠더나 섹슈얼리티보다는 주체의 에고 논의, 구체적으로 말해 에고의 자기방어 논리로 환원된다. 여성성이라는 가면을 써서 여성이 지키고 싶은 것은 지식이나 권력으로서의 남성성인데, 여성이 이런 식으로 남성화된다면 결국 공적인 영역에서의 사회 작용은 남성 간의 동성애적인 성애 교환의 일부가 된다. 남성 사회에는 남성적 남성과 남성화된 여성 간의 동성 간 성애 교환이 발생하는데 이 경우 남성적 여성은 다른 남성에 대한 거세 위협을 가함으로 이에 대한 남성의 방어기제는 공격성으로 나타난다.

여성성은 남성성을 가리는 방어기제이고 이성애는 동성애를 가리는 가면이라고 할 때 문제가 되는 것은 무엇일까? 남성이 자신의 동성애를 인정할 수 없어서, 하나의 방어기제로 자기도 모르게 이성애를 과장한다면 결국 성 본능은 에고 본능의 일환으로 설명된다. 섹슈얼리티는 다른 목적을 가진 중립적 방어 수단으로 논의되었을 뿐 섹슈얼리티 자체가 논의되지 않기 때문이다. 리비어는 젠더 특성과 성적 지향 간의 자연스런 통일성을 전제하면서, 동성애 남성은 자신의 동성애에 대한 방어의 일환으로 이성애를 가장한다는 페렌치의 논의를 받아들여, 이성애 또한 이성애 사회에서 동성애에 쏟아질 비난을 피하기 위한 일종의 방어기제라고 논의하고 있다.

결론적으로 여성적인 여성은 자신의 남성성을 감추기 위해서, 동성애적인 남성은 자신의 남성성을 가리기 위해서 자신의 속성과 반대되는 자질을 가면으로 써서 위장하는 것이므로 중요한 것은 그런 위장을 통해서라도 지켜야 할 주체의 자아가 된다.

종합하자면, 여성적 여성은 남성성을 가졌다는 것에서 오는 불안과 보복을 피하고자 여성성이라는 가면을 쓰고, 이성애를 표방하는 동성애 남성은 동성애를 가졌다는 것에서 오는 사회적 비난과 징벌을 피하고자 이성애라는 가면을 쓰는 것이다. 이때 남성적 여성의 여성성 과시는 일종의 징후적 방어로 설명되는데, 남성성을 소망하는 여성은 남성적 동일시를 유지한다는 관점에서만 동성애적인 것이지 어떤 성적 지향이나 욕망의 관점에서 동성애적인 것이 아니라는 문제가 제기될 수 있다.

리비어가 활용하고 있는 어니스트 존스의 논의도 비슷한 문제를 안고 있다. 존스는 유형별 분석을 통해 분석 대상인 첫 번째 여성 동성애 집단은 다른 여성에게는 전혀 관심이 없는 반면, 남성들에게

젠더는 패러디다

자신의 남성성을 인정받고 싶어하고 자신이 남성과 동등하다고 여기며 여성 스스로 자신을 남성으로 주장한다는 점에 주목한다. 그렇다면 동성애 여성은 여성에 대한 욕망을 가진 위치라기보다는 남성과 동일시하는 위치로 제시되기 때문에 무성적 위치이거나 사실상 섹슈얼리티를 거부하는 위치에 놓이게 된다(186). 여기서 여성의 성적 욕망과 무관하게 여성 동성애를 설명하면서 동성애적 섹슈얼리티를 탈성화한다는 문제가 발생한다.

결국 리비어의 문제는 여성성이나 동성애를 그 자체로 파악한 것이 아니라 무엇인가를 가리기 위한 이차적 차폐물이라고 설명하며, 특히 성욕성의 문제에서 동성애 자체보다는 이성애라는 가면을 쓰게 된 심리 과정과 에고의 동기에 더욱 초점을 두고 있다는 점이다. 어떤 경우에든 리비어는 이런 여성들이 남성과 동일시를 이루는 것은 성적 교환상의 어떤 위치를 차지하기 위해서가 아니라, 성적 대상이 없거나 최소한 그 대상을 명명할 수는 없는 다른 대상과의 경쟁 관계를 위해서인 것처럼 보인다. 남성 동성애자는 정작 자신의 동성애를 파악하지 못하고, 이성애를 가장하는 가운데 성적 만족을 구한다는 것은 그것을 바라보는 리비어나 페렌치 같은 이성애 중심주의의 시선이라는 것이다. 또 남성 동성애자가 자신의 동성애를 파악하지 못한 채 이성애자를 연기하고 있는 것이라면 그렇게 연기하게 만드는 사회문화적 맥락에 대한 연구가 선행되어야 한다고 비판하는 것이기도 하다. 섹슈얼리티 자체를 염두에 두지 않는 동성애 분석도 문제지만, 젠더와 섹슈얼리티의 유형학 자체가 젠더의 문화적 생산에 관한 담론적 설명으로 전환되어야 한다.

라캉에게: 여성의 동성애가 이성애에 대한 실망이라고?

리비어가 경험이나 지각에 의지해 중간 유형, 즉 여성성을 가장하는 남성적 여성이나 이성애를 가장하는 동성애 남성을 논의한 것처럼, 라캉에게도 관찰이라는 부분이 이성애적 욕망의 시선에서 중립화 된다는 것이 문제가 될 수 있다. 라캉에게 동성애 남성의 이성애 과 장은 남성성을 표방해 남근을 가지려는 시도이고, 능동적 욕망의 주체 위치를 가지려는 시도이자, 남성성을 가지고 싶어하는 여성이 과 장된 여성성의 가면을 쓰는 것은 팔루스를 가지고 있음을 거부하고 팔루스가 되려는 노력으로 해석될 수 있다.

이런 논의는 기본적으로 남성의 주체 위치와 여성의 주체 위치 가 팔루스 가지기/팔루스 되기라는 차이로 구분되는 데서 비롯된 다. 이런 라캉의 성 도식 논의에서 가장 일반적으로 페미니스트의 비판을 사는 부분은 상징적 팔루스symbolic phallus와 생물학적 음경 biological penis 간의 상관성 부분이다.

라캉은 초월적 위치를 가지고 있는 상징적 기표로서의 팔루스 가 사실상 실제적 남성의 페니스와 관련이 없다고 부정하지만, 실제 로는 내적 연관성을 상정하고 있을 가능성의 여지가 있다. 그런 혐 의에 대해 많은 페미니스트가 문제 삼는 부분은 「남근의 의미」에 등

젠더는 패러디다

장하는 다음의 내용 때문이다.

> 이런 관계들은 하나의 기표, 남근을 지칭하기 때문에 '된다'와 '가
> 진다'를 따라 맴돌 것이다. 이런 '된다'와 '가진다'는 한편으로는
> 그 기표 안의 주체에 현실성을 주고, 다른 한편 의미화되는 관계를
> 비현실적으로 만든다.28

> 여자가 사랑을 받고 또 욕망의 대상이 되기를 기대하는 것은 그녀
> 가 아닌 어떤 것 때문이다. 그러나 그녀는 자신의 사랑의 요구가
> 향하는 사람의 몸에서 자신의 욕망의 기표를 발견한다. 이
> 런 중요한 기능이 부과된 기관이 페티시의 가치를 가진다
> 는 것을 잊어서는 안 된다.29

'된다'와 '가진다'는 라캉이 설명하는 상징적 위치로
서의 여성과 남성을 각각 의미한다. 그리고 이는 이성
애적 비현실성과 남성적 주체의 현실성이라는 외관
을 뜻한다. 라캉은 여성의 위치가 갖는 특징이 결핍이
라고 보았고 그것을 가리기 위해 가면이 필요하다고
했다. 이런 상황 때문에 남녀 모두의 성적 발현 양식
이 성관계까지 포함해서 희극으로 가게 되는 결과로
이어진다고 말한다.

두 번째 인용문단을 보면 사랑하는 사람의 몸에

28 Jacques Lacan, "The Meaning of the Phallus", *The Feminine Sexuality: Jacques Lacan and the Ecole Freudienne*, eds. Juliet Mitchell and Jacqueline Rose, trans. Jacqueline Rose, New York: Norton, 1985, p. 83.

29 "It is for what she is not that she expects to be desired as well as loved. But she finds the signifier of her own desire in the body of the one to whom she addresses her demand for love. Certainly we shouldn't forget that the organ invested with this signifying function takes on the value of a fetish." 같은 책, p. 84.

서 발견되는 것이 연물fetish이고, 욕망의 기표는 음경을 지칭하는 것으로 생각될 여지가 있다. 따라서 팔루스와 페니스의 완전한 구분이 어렵다는 것이다. 명명되지 않은 '기관'이 아마도 음경이고 그것이 하나의 연물이라면 거부되어야 할 여성의 본질적 부분은 그 기관의 결핍으로 인해 설명 가능해지는 것이 아닌가?

라캉의 「연애 편지」에 나오는 성차 도식에서도 유사한 추론이 가능하다. 라캉은 실제 층위와 상징 층위의 남녀의 위치가 다르다고 설명한다. 실제 층위의 남성에게는 거세되지 않은 존재가 있으나, 그래서 상징 층위의 남성은 언제나 거세 위협에 시달리기 때문에 거세 기능에 종속된다. 실제 층위의 여성은 거세되지 않는 존재가 없지만, 상징 층위로 가면 모두가 다 거세된 존재는 아니다(그래서 역설적이게도 거세되지 않을 가능성은 여성에게 있다).

즉 남성은 현실적 남근 때문에 상징적으로는 늘 거세 불안에 시달리고, 여성은 현실적 거세 때문에 오히려 상징적으로는 거세 위협을 초월할 가능성이 있다는 것이다. 거세 위협을 안고 있는 빗금 쳐진 주체 남성은 여성의 영역에서 오브제 아objet a를 추구하지만, 하나로 일반화될 수 없는 빗금 쳐진 여성은 거세 기능에 복종하거나 아니면 거세 위협을 벗어날 가능성, 즉 여성적 주이상스jouissance로 제시된다.

여기서 반복되는 대표 도식은 거세 위협에 시달리는 남성은 '남근을 가지려' 하고 거세된 여성은 '남근이 되려' 한다는 점이다. 거세 불안에 시달리는 남성이 '남근인 척' 가면으로 위장한 여성을 '가

젠더는 패러디다

진다'는 환상 속에서 남녀 간의 관계나 이성애적 사랑이 이루어지는 것이라면, 그것은 어쩌면 불가능한 관계다. 그래서 라캉에게 성관계는 없다고 말해진다. 즉 라캉은 성관계는 실패한 코미디가 되거나 불가능한 환상이라고 비판하는 것이다.

가면으로서의 여성성이라는 관점에서 주목해볼 부분은 여성이 결핍을 가리기 위해 가면을 쓴다는 부분이다. 라캉은 가면의 기능이 지배하는 것은 사랑의 거부가 해소되는 동일시라고 했다. 다시 말해 가면은 우울증적 합체 전략의 일부이며, 상실된 대상/타자의 속성을 겉에 덧입는 것이다. 그렇게 되면 여성은 자신의 '결핍'이라는 본질을 가리기 위해 '유혹의 기표'라는 가면을 쓰는 것이고 이런 설명은 보편적 남성 주체를 설명하기 위한 도구로 작용할 수 있다. 즉 남성이 '팔루스를 갖는다'는 지위를 차지하기 위해 여성은 스스로와 전혀 상관없는 '팔루스라는 가면을 쓴다'는 것을 코미디라고 버틀러는 조롱한다.

라캉은 가면 논의를 여성 동성애와도 연결해서 논의했는데 "관찰에서 드러나듯 여성 동성애 경향은 사랑의 요구에서 비롯된 실망에 근간한다"(85)고 주장한다. 그러나 여기엔 누가 관찰하고 있는지, 또 무엇이 관찰되고 있는지에 관한 계보학적 관점이 결여되어 있다. 관찰자의 시선이나 대상에 대한 인식성을 심도 있게 고찰하지 않는다면, 이런 관찰에서 조망되는 것은 여성의 동성애에 대한 근본적 실망감이고 이 실망감은 거부를 불러올 수 있다. 마치 여성의 동성애는 그 욕망 자체를 대가로 지불하고 추구되는 사랑처럼 이상화되는 것이다. 라캉의 성차 논의가 버틀러에게 가장 비판받는 부분도 이 대목이다. 라캉은 아마 관찰에서 분명하게 드러난 부분이 레즈비언의 '탈성화된 위치'이며, '욕망의 부재'처럼 보이는 거부의 합체라고 주장하는 듯하다.

하지만 이런 결론은 레즈비언 성욕성을 욕망의 부재로 받아들이는 이성애 중심적이고 남성 중심적인 관찰자의 시점에서 온 것이라고도 할 수 있다. 성욕망은 언제나 이미 이성애적인 것으로 간주되기 때문에 여성의 다른 여성에 대한 동성애적 욕망은 성욕망 자체의 결여나 부재로 간주되는 것이다. 여성 간 동성애를 성욕망의 부재로 읽어내는 관찰자는 이성애적 남성으로 추론될 수 있다. 대체 누가 누구를 거부한다는 것인지가 불분명해지면서 이렇게 자유로이 떠도는 '거부'는 거부의 거부라는 방식으로 가면과 연결된다.

이제 해결되지 못한 동성애적 카섹시스cathexis에서 비롯된 젠더는 우울증적 젠더를 형성하는 기제와 연결된다. 인정할 수 없어 거부된 사랑이 다시 거부되어 주체에 합체되었다면, 거부된 동성애적 욕망은 이중 거부되어 주체 내부로 합체된 동일시 기제로 설명이 가능하다. 이는 에고의 우울증적 형성과 유사한 구조를 가지며 가면이 거부를 해결도 하고 지배도 하는 이중 전략, 거부가 거부되는 전략이 될 수 있다. 두 번 상실된 사랑의 우울증적 흡수를 통해 정체성의 구조를 되울리는 이중부정의 기제가 작동하는 것이다. 우울증적인 동성애의 거부/지배는 동성 대상을 합체하면서 대상에 대한 사랑과 개인의 정체성 구성의 경계를 흐린다.

그렇다면 근본적인 양성성을 전제하는 것이 우울증적 젠더 논의의 핵심일까? 근본적 양성성은 배제를 통해 대립물을 요구하고 설정하는 성적 '본질'을 전제해야 사유할 수 있다. 허나 그런 사유로는 정체성이 억압 때문에 다른 구성 성분과 분리되는 것일 뿐 언제나 이미 양성적 기질 안에 내속하는 어떤 것처럼 보인다. 이는 담론 이전에 선행하는 양성성을 미리 전제하는 것과도 같다. 그러나 성욕에 대한 이분법적 규제를 비판적으로 바라보는 관점이, 문화가 억압해야 할 것으로서의 양성성을 미리 전제해두고 있는 것은 아니다. 심리적인 근원으로 가정되어 훗날 억압된다고 말해지는 '양성성'을 전제한다면 그조차 규범적 이성애의 강제적이고 생산적인 배제의 효과로 나타난 실제 결과일 뿐이다.

　　라캉에게 심리적 근원으로서의 이성애 담론은 변화할 수 없는 전제로 가정되고 이성애 담론에 기반한 성차의 상징적 법은 불변하는 고정성으로 보인다. 상징적 이분법의 규제는 섹슈얼리티의 틀을 정하고 도식을 만드는 작용을 하면서 기존 형식에 대한 저항의 가능성이나 다양한 변이 가능성을 제한한다. 아무리 실제 내용을 담지 않는 상징적 위치라 해도 그것이 불변하는 형식이 되면 그것은 법의 테두리를 만들고 그 법에 복종할 대상을 결정하는 작용을 한다. 라캉에게 상징적 거세에 따른 억압은 부권적인 법을 강화하는 작용을 하는 한편, 여성적 주이상스 관념은 '상실한 완전성'에 대한 향수처럼 보이기도 한다. 사실 상실이라는 것도 금지의 법 때문에 그 쾌락의 회복 가능성이 막힌 과거를 염두에 두지 않는 한 상실로 이해할 수가 없다. 그러니 흔들리는 주체 위치로는 과거를 알 수 없다는 것은 그 과거가 실패나 불연속성으로서 주체의 발화 안에 재등장하지 않는다는 뜻이 아니다. 상징계나 상징적 위치라는 공고하고 안정된 신학적 위치에서 탈피하여 그런 새롭게 등장의 가능성이 있다는 것을 추적하는 일이 계보학적 과제인 것이다.

결론적으로 라캉에게 여성의 위치, 즉 남근 '되기'는 여성의 팔루스의 부재를 가리기 위한 것이고 남성의 남근 '가지기'의 환상을 유지하기 위한 수단이라는 점에서 버틀러의 비판 대상이 된다. 그것은 젠더의 외양에 선행하는 본질의 존재론을 전제하는 인식의 방식이기 때문에, 모든 존재는 매 순간 발생하는 행위에 따라 구성된다고 보는 수행적 젠더의 관점에서는 비판의 지점이 된다. 여성이 차지한다고 말해지는 남근 되기라는 위치는 사실상 남성이 남성적 위치를 차지하기 위해 고안된 장치다.

따라서 여기서 '~되기'는 사실 '~인 척하기'이고 더 나아가 남근을 가지려는 남성을 '위해 되기being for', 남성을 '향한 척하기'가 된다. 결국 중심에는 팔루스가 있고 팔루스 중심으로 설명되는 이분법적 상징 질서라는 불변하는 틀이 있는 것이다.

두 번째는 여성 간 동성애를 무성적인 것이거나 성욕의 거부로 해석한 것에 대한 비판이다. 라캉은 "관찰에서 밝혀졌듯 여성의 동성애 경향은 실망에서 오는 것이고 그것이 사랑의 추구라는 측면을 강화시킨다"고 했는데, 이는 여성 동성애를 실망한 이성애로 해석하고 있어 레즈비언 성욕성의 탈성화를 주장한다. 그런 주장은 레즈

젠더는 패러디다

비언 섹슈얼리티를 섹슈얼리티 자체의 거부로 받아들이는 이성애적이고 남성적인 관찰의 결과가 된다.

세 번째, 라캉의 남근에 대한 과다한 신성성 부여의 문제다. 라캉은 팔루스가 사실상 히브리인들의 야훼와 같은 위치에 있다고 비판한다. 팔루스는 사실상 몇몇 맥락에서 보아 생물학적 페니스에서 비롯된 것으로 추정이 가능한데도 '이름 없는 것'으로 남아 '명명 불가능한 본질'로 작용하고 있다는 것이 버틀러의 비판이다. 담론 이전의 것을 불가능성이라고 이해하는 이런 해석은 어떤 법을 금지하는 동시에 다른 법을 생산하는 라캉식 정신분석 비평의 한 등장을 예고하고 있는 셈이다. 라캉의 상상계가 규정한 방식으로 성별화되는 질서는 변혁에 언제나 실패하며 때로는 성 정체성 자체의 환영적 본성을 폭로하게 된다. 또 상징계는 다양한 정체성의 실패라는 드라마와 이런 성 정체성의 환영이 갖는 힘을 강화한다. 여기에는 실패에 대한 낭만화, 아니 심지어는 종교적이라고까지 할 이상화가 존재한다. 법 앞의 필연적 실패와 충족될 수 없는 사법적 명령의 변증법은 구약의 하느님과 그에게 보상 없이 복종했던 종들 사이의 불균형적 관계를 떠올리게 한다. 상징계는 이제 인간 주체가 접근할 수는 없지만, 모든 것을 결정하는 신성으로 인간에게 작동한다고 여겨진다.

결국 문화란 그 문화가 억압하려는 동성애적, 혹은 양성적 성향보다 결코 뒤늦게 오지 않는다. 양성적인 원래의 사회를 전제해두고 그중 동성애를 억압해서 이성애 지배적인 사회가 되는 것이 아니라,

지칭 불가능하던 것을 양성성의 억압으로 해석하게 만든 것이 이성 애 지배적인 당대의 문화인 것이다. 라캉의 방식으로 논의되는 주체 구조는 재발화나 재의미화가 불가능한 신학적 충동이자, 신에 대한 예속을 표명하는 노예의 도덕이 된다. 상징계는 인간 주체가 다가갈 수는 있어도 그 주체를 변화시킬 수는 없다. 신에게 접근이 불가능 한 것처럼 말이다.

따라서 라캉의 상징계는 그 앞에 있는 모든 성별화된 주체가 실 패할 수밖에 없는 강력한 권위이자 신학적 충동이며, 그것을 넘어 서려는 시도를 막는다. 그래서 라캉의 상징계는 주체가 실패할 수 밖에 없는 법을 설정하고 그 법을 영원한 불가능성으로 구성하기 위해 사용하는 생산적 권력을 부인하는 노예의 도덕으로 강력히 비 판받는다.

쟁점 정리: 우울증적 가면이 보여주는 것들

주디스 버틀러가 조앤 리비어나 자크 라캉의 '가면으로서의 여성성' 에서 공통적으로 문제 삼는 대목은 레즈비언 섹슈얼리티의 무성화 다. 리비어는 여성성이나 여성의 동성애적 성욕망에 관한 문제를 직 접 논의한 것이 아니라, 남성이 되고 싶은 동일시 욕망이나 남성으 로 인정받고 싶은 인정 욕망으로 해석했다. 라캉 역시 남성의 팔루 스 갖기라는 상징적 위치를 유지하기 위해 사실상 여성의 성과는 전

젠더는 패러디다

혀 무관한 팔루스 중심의 설명 장치로서 도구적 기능으로만 이용했다. 이들은 사실상 여성의 성이나 성욕망에 관심을 두지 않았고 기본적으로 이성애를 성욕망의 전제 조건으로 삼았기 때문에 여성의 다른 여성에 대한 레즈비언 성욕망을 무성적인 것이나 탈성적인 것으로 해석했던 것이다. 결국 리비어나 라캉의 논의에서 욕망의 문제는 에고의 동일시 논의나 상징적 성차라는 도식을 유지하기 위한 도구로 설명될 뿐 실제 여성의 섹슈얼리티 부분은 논의조차 되지 않고 있다는 분석이다.

여기서 여성성이나 남성성의 논의로 중요한 쟁점이 되는 것은 역시 '가면' 논의다. 여성이 여성성의 가면을 쓰고 있다면 그 가면 안에 가리고 있는 것이 남성성인지, 아니면 남근 부재라는 결핍 상황인지를 질문해야 한다. 거기서 리비어와 라캉의 차이가 발생한다. 하지만 버틀러는 더 나아가 여성이 여성성의 가면을 쓴다면 그것은 가면 안의 진정한 본질이 있다는 의미인지, 아니면 가면 그 자체가 그 순간 그 사람의 정체성인지에 대한 논의로 이어져야 한다고 보며 그 일시적이고 잠정적인 정체성을 발생시킨 역사적·사회적인 맥락에 대한 계보학적 탐구가 필요하다고 생각한다.

우선 라캉에게 여성성은 가면으로 나타난다. 여성의 남성적 동일시는 여성의 사랑 대상인 남근에 대한 욕망을 생산한다. 즉 여성은 남성을 위한 존재로서, 남성이 욕망하는 대상이 되기 위해 팔루스 되기의 양태로 존재한다. 이런 남성적 동일시는 남근에 대한 욕망을 표현하는 것이지 여성 간의 동성애적 욕망은 설명될 수 없다.

리비어의 여성성도 남성적 동일시를 은닉하기 위한 소망이며, 보복 불안을 피하려는 위장술일 뿐 여성성 자체나 여성적 욕망에 대한 논의가 아니다. 남성성을 감추는 여성처럼 동성애를 감추는 이성애자도 마찬가지다. 동성애를 감추기 위해 여동생으로 위장하는 것으로 설명될 뿐 실제 동성애적 욕망 자체의 문제는 논의되지 않는다.

리비어와 라캉의 가면으로서의 여성성 논의는 여성의 교태나 애교와 같은 요소가 강하게 발생되는 심리적 원인을 찾고 또한 여성이 여성이라는 상징적 위치를 차지하기 위해서는 남성을 유혹할 수 있는 매혹적 기표가 되어야 한다고 주장했다. 이는 교태나 애교로서의 여성성을 설명하는 데 기여한 것이 사실이다.

그러나 리비어와 라캉 모두에게 가면으로서의 여성성은 이성애적 성욕망에 기반하고 있기 때문에 동성애적 섹슈얼리티를 거부하며 레즈비언의 성적 욕망을 탈성화된 위치에 둔다는 비판을 받을 수 있다. 가면은 여성성이나 여성의 욕망이라는 요소로 설명되기보다는 다른 논의를 위한 매개로 사용되고 있다는 비판이 그것이다. 버틀러는 기본적으로 가면의 겉모습으로 구현되고 행위되는 수행적 정체성을 중시하며, 동성애 욕망의 문제를 좀 더 심층적으로 논의할 때는 프로이트의 우울증 논의에서 차용한 우울증적 가면 양식에 대해 논한다.

우울증적 가면은 여성이 여성성의 가면을 쓴다는 것은 자신이 사랑했던 최초의 애정 대상에 대한 거부가 완전히 거부되지 않아 사

젠더는 패러디다

랑했던 대상을 에고로 합체하는 방식에 비유된다. 이는 우울증 환자가 사랑했던 대상을 완전히 애도하지 못해 대상을 자신의 내부에 합체하는 것과 유사한 작동 기제라서 우울증적 동일시라고도 할 수 있다.

버틀러의 우울증적 가면은 과거에 금지된 대상이 주체를 형성한다는 측면에서 욕망과 동일시의 경계를 오가는 젠더 구성 방식을 보여준다. 사랑했던 대상이 주체를 구성한다면 대상에 대한 사랑과 자아 구성의 경계는 모호해지고 섹슈얼리티와 젠더의 구분도 불확실해진다. 따라서 중요한 핵심은 외적 가면 안에 내적인 무엇을 감추고 있는가가 아니라, 젠더와 섹슈얼리티의 유형학 안에서 문화적인 젠더 생산을 둘러싼 담론적 상황을 어떻게 해석할 것인가가 된다. 또한 이런 우울증적 동일시 기제를 활용하면 남성성이나 여성성도 억압되어서 해소되지 않은 동성애적 카섹시스에 근거한 것이라는 해석이 가능해진다. 이런 우울증적 양식은 다음 장에서 좀 더 자세히 살펴보게 될 것이다.

심리적 근원으로 전제되며 이후 이런저런 과정을 통해 일부가 억압되는 것이라고 말해지는 '양성성'조차도 모든 담론에 선행한다고 주장되는 어떤 '담론적 생산물'이다. 그리고 이런 담론적 생산물은 규범적 이성애라는 강제적이고 생산적인 배타적 관행을 통해서 그 효과가 발현되는 것에 불과하다. 동성애까지도 이성애로 환원하려는 체계적 요소가 너무나 강력해서 그것이 저항할 수 없는 부권적 법을 형성하게 된다면, 그것은 노예의 도덕이자 신학적 충동일 수 있다. 비평적 의미에서 새로운 의미로 열릴 가능성 자체가 원천 봉쇄되기 때문이다. 버틀러가 주장하는 사회적인 것은 라캉의 상징적인 것과 달리 언제나 미래의 변화와 재의미화에 열려 있다.

불타는 젠더와 대안 가족이라는 양상:
〈파리는 불타고 있다〉

제니 리빙스턴은 아이비리그 출신의 백인 레즈비언 감독이다. 그녀
가 감독한 다큐멘터리 〈파리는 불타고 있다Paris is Burning〉는 주로 뉴
욕의 할렘 지구에 사는 흑인이나 라티노 게이 커뮤니티의 드랙볼을
중심으로 드랙과 퀴어가 느끼는 삶의 기쁨과 애환을 담고 있다. 특
히 이 작품은 '드랙볼'이라는 일종의 성대한 파티이자 범주별 의상
경연대회를 중심으로 펼쳐진다. 드랙볼은 안정된 직업은 없지만 서
로 협력하며 대안 가족 속에 살아가는 유색인종 트랜스들의 삶의 의
미이자 일상을 탈주하는 해방구로 제시된다.

　이 다큐멘터리는 1990년 출시된 이후 뉴욕 영화비평가상, 로스
앤젤레스 비평가상, 선댄스 영화 페스티벌 심사위원단상 등 주요 8

개 영화상을 휩쓸었고 일상에서 소외되고 천대받는 다양한 드랙과 퀴어의 긍정적 삶의 양상을 조망한다는 점에서 여러 비평가에게 호평받기도 했다. 이 작품은 버틀러가 생각하는 대안적 삶의 가능성을 일부 제시하고 있는 것으로 보이기 때문에 『의미를 체현하는 육체』의 한 장인 「젠더는 불타고 있다」에서 이 다큐의 의미를 분석하기도 한다. 버틀러에게 드랙은 젠더의 근본적 우연성을 드러내고 이분법적 경계를 허무는 중요한 사례가 된다.

> 드랙이 '여성'에 대한 하나의 통일된 의미를 창조해내는 만큼(비판자들은 종종 반대하기도 하지만), 그것은 또한 이성애적 일관성이라는 규제적 허구를 통해 통일체인 양 거짓되게 당연시된 이런 분명한 양상의 젠더 경험을 폭로한다. 드랙은 젠더를 모방하면서 은연중에 젠더 자체의 우연성 뿐 아니라 모방적인 구조도 드러낸다. 사실 이 쾌감의 일부, 그 연기의 현기증은 어떤 근본적인 우연성을 인식하는 데 있다. 이 근본적인 우연성은 규제에 의해 자연스럽거나 필연적이라고 추측되는 인과론적 통일성의 문화적 배치에 직면한 섹스와 젠더의 관계 속에 있는 것이다(343).

1987년에 열린 드랙볼을 중심으로 매년 개최되는 이 행사를 준비하는 과정이 과장된 드라마적 요소 없이 사실적으로 제시되는데, 이들은 일상에서는 쇼걸이나 매춘 등의 불안정한 직업에 종사하지만 드랙볼에서만큼은 최고의 당당함과 자신감을 뽐낸다("You could be anything you want in the ball").

　　이들의 특징은 생물학적 혈연이나 생물학적 성에 별 의미를 두지 않는다는 점이다. 무대 위의 퀴어는 화려한 드랙 쇼를 벌이는 미녀들이지만, 무대 밖의 퀴어는 생물학적인 남성이면서 자신이 세운 한 가문의 엄마다. 한 가문의 엄마는 일반적 가문의 아버지처럼 자식들에게 자신의 성을 물려주지만, 사실 그 자식들은 엄마와 아무 혈연 관계가 없는 거리의 뜨내기와 부랑자 그리고 가출 청소년이다. 과거의 삶이나 생물학적 태생은 중요하지 않다. 앤지 익스트라바간자Angie Xtravaganza의 집에 들어온 가출 청소년들은 생물학적 남성인 엄마의 성을 따 익스트라바간자라는 성을 쓴다. 이는 비혈연 공동체의 여장남성을 중심으로 한 생활 문화 영역의 형성이라는 중요한 의미가 있다. 이런 엄마는 앤지만이 아니라 도리안 코리, 페퍼 라베이지아, 윌리 닌자, 프레디 펜다비스 등 다수가 있고 이들은 자신이 만든 가문과 성에 자부심을 느낀다.

　　이들에게 무엇보다 의미 있고 중요한 행사는 일 년에 한 번씩 치르는 화려한 경연 파티인 드랙볼이다. 드랙볼에는 다양한 분과가 있는데, 특정 분야의 전형성을 표방하는 '부치 퀸'(너무 여성스럽지도 너무 남성스럽지도 않은 게이 남자)이나 '벤지걸' '업타운걸' '파리지앵' '학생' 같은 장르도 있고 여성미를 뽐내는 '이브닝 드레스', 섹시미를 뽐내는 '관능' 같은 장르도 있다. 반대로 '군인'이나 '기업인' '회사 중역'처럼 애국주의나 군사적 권위, 경제적 파워를 과시하는 남성적 장르도 있다. 이는 무대 위에서 다양하게 연출되는 퀴어의 수행적 정체성의 논의할 수 있는 중요한 사례가 된다. 또한 생물학적 성에 국한되지 않는 여러 퀴어들의 다양한 몸과 행동으로 연출된 가장 무도회 속의 수행적 정체성을 보여준다.

드랙볼은 말 그대로 젠더를 가로지르는 가면무도회의 성격을 가진다. 이 경연에 참석한 사람들은 자신의 몸을 어떤 다른 것으로 표현하고 수행함으로써 일시적이고 잠정적으로 다른 정체성이 된다. 하지만 이런 가면의 수행성은 고정되어 있지 않다. 남성은 가장 여성미 넘치는 여성을 표현하기도 하고 가장 남성적인 남성을 재현하기도 한다. 실제로 여성미를 표현할 때는 피부 표현의 부드러움과 같은 여성적 자연미가 심사 기준이 되고 남성미를 표현할 때는 그 직업이나 위치가 가진 사실적 구현 양태가 심사 기준이 된다. 이때 중요한 것은 옷이나 피부와 같은 외면 아래 감추어진 본질이 아니다. 뭔가 감추어진 대상, 불안과 분노를 피하기 위한 위장이나 연막이기보다는 그 자체가 그 순간 구현되는 사람의 수행적 정체성인 것이다.

드랙볼의 심사와 수상 기준은 이처럼 사실성과 자연스러움인데, 이는 의상, 피부 표현, 몸 표현의 시각적 재현에 대한 평가라 할 수 있다. 다시 말해 여기서 가면으로 나타나는 것은 여성적이고 육감적인 복장일 수도 있고, 화장과 같은 피부 표현일 수도 있고, 워킹이나 댄스 같은 몸의 표현일 수도 있다. 이것은 몸의 표현과 행위 연출의 경계를 흐리면서 중첩되는 양상을 보여준다. 사실 이런 몸과 옷과 행위를 연출하는 사람이 심리적이거나 정신적인 동일시 과정을 거치지 않는다고 보기는 어렵기 때문에 정신/몸, 동일시/육체,

젠더는 패러디다

본질/외양의 구분은 모호하고 애매하다. 자신이 그 순간 구현하고 싶은 인물, 즉 제도 규범이나 사회 담론이 형성한 이상적 자질과 동일시하고 몸으로 표현하고 의상으로 재현하고 행위로 연출하기 때문에 그 사람이 구현하는 인물이 그 순간 그/그녀의 정체성이라 할 수 있다.

심사위원들이 10점 만점에 평점을 매기는 드랙볼 콘테스트에서는 칭찬과 찬탄도 나타나지만 비판적 조롱이나 야유, 혹은 모욕의 기술도 포함된다. 셰이딩shading이나 리딩reading이 그 사례다. 이런 심사와 채점 부분은 기존의 경쟁 구도를 답습한다는 의미에서 비판받을 수도 있겠으나, 다른 면에서 보면 채점 기준 자체가 당대의 여성성이라고 불리는 이상적 자질에 있다는 면에서 여성성 자체가 얼마나 인공적 구성물인지를 보여주기도 한다. 각 범주의 이상적 자질을 가장 잘 구현하는 사람이 가장 높은 성적을 거둘 수 있는 것도 같은 맥락에서 이해된다.

버틀러가 「젠더는 불타고 있다」에서 이 다큐멘터리를 분석하면서 주목했던 부분은, 규범 안에 있지만 조롱적 반복으로 인해 규범이 인위적 구성물임을 폭로하는 '전복의 양가성'이었다. 규범 안에 있으면서 규범을 전복한다는 점에서 '양가적 전복'인 것이다. 그리고 이 양가성의 전복적 측면을 통해 생물학적 혈연 가족의 해체, 혈연 가족이 아닌 대안적 가족 공동체를 긍정적으로 조망하고자 한다. 드랙볼에서 우승한 사람은 자신의 이름으로 한 가문을 창시할 권한을 갖게 되는데, 생물학적 남성이 어머니라는 이름으로 자신의 성씨

〈파리는 불타고 있다〉의 주요 인물 중 비너스 익스트라바간자의 모습. 작품 속 인물들은 섹스, 젠더, 섹슈얼리티의 열린 가능성을 다양하게 보여준다. 허나 이는 무대에 국한될 뿐 무대 바깥에서 이들은 호모포비아에게 위협받는 비참한 삶을 살아간다.

를 비생물학적 가족에게 계승한다는 점은 기존 사회의 규범을 패러디하듯 조롱하면서 가볍게 위반하는 사례가 된다. 그러므로 지배 규범과 헤게모니 권력이 의미화한 '남자'가 된다는 것, 또 '여자'가 된다는 것은 불안정하고 불확실한 것이고 언제든 위반이 가능하다는 것이 역설적으로 드러난다.

한편 비생물학적 어머니, 비혈연적 가족 공동체는 기존 체제에 대한 전복이 될 수 있다고는 하지만 흑인과 라티노를 중심으로 한 젠더 소수자가 처한 현실이 얼마나 하층민의 삶을 보여주는지에 관해서는 논의되지 않는다는 비판도 제기된다. 퀴어의 삶을 사는 라티노 공동체의 현실은 뉴욕 뒷골목 할렘 가를 헤매면서 옷가지를 훔치고 패스트푸드점에서 남은 음식을 먹는 불안정한 삶이다. 이들은 하루하루를 근근이 살아가는 저임금 비상근 노동자, 비정규 노동자 이지만 이 다큐는 그런 현실적 생활 환경의 문제를 제기하기보다는 드랙볼이라는 환상적 탈출구가 그 삶을 얼마든지 의미 있고 값지게 만들 수 있다고 위로함으로써 현실을 인내하게 만드는 점도 있다. 실제로 흑인과 라티노가 대다수인 유색인종 퀴어의 직업은 쇼걸이나 매춘부로, 언제 어디서 폭행이나 린치를 당할지 모르는 불안한 인생이다. 다큐멘터리 속 인물 비너스는 배고픔을 이기기 위해 매춘 행위를 하며 언제든 호모포비아에게 폭행당하거나 살해될 수 있다.

이들이 추구하는 이상적인 삶의 가치는 백인 중산층의 삶의 이상을 그대로 재현한다는 점도 비판받을 여지가 있다. 사실 외모가 가장 아름답고 여성스러운 옥타비아 로렌트는 패션 잡지의 여성을 벽에 걸어놓고 여성성을 예찬하며 명품 광고에 넋을 잃는다. 비너스 익스트라바간자가 원하는 삶도 교외 고급 주택과 깨끗한 세탁물, 안정된 가정이다. 이들은 공통적으로 부, 명예, 행운, 스타덤, 명품을 원한다. 결국 자본주의 체제 아래 소비산업주의의 광고가 전하는 가치와 이상을 그대로 유지하고 예찬하는 모습에서는 현 규범에 대한 전복성을 찾기가 어렵다.

흑인 페미니즘 이론가 벨 훅스는 이 다큐멘터리가 기존에 있던 백인 중산층의 가치를 재생산하고 강화한다고 비판한다. 〈파리는 불타고 있다〉가 유색인종 퀴어의 쾌활하고 즐거운 삶을 보여주어 백인의 견고한 중산층 이성애 세계를 안전하게 보존하려 한 것은 아닌지를 의혹의 시선으로 보는 것이다. 특히 아름다운 옥타비아를 바라보는 카메라의 시선은 관음증을 내면화한 시선으로 비판받는다. 드랙 쇼라는 환상적 탈출구에서 화려한 조명 아래 놓인 아름다운 유색인종 여성을 외부에서 훔쳐보는 백인 남성의 시선이라는 것이다. 밤의 화려한 탈출구와 해방구에 대한 환상은 현실의 드랙, 생활 속의 게이 커뮤니티가 갖는 문제점을 은닉하기 때문에 실제 제도적 문제 개선으로 이어질 수가 없다. 스포츠처럼 순위를 매기는 공격적인 경쟁의 분위기도 훅스에게는 비판의 대상이 된다.

종합해보면 〈파리는 불타고 있다〉는 양면성을 보여준다. 할렘가의 드랙볼 파티는 화려한 퀴어의 축제와 연회를 보여주며 그 가장무도회를 통해 몸과 의상과 행위 속에 연출되는 가면으로서의 젠더 정체성의 수행적 양식을 보여준다. 또한 비생물학적 어머니와 비혈

젠더는 패러디다

연적 가족 그리고 비전통적 가문 계승의 방식을 통해 다양하게 열릴 수 있는 섹스, 젠더, 섹슈얼리티의 가능성과 대안 가족과 친족 공동체의 방식을 보여주는 것도 사실이다. 이들인 일상 세계 속에서는 최하층민의 삶을 살지만 드랙볼의 세계에서만큼은 가장 화려하고 아름답다. 20년간 이 쇼를 지켜본 도리안 코리가 클로징 화면에서 말하듯 이들을 추하다고 말하는 것은 그것을 비판적으로 바라보는 규범의 시선에 불과하다("I don't want to be ugly, but I must tell you're ugly").

그러나 그런 긍정성만큼 부정적인 면도 있다. 〈파리는 불타고 있다〉는 전복과 혁명의 대명사인 파리를 비유한 말이기도 하지만 다큐멘터리 촬영 당시 뉴욕 할렘 가의 드랙볼 경연대회 이름이기도 하다. 드랙볼 파티 참여자 중에는 마돈나의 백댄서 윌리 닌자 같은 유명인도 있으나 대다수는 십대에 가출해 비정규직으로 하루하루를 겨우 버텨내는 도시 빈민들이다. 아름다운 라틴계 여장 게이 옥타비아나 오랜 시간 공들여 머리를 만지는 비너스 익스트라바간자는 무대에서는 찬란하게 빛날지 몰라도 현실에서는 호모포비아에게 위협받는 비참한 삶을 산다. 앤지는 성전환 수술 뒤 남성의 목소리를 가진 것에 당당하지만, 비너스는 성전환 수술을 하지 못해 매춘이라는 생업으로 근근이 살아간다. 모욕과 조롱은 늘 그녀를 따라다닌다. 이 사회 속 이성애 남성의 게이에 대한 증오와 혐오는 이성애 여성의 레즈비언에 대한 태도와는 달리 대단히 호전적이고 공격적이다.

남성에겐 동성애에 대한 공포보다 여성이 된다는 것에 대한 공포가 더 강하다면, 그것은 남자인 줄 알았던 사람이 여자일 수 있다는 가능성에 대한 공포이고, 거세의 가능성에 대한 공포이자, 남성성 획득의 사회화 과정 전체를 부정할 가능성에 대한 공포라고 할 수 있다. 이런 공포는 폭력으로 이어진다. 동일성을 위협하고 통일된 남성성의 권위에 도전하는 것에 대한 폭력적 처벌은 동성애 공포증의 대표적 구현 양상이다. 문제는 남성성을 확고한 권력 체계로 유지하는 패권적 담론이다. 남성성과 여성성을 구분하고 남성의 여성화나 여성의 남성화를 위협하는 담론적 맥락이 어떤 권력 형태의 지형에서 발생했는지를 파악하는 일이 더욱 중요할 것이다.

젠더는 패러디다

4장   젠더 우울증:
프로이트 비판

여성과 관련된 일반적 병을 꼽으라면 흔히 노처녀 히스테리나 산후 우울증을 들 수 있다. 여성학자들도 대표적인 히스테리와 우울증은 여성적 심리질환으로 꼽는다. 그렇다면 히스테리와 우울증은 여성성과 어떤 관계가 있을까? 히스테리는 정상적 여성성이라 불리는 성적 수동성을 거부하고 그와 관련된 정상적 리비도를 전면 부인하는 무성적 지향으로 설명된다면, 우울증은 기존의 규범화된 여성성을 수용했을 때의 불만족에서 오는 심리적 반응으로 설명할 수 있다. 히스테리가 노처녀, 마녀, 미친 여성, 괴물을 연상시키는 만큼 우울증은 주로 가정주부의 우울증, 산후우울증, 폐경우울증을 떠올리게 하는 것도 두 가지 모두 여성의 결혼이나 출산, 호르몬 변화 등과 관련된 것으로 생각되게 만든다. 히스테리나 우울증은 여성의 유병율有病率이 남성의 유병율보다 훨씬 높으며 이는 기존 여성성에 대한 저항의 몸짓이나 기존 여성성을 받아들인 부정적 결과로 간주된다.

이리가레와 크리스테바의 우울

정신분석학적 여성학자 중에서 뤼스 이리가레는 여성성과 우울증의 관계를 '이중 물결'의 관점과 연관된 것으로 조망했고, 줄리아 크리스테바는 멜라니 클라인의 유아의 공격성과 침체기의 교차반복 논의를 가져와 '원초적 공격성'과 관련해 우울증을 설명했다. 다시 말해 이리가레는 여성이 최초의 애정 대상을 어머니에서 아버지로 옮기면서 애정의 지향과 애정의 대상 둘 다를 바꿔야 하기 때문에, 즉 지향과 대상의 변경이라는 이중의 물결 때문에 여성성 획득이 남성성 획득보다 더 어렵고도 불안정적하다고 봤다. 특히 이런 여성성의 획득은 거부된 대상의 이중적 거부라는 면에서 우울증의 '이중 거부'와 닮아 있다. 또 크리스테바는 인간에게는 원초적 공격성이 있는데 남성은 이 공격성을 외적 대상에게로 발현하여 새디즘이 되는 반면, 여성은 내적 대상에게로 발현하여 마조히즘을 구성하는 것으로 보았다. 이런 마조히즘은 관능적 슬픔으로서의 우울증이며 고통스러운 것으로 표현된다. 다만 이 우울증이 잘 승화되면 한스 홀

젠더는 패러디다

바인, 제라르 드 네르발, 도스토예프스키 같은 예술가로 발전되지만, 잘못 발현되면 정신병 같은 병리적 징후가 될 위험도 있다.

특히 크리스테바의 우울증 논의는 무의식적 대상 상실이라는 점에서는 프로이트의 우울증 논의와 유사하나 그 우울증이 특히 언어나 기표의 측면에서 논의되는 경향이 있고, 아버지의 기능이나 기표 작용에 실패한 뒤 어머니와 전 오이디푸스적 관계를 유지시키는 상태로 논의되는 점이 젠더 획득의 관점에서 주목할 필요가 있다. 크리스테바에 관한 논의는 다음 장에서 모성성의 문제와 연결해 본격적으로 논의하겠지만 우울증 논의에 있어 우선 프로이트와 비교해볼 만하다.

크리스테바에게 우울증과 울병은 사실상 경계가 불분명한 것이라서 혼용되며 우울증은 우울증/울병의 혼합체라고 설명된다. 우울증/울병 환자는 공통적으로 사랑하던 대상을 상실한 뒤에 불분명한 의미망 수정modification of signifying bonds을 겪게 된다.[30] 이 의미망, 특히 언어는 우울증에서는 보장이 되지 않기 때문에 우울증과 언어의 상실은 중요한 관련성이 있다.

크리스테바의 우울증적 기질은 시인의 전제 조건이기는 하지만, 그것이 예술적인 언어로 승화되기 위해서는 궁극적으로 극복되어야 할 병리적 징후로 설명된다. 애도의 주체는 일차적인 어머니 대상의 상실을 인정한다는 면에서 페티시즘적인 부정negation의 국면에 해당한다. 하지만 우울증 환자는 가벼운 상태에서는 부정을 부인denial of negation하는 이중 작용으로, 심한 경우에는 부정을 거부repudiation하는 정신병으로 나타난다.

30 Julia Kristeva, *Black Sun*, p. 10.

크리스테바의 우울증은 무의식적 대상 상실이라는 면에서는 프로이트를 계승하고 있으나, 언어나 기표의 관점에서 아버지의 기능이나 기표 작용의 획득에 실패한 것으로 파악한다는 점에서 독특하다. 즉 우울증은 정신병이 되기 전인 '부정의 부인'기제로 나타나는 것으로[31] 무의식적인 상실 중에서도 '언어적인 무'와 관련된다. 부인의 결과로 생긴 이 정동의 고통은 '의미 없는 의미meaning without signification'로서 울병 환자는 아무것도 말하지 않으며 말할 것이 없다. 울병에 걸리면 모국어의 가치를 완전히 상실하고 완전히 외국인처럼 모국어에 대해 마치 죽은 언어인 양 말하고 이 죽은 언어는 그들의 자살을 전조하면서 산 채로 묻혀 있는 '물物, a Thing'을 감춘다. 이들은 '물'에 고착되어 대상이 없으며, 그 총체적이고 의미화 불가능한 물은 무의미하다. 그것은 그저 무이고, 그들의 무이며, 죽음이다mere Nothing, their Nothing, Death.[32] 우울증 환자의 언어 붕괴는 보편적 의미화 연쇄나 언어적 통합을 불가능하게 한다.

마지막으로 울병 환자는 극단적인 조울 현상을 오간다. 울병 환자의 상실은 어떤 대상에 대한 것이 아니라 '정동'이나 '시간의 기억'과 같은 심리적 대상에 관한 것이기 때문에 주관적 구성물이며 심리적 무덤 속에 있는 (상상적 영역의) 불분명한 재현물이라서 무의식적인 울병은 조병과 교차 발생하면서 활력과

31 크리스테바는 서로 영향도 주고, 서로의 조건이 되기도 하는 부정성을 부정, 부인, 거부로 설명하면서 각각을 페티시와 우울증 그리고 정신병의 심리기제로 연결시킨다. 프로이트에게 페티시는 부정이 아닌 부인(인정과 부정의 결합)으로 설명되는 반면, 크리스테바에게 페티시는 부정negation이고, 이 부정은 1차 상실의 인정이자 부정을 의미한다. 그리고 이 부정을 부인denial of negation하는 것이 우울증이다. 이때 부인의 대상은 기표작용이나 아버지의 기능이 된다. 아예 부정을 거부repudiation하면 정신병이 된다. 결국 우울증 환자는 무의식적 도착증 환자다. Julia Kristeva, *Black Sun*, pp. 43~46.
32 같은 책, p. 51, 53.

젠더는 패러디다

무력, 사랑과 증오라는 양극적 양상으로 발현된다. 왜냐하면 우울증은 "모성적 대상에 대한 불가능한 애도"[33]의 방식이기 때문이다.

　이처럼 크리스테바의 우울증은 프로이트가 설명하는 우울증 이론에 기반을 두고 있다. 프로이트에게 우울증은 상실한 사랑의 대상에 대한 병리적 반응이지만 그 대상을 자아에 합체하는 에고 형성 기제이기도 하다. 프로이트는 「애도와 우울증」과 『에고와 이드』에서 우울증이 에고 형성의 발단이 된다고 주장한다. 반면 버틀러는 프로이트의 논의를 기반으로 해서 우울증적 동일시가 젠더 정체성의 새로운 구조라고 설명하고자 했다. 특히 프로이트의 '몸의 에고'라는 개념을 가져와 젠더화된 에고가 어떻게 형성되는지에 초점을 둔다. 프로이트가 우울증이 에고나 성격의 형성에서 핵심적인 기제로 작동한다고 설명은 하지만 젠더와 관련된 논의는 적은 반면, 버틀러는 몸의 에고라는 부분을 적극 해석하여 젠더 논의로 연결하고 프로이트가 말하는 양성성의 문제까지 밝혀보려 한다.

프로이트와 버틀러의 우울

프로이트의 「애도와 우울증」에 따르면, 주체가 사랑하는 대상을 상실했을 때 보이는 두 가지 반응은 애도와 우울증이다. 애도는 사랑하던 대상에 대한 리비도를 일정 시간 동안 '내투사'하여 애도하고 난 뒤 대상에 대한 리비도를 거두고 다

---

33 같은 책, p. 9.

른 대상에 대한 사랑으로 정상적으로 나아가는 방식이다. 우울증은 이런 애도에 실패할 때 발생한다. 애도의 대상이 불분명하고 무의식적이라서 애도가 충분히 발생하지 못할 때 주체는 그 사랑했던 대상을 자신의 에고로 '합체'한다. 이때 원래의 에고는 수퍼에고가 되고, 대상은 에고가 되어 원래의 에고가 원래의 대상을 사랑했던 만큼 수퍼에고는 에고를 비난한다. 우울증자의 자기 비하가 당당하고 수치심이 없는 것도 그 때문이다. 그것은 자신이 대상을 사랑했던 만큼 수퍼에고가 에고를 박해하는 새디즘의 방식으로 구현된다. 이러한 방식으로 대상은 자아를 구성한다. 그리고 이런 동일시는 일시적이거나 간헐적으로 일어나는 것이 아니라 정체성의 새로운 구조로 나타난다.

프로이트에서 우울증은 대상이 에고가 되고 대상애가 동일시가 되는 방식이 된다. 그렇다면 주체의 에고는 원래부터 주체의 것이 아니라 주체가 사랑했으나 완전히 떠나보내지 못한 상실된 대상이 내부로 합체된 것이고, 동일시와 대상애의 경계도 모호해진다. 사랑했던 대상의 속성을 취하고 그 대상을 에고 안에 보유하는 신기한 모방 행위를 통해 대상은 주체의 내면에 그 일부를 차지하게 되는 것이다. 대상과의 동일시는 자아가 형성되는 나르시시즘기로의 퇴행과 관련되면서 성애적 카섹시스의 대체물이 된다.

프로이트는 『에고와 이드』에서도 상실된 대상이 에고의 내면에 재설정되는 과정을 설명한다. 이는 우울증의 고통스러운 혼란 상태를 설명하는 요건이 되는데, 이런 동일시로 대체된 대상 카섹시스가

젠더는 패러디다

'성격character'을 형성하는 데 핵심적인 기여를 한다고 주장했다.[34] 프로이트는 "에고의 성격은 포기된 대상-카섹시스 침전물이며, 에고는 이런 대상-선택물의 역사를 담고 있다"[35]고 주장하면서 주체의 에고는 과거 사랑했던 대상의 집적물임을 시사한다.

이런 동일시로 대체된 대상 카섹시스는 비단 성격만이 아니라 젠더 정체성의 획득에도 중요한 기여를 한다는 것이 버틀러의 견해다. 「사랑을 선택하는 특별한 기준」을 보면 프로이트는 자기 형성과 관련되는 자기애와 대상에 대한 사랑과 관련된 대상애는 서로 다른 것이며, 자기애와 대상애의 경향에는 성차가 있다고 주장한다. 즉, 여성은 자기애적 경향이 강한 반면, 남성은 대상애적인 경향이 강하다. 둘 다 대상애를 하는 경우라도 남성은 부모 의존적 대상, 즉 어릴 때 자신을 사랑해준 아버지나 어머니 같은 유형을 선택하는 경우가 많지만, 여성은 나르시시즘적 대상, 즉 자신의 과거나 현재의 모습 혹은 미래의 모습과 관련된 사람을 선택하는 경향이 많다. 그것이 사랑을 선택하는 남녀의 특별한 기준이다.

모든 유기체는 탄생 직후에는 개체 보존 본능과 자아 보존 본능이 강하지만 성체가 되면 짝짓기를 통해 다음 세대를 양성하려는 욕구 때문에 재생산 본능이나 성 본능을 발달시킨다. 그에 따라 나르시시즘은 개체 발달의 초기에 나타나는 반면 대상애는 어느 정도 개체의 성숙기나 완성기에 나타나는 것으로 보인다. 그래서 자아 본능보다는 성 본능이, 나르시시즘보다는 대상애가 더 성숙한 것으로 평가된다. 그에 따라 여성

34 Sigmund Freud, "Ego and the Id" SE., p. XI, 18.
35 같은 책, p. 19.

의 사랑 방식보다는 남성의 사랑 방식이 더 성숙한 것으로 간주되기도 한다. 남녀 모두에게 해당되는 오이디푸스 콤플렉스를 남성은 거세 불안 때문에 잘 극복하여 문명에 적합한 능동적 주체가 되지만, 여성은 처음부터 워낙 자신을 결여나 결핍으로 생각하기 때문에 극복할 불안이나 위협이 없고 그래서 남근 선망이나 대리 충족 같은 수동성에 빠지게 된다고 설명하는 것과 같은 맥락이다.

버틀러는 성차에 대한 프로이트의 심리 발달론을 '몸의 자아'라는 젠더화된 에고의 형성과 연결시킨다. 전술한 것처럼 프로이트는 자기애와 대상애, 즉 자아 형성과 타인에 대한 사랑을 구분하고, 「나르시시즘에 관하여: 개요」, 「애도와 우울증」, 『에고와 이드』에서 나타나듯 타인에 대한 사랑은 주체의 자아를 형성하는 기제가 될 수 있다고 설명한다. 버틀러는 에고를 형성하는 대상애의 방식에 초점을 맞추어 특히 그렇게 구성되는 자아가 몸의 자아, 즉 젠더화된 정체성이 된다고 재해석한다.

버틀러는 상실한 사랑의 내면화 과정이 젠더 형성 과정과 유사하다고 파악한다. 근친애의 금기가 주체의 사랑의 대상을 떠나보내게 만들 때 이렇게 금지된 욕망의 대상은 에고에 내면화되어 금지가 금지되는 이중부정의 효과를 낳는다는 것이다. 즉 이 말은 남자아이가 근친애의 금기인 어머니에 대한 사랑을 떠나보낼 때 그 대상을 내면화하여 에고 안에 보유한다는 의미이고, 딸은 아버지를 자신의 내면에 보유한다는 의미다. 그렇다면 남자아이에게는 여성성이, 여자아이에게는 남성성이 상실된 애정의 흔적으로 에고 안에 존재한

젠더는 패러디다

다는 의미로 볼 수 있다. 또 남성/여성의 젠더가 불분명한 남자아이와 여자아이의 섹슈얼리티도 동성애/이성애/양성애로 다양하게 열릴 수 있는 가능성이 된다. 이제 완전히 이성애적이거나 완전히 동성애적인 것이 불가능한 만큼 완전히 남성적인 남성, 여성적인 여성이라는 이분법도 불가능해진다.

프로이트에게: 성적 기질에 전제된 거짓 근본주의

버틀러는 사랑의 대상이 주체의 에고가 되는 심리기제를 프로이트의 우울증에서 발견해 이를 에고의 젠더 특성과 연결한다. 그러나 프로이트의 이론에서 간과한 이성애적 규범성은 버틀러에게 비판의 대상이 된다. 근친애의 금지라는 면에서 보면 금지된 이성애적 결합의 경우에 부정되는 것은 욕망의 대상이지 욕망의 방향성 자체는 아니다. 딸에게 아버지라는 대상은 금지되어 있지만 이성애라는 경향은 유지되기 때문이다. 결국 버틀러가 프로이트를 수용하는 부분은 대상애의 실패가 에고를 형성하는 작동 방식이지만 비판하는 부분은 그 과정에 전제된 이성애적 기반이다.

일단 유아가 최초의 사랑의 대상을 택할 때 근친애 금기라는 명령은 그 욕망의 대상만 다른 대상으로 옮길 것을 요구하지만, 동성애적 사랑에 대한 금지는 욕망 자체와 그 대상을 둘 다 포기할 것을 요구한다. 『에고와 이드』에서 프로이트는 아들이 아버지와 최초로 동일시를 형성할 때는 대상 카섹시스가 없다고 생각했으나, 나중에는 성격 형성이나 젠더 형성 과정에서의 근원적 양성애를 중요한 복합 요소로 간주한다. 사실 근원적 양성애를 기본 전제로 가정하면 아들의 아버지에 대한 사랑을 부인할 이유가 없는데도 프로이트는 은연중 이런 동성애를 부인한다. 남자아이가 어머니에 대한 최초의 카섹시스를 유지하면서 엄마를 유혹하기 위해 남성적이고 또 여성적인 행동을 하는 것에서 양성애를 발견하는 것도 문제가 될 수 있다.

버틀러는 이런 프로이트의 양성애나 양성적 경향에 대한 설명이 대단히 제한적이라고 본다. 남자아이가 아버지에 대해 갖는 성향이 대상 카섹시스를 형성한다고 설명하지 않는 것 자체가 양성적 성향 중에서도 이성애를 중심으로 전개되고 있다는 지적이다. 부모와의 관계에서 드러나는 양가적 태도는 양성애 때문이라고 하면서도 그 양가적 태도가 발생하는 맥락은 경시한다는 것이다. 사실 소년의 갈등은 남성과 여성이라는 두 대상 사이에서 일어나기도 하지만 남성적 기질과 여성적 기질 가운데서도 일어나는데, 무엇보다 두려운 것은 아버지에 의한 거세공포가 아니라 거세 자체에 대한 공포다. 즉 남성 간 '동성애'가 두려운 것이 아니라 이성애 문화 속에서 '여성화'된다는 공포가 더 크기 때문에 결과적으로 이성애를 택한다는 뜻이다. 따라서 이런 맥락에서는 근원적 양성애가 있다 하더라도 이성애적 카섹시스가 사실상 우선시된다.

남자아이가 여성성을 거부하고 아버지에 대해 양가감정을 갖는 것이 최초의 양성성 때문이라면, 아들의 어머니에 대한 일차적

젠더는 패러디다

카섹시스가 원천적이고 근본적이라는 설명은 의심스러워지고 소년의 대상 카섹시스인 최초의 이성애도 의심스러워진다. 소년은 욕망의 대상인 어머니를 떠나 보내고 어머니와의 동일시를 통해 상실을 내면화하거나, 자신의 이성애적 애착을 다른 여성으로 대체한다. 그러면서 아버지에 대한 애착을 강화해 자신의 남성성을 통합한다. 소년은 애정의 목적과 대상을 둘 다 거부하게 되고 어머니를 내면화해 여성적 수퍼에고를 세우게 되고, 이 여성적 수퍼에고는 여성적 리비도 기질을 통합하게 된다.

딸의 경우, 긍정적 오이디푸스 콤플렉스는 어머니와의 동일시로, 부정적 오이디푸스 콤플렉스는 아버지와의 동일시로 이어진다. 부정적 오이디푸스 콤플렉스의 원인도 사회적이거나 맥락적이다. 여성성을 수동성이나 피동성으로 설정하고 남성에 의존적이거나 남성을 통해 대리 충족하는 존재, 그 자체로는 문명에 기여한 바가 없는 비문명적 존재로 여성을 젠더화하는 것에 대한 반항이기도 하다. 이런 반항은 모든 리비도의 흐름을 거부하는 히스테리로 이어지거나 남성과 동일시하는 남성성 콤플렉스로 연결된다. 그래서 여성의 히스테리나 남성과의 동일시는 프로이트의 해부학적 성차에 기반한 성심리 발달론에 대한 거부이거나 반작용일 수 있다.

긍정적 오이디푸스 콤플렉스의 경우 딸은 엄마와 동일시해 아버지를 애정의 대상으로 생각하지만 근친애의 금기 때문에 좌절을 겪는다. 이때 상실된 대상을 자아에 통합하거나 대상을 비켜나가 다른 남성에 대한 이성애로 발전시킬 수 있다. 부정적 콤플렉스가 일어날지 긍정적 콤플렉스가 일어날지는 아이의 기질상의 남성성과 여성성의 강도에 달려 있다고 프로이트는 보고 있지만 그 기질이 무엇으로 구성되어 있는지는 불확실하다.

여성적이거나 남성적인 기질을 결정하는 데 이성애가 미리 전제되어 있다는 점도 문제로 제기된다. 아들이 아버지를 욕망한다는 것만으로 아들의 여성성을 논한다면 이미 이성애적 전제가 젠더 규약에 선행하여 존재한다는 의미가 되고, 딸의 아버지 사랑이 긍정적 콤플렉스로 명명되는 것도 어느 정도 그것을 규범적인 것으로 설정한다는 의미가 되기 때문이다. 그렇다면 최초에 가정된 양성성에도 이성애적 욕망의 모태가 전제되어 있는 것이 아닌지 의심해볼 수 있다.

프로이트가 말하는 최초의 양성성은 어떤 맥락에서 이해해야 할까? 양성성은 동성애와 이성애의 공존이어야 하는데 사실상 프로이트에게는 양성성 자체가 하나의 심리 안에 있는 두 개의 이성애적 욕망의 공존으로 드러난다(202). 아들의 남성적 기질은 여성화에 대한 공포에서 비롯되므로 성적 대상으로서의 아버지를 향한 것이 아니며 어머니를 향한 여성적인 기질에 맞춰져 있지도 않다. 여자아이는 성적 사랑의 대상으로서의 어머니를 거부하면서 자신의 남성성을 거부하고 그 결과 자신의 양성성을 고정시킨다는 의미에서 여전히 동성애를 배제하고 여성성을 고정시킨다. 따라서 프로이트의 최초의 양성성 논의에는 동성애가 없으며, 오로지 이성들끼리만 서로에게 매혹된다.

만일 내면화를 통한 여성성과 기질적인 여성성을 구분할 방법이 없다면 어쩌면 원래 애초에 있는 기질적인 여성성은 없고 거부된 사랑을 통해 습득된 내면화된 여성성만이 있는 것일 수도 있다. 따라서 내면화된 동일시 상태를 고찰해보고 이런 내면화된 동일시와 자기 처벌적 우울증의 관계를 생각해보는 것이 버틀러에게는 중요한 문제의식이 될 수 있다.

우선 프로이트는 「애도와 우울증」을 통해 대상이 자아 안으로 들어오면서 대상에 대한 분노가 내면화된 자아에 대한 분노로 변한다고 설명한다. 이런 분노는 새디즘적인 것이라서 자신에 대한 비난처럼 보이지만 실은 사랑했던 대상에 대한 비난인 것이다. 초기에 프로이트는 애도의 슬픔이란 대상으로부터 리비도 카섹시스를 회수해 새로운 대상으로 옮겨가는 과정의 심정이라고 설명했으나, 『에고와 이드』에 와서는 우울증과 관련된 동일시 과정이야말로 이드가 그 대상을 포기할 수 없는 유일한 조건이라고 주장한다. 대립적이던 애도와 우울은 온전히 애도의 과정으로만 이해된다. 상실의 대상을 내면화할 경우 그 댓가는 주체의 상실이 된다. 대상의 포기는 카섹시스의 부정이 아니라 내면화라는 방식으로 대상은 에고가되고, 이 에고는 수퍼에고가 되기 때문이다. 대상은 에고의 일부로 내면화되면서 분노와 비난이 고조된다. 에고는 자신의 분노와 효력을 에고 이상ego ideal에게 빼앗기고 에고 이상은 자신을 유지하는 수단인 에고에 적대적 입장을 취한다. 에고 이상의 에고 박해는 극단적인 경우 자살로 이어진다.

이런 설명 방식 중에서 버틀러가 주목하는 대목은 에고 이상의 구성이 젠더 정체성의 내면화까지 수반한다는 사실에 있다. 에고 이상이 오이디푸스 콤플렉스를 해결하는 방식이 되면서 남성성과 여성성의 성공적 통합이 이루어진다. 에고 이상은 허가와 금기의 내적 작인으로 작동하게 되고, 이런 내적 작인은 욕망의 방향 선회를 통해 젠더 정체성을 형성한다. 이때 부모를 애정의 대상으로 삼는 것은 금지되지만, 그런 금지의 대상으로 내면화되기도 한다는 역설이 발생한다. 부모는 유아가 사랑할 수 없는 대상이지만 바로 그 이유 때문에 사랑해서는 안 되는 사람으로 내면화된다는 의미다. 그에 따라 에고 이상의 금지 기능은 부모에 대한 욕망을 금지하면서 사실상 그런 금지된 사랑이 보존될 수 있는 내부 공간을 열어둔다. 오이디푸스 갈등은 긍정적 방향과 하고 부정적 방향에서 둘 다 발생하기 때문에 이성부모에 대한 금지는 상실한 부모의 성과의 동일시로 이어질 수도 있고, 그 동일시가 거부되어 동성애적 욕망으로 진행될 수도 있다.

이제 특정한 사랑을 금지하기도 하고 그 금지의 방식으로 허가하기도 하는 에고 이상은 남성적 동일시와 여성적 동일시를 규정하고 결정한다. 동일시는 대상 관계를 대체하는 결과물이며 금지된 대상의 성이 금지의 이름으로 내면화된 우울증이라는 것이다. 그리고 이런 금지는 젠더화된 정체성과 이성애적 욕망의 법을 허가하고 규정한다. 이에 따라 오이디푸스 콤플렉스의 해결은 근친애의 금기를 통해서 그리고 근친애의 금기 이전에 있던 동성애 금기를 통해 젠더

젠더는 패러디다

정체성을 형성하는 것이다. 근친애의 금기 이전의 동성애 금기는 동성의 대상과 동일시를 일으키고, 동성애적 카섹시스의 목적과 대상을 둘 다 내면화하게 만든다. 이에 따라 최초의 동성애적 성향은 사라지지 않고 남아 유아의 젠더 정체성을 구성한다.

여성적 기질이 남성의 금지된 사랑의 대상을 효과적으로 내면화한 결과이고, 사랑했던 대상을 유아의 에고에 합체한 결과라면 젠더 정체성은 그 무엇보다도 '금기의 내면화'를 통해 형성된다고 할 수 있다. 젠더 정체성은 금기를 내면화한 결과물이라는 말이다.

결국 젠더 정체성은 특정한 금기의 지속적 적용으로 인해 구성되고 유지되는 '법'의 결과물이다. 그러니 몸의 양식화도 이런 젠더 정체성을 형성하는 성의 범주와 조응하게 되고 젠더의 특정한 '기질 disposition'이라는 것도 실은 원래 존재하는 특정 본질이 아니라 법의 이차 효과다. 여기서 기질에 전제된 거짓 근본주의에 대한 비판이 제기된다. 사실 기질이라는 것이 심리의 근원적 성적 진리나 사실이 아니라 금지의 결과를 통해 정서적으로 형성되거나 고정된 이차적 효과, 법의 생산적 효과라는 주장이다.

이제 젠더 정체성은 특정한 도덕적 명령의 내면화라고 설명할 수 있다. 그리고 이 명령은 외부에서 강제된 금기의 결과물이지 애초에 근원적으로 존재하는 원인이나 기원이 아니다. 동성애 금기는 이성애적 근친애의 금기에 선행하여 존재한다. 즉 동성애 금기가 이성애적 기질을 만들어내며 그 때문에 오이디푸스적 갈등이 금기로 제기된다. 어린 남아와 여아가 오이디푸스 단계에 진입하게 될 때

이들은 자신을 이성애적 방향으로 기질화하고 있는 금기에 종속된다. 따라서 프로이트가 성 생활의 일차적 사실로 가정한 기질은 사실 법의 결과물, 즉 분명한 젠더 정체성과 이성애를 생산하고 규정하는 '내면화된 법의 결과물'인 것이다.

쟁점 정리: 왜 오이디푸스 콤플렉스는 이성애 구도에만 근간하는가

버틀러는 젠더 정체성이 구성되는 방식이 우울증에서 나타나는 주체의 대상 내면화 과정과 유사하다는 점을 프로이트의 우울증에서 끌어온다. 우울증이 정상적 애도에 실패할 경우 사랑하던 대상을 떠나보내지 못해 주체의 내면에 합체하는 양식이라면, 젠더 정체성도 유아가 어릴 때 사랑했으나 사랑으로 인정받지 못해서 충분히 애도하지 못하고 그래서 자신의 내부에 합체한 이성부모나 동성부모의 일면으로 나타난다.

그러나 비판점도 있다. 프로이트의 경우 근원적인 양성성을 논의하고 있음에도 불구하고 이성애를 근본으로 삼고 있기 때문에 유아가 사랑하는 대상은 이성부모에 한정된다는 것이다. 이성부모에 대한 카섹시스를 논의의 기초로 전개하기 때문에, 동성부모에 대한 사랑은 이성애를 기반으로 이루어지는 변주 정도로 논의된다. 따라서 근친애의 금기 이전에 동성애의 금기를 보지 못했다는 비판은 다시 말해 프로이트의 오이디푸스 콤플렉스가 근본적으로 이성애적

젠더는 패러디다

체계에 기반하고 있다는 비판이 될 수 있다.

여기서 인과론의 전도가 발생한다. 최초의 양성성에서 근친애에 대한 금기가 발생한 것이 아니라 근친애에 대한 금기가 최초의 양성성이라는 개념을 근원적인 것인 양 창출한 것이다. 그리고 이 최초의 양성성은 사실 이성애 중심주의에 입각해 있다는 점을 살짝 가린다. 여기서 어떤 것을 심리적 진실의 출발점으로 삼은 인과관계 안의 논리적 연속성은 사실상 섹슈얼리티와 권력 관계이자 만들어진 문화적 기원의 결과라는 급진적 계보학이 탄생한다. 법은 스스로를 맥락화하는 틀을 구성하는 한도 '안'에서만 문제의 욕망이 '억압'되어 있다고 규정할 수 있다. 이런 법의 '밖'에 있는 것은 억압으로 표명될 수 조차 없는 인지 불가능한 것이기 때문이다.

프로이트가 설명하는 근친애 금기에는 동성애 금기가 암묵적으로 전제되어 있다. 또 성적 기질을 근본적인 어떤 것으로 전제하여 그것이 담론 이전에 오면서 일차적이고 근원적이고 분명한 지향을 가진 기원이자 충동으로 상정한다. 그에 따라 문화적 영역으로의 진입 자체가 마치 욕망의 근원적 의미에서 벗어나거나 일탈된 어떤 것처럼 생각하게 만든다. 따라서 욕망이 법을 생산하는 것이 아니라 법이 욕망을 생산한다. 근친애 금기의 법은 이성애를 근원적 토대로 상정하며, 부정적이거나 배태적인 규약으로만 작동하는 것이 아니라 이성애를 생산하고 허가하는 것으로서 작동한다. 이것이 담론의 법이다. 이런 담론의 법은 말할 수 있는 것과 말할 수 없는 것을 구분하고 합법적인 것과 불법적인 것을 구분하면서 그 법의 효과를 지속적으로 유지하고 재생산한다. 아버지와 아들 간의 동성애에 대상 카섹시스가 일어나지 않는다면, 그것은 실제 일어나지 않는 것이 아니라 문화적으로 인가된 이성애적 법칙에 복종하는 동성애를 설명하기 위한 장치에 불과하다. 그에 따라 젠더 정체성은 금지된 동성애적 애정의 대상이 금기로서 내면화되어 자아의 젠더를 구성하는 우울증의 방식으로 구성된다.

젠더는 패러디다

여성성을 안고 있는 남성, 혹은 남성성을 안고 있는 여성:
〈비너스 보이즈〉

2001년 가브리엘 바우어의 다큐멘터리 〈비너스 보이즈Venus Boyz〉
는 다양한 직업과 계급을 지닌 드랙 킹의 삶을 보여준다. 독일 태생
의 드랙 킹 브릿지 마크랜드는 "나는 다리 위가 편해요I feel like home
on the bridge"라고 말한다. 자신의 젠더가 다리 위에 있어서 동서 방향
뿐 아니라 남북 방향으로도 갈 수 있고, 또 어느 쪽으로도 움직일 수
있다는 사실이 편하게 느껴진다는 것이다. 사실 왼쪽이나 오른쪽이
냐를 강요하지 않는 다리 위가 마크랜드의 본원이자 고향일 수도 있
다. 마크랜드 안에는 많은 이면자아alter ego가 있어서 때로는 무해하
지만 무능한 남성성을 나타내는 친척 아저씨의 페르소나도 나타나
고, 호전적이고 도발적인 육체파 여성 캐릭터도 나타난다. 정말 이

름처럼 다리 위에 있는 브릿지 마크랜드의 정체성은 가변적이고 비고정적이다.

아버지는 바이섹슈얼, 어머니는 레즈비언이었던 스톰 웨버는 자신이 자라난 가정과 다른 이성애 사회를 두고 "여기서 나는 이방인I'm a stranger here"이라고 말한다. 태어나면서부터 다양한 성 정체성과 섹슈얼리티에 익숙하진 웨버는 분명한 이분법적 구획을 강요하는 세계가 더 낯설다. 모두가 남성 아니면 여성의 정체성을 가져야 하고, 남성은 여성을, 여성은 남성을 좋아해야 하는 이 사회가 이상한 것이다. 그는 텔레비전에서 남녀가 키스하는 것을 보고 정말 이상하다고 느꼈다고 한다. 가장 대중적인 이미지를 만드는 텔레비전보다 더 먼저 접한 아버지와 어머니의 다면적 성욕망과 유동적인 성 정체성의 관점에서 봤을 때는 이분법으로 고정된 사고방식 자체가 이상한 것이다.

한편 주디스 핼버스탬은 정상적 규범에 들지 못한 인터섹스 성기의 아름다움을 표현하기 위해 사진작가가 되었다. 핼버스탬은 여성으로 태어났으나 스스로 남성과 동일시했고 장기간 남성 호르몬도 투여받았다. 그(녀)는 이 사회가 모노 젠더, 바이 젠더, 트랜스 젠더 중 오직 단 하나만을 강요하는 억압적인 것이라고 생각한다. 이런 사회 속에서 다른 젠더를 추구하는 사람은 그림자 영역의 이방인, 호모 사케르일수밖에 없다. 사회는 섹스와 일치하는 젠더만 하나 택해 그 선택에 충실하라고 강요하며, 이런 이성애 중심적 젠더규범 사회에 동의하지 못하는 사람은 비체가 된다.

젠더는 패러디다

퇴근 뒤 뉴욕의 클럽 카사노바에서 드랙 쇼를 하는 아이티 출신의 드랙 드레드 게레스탄트dred gerestant는 이런 규범 사회를 웃음으로 조롱한다. 그것은 패러디의 웃음이다. 매끈하게 빛나는 검은 피부에 여성적 몸매를 가진 게레스탄트는 머리칼을 완전히 밀어버리고 브라에 가까운 탑과 미니스커트를 입은 채 매혹적으로 춤춘다. 그러다가 드랙 쇼의 흥분이 고조되자 미니스커트 안에서 딜도 역할을 하던 사과를 꺼내어 한입 베어 먹는다. 사람들이 웃는다. 이때 남성의 페니스 역할을 하던 사과는 이브의 원죄를 연상시키기도 하고 버틀러가 말하는 '레즈비언 팔루스'를 떠올리게도 한다. 팔루스는 남성만의 권위 있는 주인기표가 아니라, 모방을 통해 웃음을 야기하는 패러디적 대상이다.

팔루스는 그저 옷 안에서 페니스 역할을 하던, 한입 베어 먹은 과일 같은 것이다. 그런데 그 때문에 많은 퀴어가 이성애 중심 사회라는 에덴동산에서 추방되어 인간 이하의 대접을 받으며 살고 있다. 그렇다면 이상한 것은 다양한 젠더와 섹슈얼리티의 표현 양태를 가진 퀴어가 아니라, 바로 그런 신의 명령과도 같은 역할을 하고 있는 젠더 규범일 것이다. 정말로 이분법적 젠더 규범은 위기에 놓여 있다. 규범적 호명에 다르게 복종하는 트랜스의 영역에 있는 사람들, 즉 복장과 심리와 몸에 있어서 퀴어를 수행하는 주체들에게 선험적이거나 결정적인 자연스러운 섹스란 없다. 문제는 여전히 젠더의 불안정성, 불확실성 그리고 미결정성이며 인종적이고 민족적 배경이라는 역사적이고 맥락적인 문제 또한 간과할 수 없다.

5장   몸의 정치학:
크리스테바 비판

줄리아 크리스테바는 원래 불가리아 태생이지만 프랑스인으로 귀화했고, 파리 7대학 텍스트 자료학과 교수이자 종합병원 임상의로도 활동하는 기호학자, 정신분석학자, 여성학자다. 크리스테바는 자크 라캉의 세미나에 참석했던 제자이자 라캉의 정신분석학을 모성성에 기반한 모델로 발전시킨 이론가로 알려져 있다. 이런 크리스테바의 이론에서 독창적인 부분은 언어의 기호계적 차원을 여성적, 혹은 모성적 관점에서 재조명했다는 점이다.

기호계는 상징계뿐 아니라 상상계에도 선행하는 모성적인 것으로 크리스테바 이론의 가장 독창적인 부분으로 평가된다. 라캉이 상상계와 상징계 그리고 실재계를 구분하면서 특히 언어 질서로서의

젠더는 패러디다

아버지 이름, 아버지의 법으로서의 상징계가 갖는 중요성을 강조한 데 반해, 크리스테바는 상징계 이전의 자궁 안 태아가 어머니와 맺는 관계를 중심으로 모성적 기호계의 중요성을 강조한다. 이 기호계는 일차적인 어머니의 몸과 관련되며 태아가 이런 모체에 근본적으로 의존하고 있는 것인데, 이런 발화가 불분명한 시적 언어와 같은 기호계적인 요소가 상징층위에 이따금씩 출현하면 시적 언어의 혁명적 전복성이 나타난다고 설명된다.

버틀러는 이런 크리스테바의 논의가 자가당착에 빠진 모순적 이론이라고 비판한다. 왜냐하면 기호계의 시적 언어라는 게 혁명적이려면 그 의미가 파악될 수 있어야 하는데 기호계나 코라는 언어적으로 알 수도 없고, 설명도 불가능한 맥동이나 파동으로만 나타나기 때문이다. 게다가 이런 기호계는 레즈비언의 성적 욕망과 연결되어 설명되는데, 이것은 언제나 정신병에 접경하고 있어서 상징화되지 못하면 병리화될 위험이 있다. 레즈비언의 성적 욕망은 정신병과 경계에 있어서 잘못하면 병적인 징후로 간주될 위험이 있는 것이다. 무엇보다 버틀러의 비판을 사는 부분은 모성성을 물화한다는 점이다. 버틀러는 담론 이전의 모성이나 모체라는 것은 없으며 크리스테바가 그런 개념을 사용하는 것은 일차적이고 기원적인 본질로서의 모성성에 대한 어떤 이상화를 시도하는 것이 아닌지 또한 재생산 가능한 섹슈얼리티를 예찬하는 것이 아닌지 의심한다. 버틀러는 모성이든 모체든 결국 당대의 담론과 제도의 결과물이자 이차 효과에 불과하다고 생각하기 때문이다.

정리해보면 버틀러의 크리스테바 비판은 크게 세 가지로 요약된다.

첫 번째는 어머니가 태아와 갖는 일차적 관계라는 게 실제로 구현 가능한 구성물인지, 크리스테바나 라캉의 이론 체계 안에서 인식이 가능한 경험인지 불분명하다는 것이다. 기호계의 특징인 다성적 욕구는 전前 담론적 리비도 조직을 구성하면서 언어 안에 모습을 드러낸다지만, 사실 언어 자체보다도 앞선 존재론의 위치를 차지하고 있다는 비판이다. 이런 리비도 전복의 원천은 문화적 관점에서 유지될 수 없으며, 문화 안에서 이 전복이 계속 유지되면 정신병과 문화적 삶 자체의 붕괴가 온다고 크리스테바는 주장한다. 그렇다면 해방의 이상이 스스로 자멸될 자가당착의 모순을 안고 있는 것이 된다.

두 번째는 여성 섹슈얼리티를 모성성으로 설명하면서 여성 동성애나 여성의 기호계적 표현을 정신병과 연관시킨다는 비판이다. 동성애가 정신병이 아닌 사회적 표현물이 될 가능성을 애초에 차단한다는 것이다.

세 번째는 결국 모성성을 물화하여 모성성의 문화적 구성이나 변화 가능성을 애초에 배제한다는 점이다. 담론 이전의 모체에 대한 주장 자체가 역사적 담론의 생산물로서의 어머니에 대한 설명을 거부하기 때문이다. 그러나 어머니는 문화의 은밀하고 기원적인 원인이 아니라, 사실상 문화가 만들어낸 결과물이라는 점을 비판적으로 사고해야 한다는 것이다.

젠더는 패러디다

크리스테바에게(1): 기호계나 코라는 해방 담론이 될 수 없다

크리스테바가 기호계와 상징계를 구분하는 이유는 라캉의 상상계와 상징계 구분에서 상대적으로 많이 논의되지 못한 법 이전의 위상, 즉 부권 질서 이전의 모성적 몸의 세계를 복권시키기 위해서다. 특히 기호계는 어머니의 몸과 연관되어 아버지의 법과 대비된다. 아버지의 법은 어머니의 몸에 기초한 원초적 리비도의 충동을 억압하기 때문이다. 유아가 언어적 상징계로 진입하기 위해서는 언어 이전의 전-담론적 기호계, 즉 어머니와의 이상향적인 근본적 관계를 포기해야 한다. 유아가 상징계로 이행한 다음에도 아버지의 법에 완전히 복종하지 않는 잉여물이 출몰하는데, 그것을 크리스테바는 기호계의 잉여물, 혹은 '코라'라는 모성적 대상으로 설명했다. 코라는 원초적 리비도의 다성악, 혹은 다원적 욕구로서 상징적 질서와 법에 출몰하여 상징 언어에 균열을 일으킨다. 그것이 크리스테바가 주장하는 '시적 언어의 혁명성'이다.

기호계는 언어 속에서 표명되는 충동의 다양성으로 정의된다. 그런데 이 일차적 충동 혹은 모성적 충동은 언어 이전의 것이기 때문에 언어적인 것으로 표현되지 못한다. 그러나 상징계를 내파할 수 있는 혁명적 힘을 가진 리듬, 맥박, 고동, 유운, 억양, 소리 작용, 반복 같은 시적 은유이자 언어의 잉여물이라서 상징적 언어로 발화되기가 어렵다. 버틀러는 크리스테바의 기호계가 의미화되지 않고서 어떻게 혁명성을 담지할 수 있는가에 대해 회의적인 시선을 보낸다.

또한 상징계 안의 기호계적 파열이 전복적일 수 있는지도 의심한다. 기호계의 다원적 충동은 언어로 이해될 수 없는 담론 이전의 리비도 흐름처럼 보이는데, 그것 자체가 언어에 선행하는 존재론적 위상을 가지고 있고 그것이 상징적 언어를 전복할 혁명적 힘처럼 설명된다.

그러나 이런 전복력의 리비도적 기원은 문화나 언어 질서, 혹은 상징 체계 안에서 이해될 수 없다는 의미에서 정신병의 경계에 접하고 있다. 스스로 해방적 이상으로 설정한 기호계가 그 전복력을 의심받게 된다는 자기모순과 자가당착에 빠지게 되는 것이다. 버틀러는 크리스테바의 기호계나 코라의 논의에서 완전한 상징계의 거부는 불가능하며 그에 따라 해방 담론도 불가능하다고 비판한다.

크리스테바에게(2): 왜 동성애가 정신병 담론 안에 갇혔는가

크리스테바는 「벨리니의 모성성Motherhood According to Giovanni Bellini」에서 모성적 몸이 일관되고 분명한 정체성의 상실을 의미하기 때문에 모성적인 몸과 관련된 시적 언어도 정신병과 접경해 있다고 설명한다. 그녀의 설명에 따르면, 언어 안에 나타난 여성의 기호계적 표현물을 보면 모성성으로의 귀환은 담론 이전에 있는 동성애와 연관된다. 이런 동성애는 정신병의 경계에 있다. 시적 언어는 상징계에 참여함으로써 문화적으로 유지되며 언어적 소통의 규범이 된다고는 했지만, 동성애도 사회적 표현물이 될 수 있는지는 밝히지 않았

젠더는 패러디다

기 때문이다. 버틀러는 크리스테바가 동성애의 정신병적 특성을 주장한다고 비판한다. 크리스테바는 이성애가 상징계의 토대와 동시에 발생한다는 구조주의적 가정을 수용했다는 것이다. 크리스테바에 따르면 동성애적 욕망의 카섹시스는 시적 언어나 출산 행위처럼 상징계 안에서 허가된 위치 변경을 통해서만 이루어질 수 있다.

『언어 속의 욕망: 문학과 예술에 대한 기호계적 접근Desire in language』에서 크리스테바는 여성은 출산을 통해 자신의 어머니와 연결되며 그에 따라 자기 자신이 어머니가 된다고 주장한다. 여성은 모성성의 동성애적 국면을 활성화하게 된다는 것이다. 이 국면을 통해 여성은 자신의 본능적 기억에 더 근접하는 동시에 정신병에 더 빠지기 쉽고 그에 따라 사회적이고 생산적인 유대에 대해서는 더 부정적이 된다고 주장한다. 출산 행위는 어머니와 딸의 유대를 만들고 이 둘 간의 분리를 불완전하게 만든다. 어머니와 딸의 분리는 어머니와 딸 둘 다에게 우울증을 가져올 수 있다. 모성적 몸은 몸에 대한 부정으로 내면화되고 여아의 정체성은 상실, 결핍, 결여가 된다. 여성적 에고는 모체와의 분리에 우울증적으로 반응하는데 그에 따라 여성 동성애는 문화 안에 등장하는 정신병으로 설명된다.

동성애적-모성적 국면은 언어의 소용돌이이자 의미와 시선의 부재, 또한 모성적 몸에 대한 상상의 밀착이다. 또 그 모성적 몸은 여성을 향한 돌진을 막는 은폐막이며 상실한 낙원을 의미하기도 한다. 허나 이런 동성애는 여성에게 시적 언어로 구현되며 사실 출산과 함께 상징적 관점에서 유지될 수 있는 유일한 기호계의 형식이다. 따라서 크리스테바에게 공적인 동성애란 문화적으로 유지될 수 없는 활동이다. 매개되지 않은 여성 동성애 욕망의 카섹시스는 정신병으로 이어지며 레즈비언 섹슈얼리티는 본래부터 인식 불가능한 것이다.

출산과 동성애는 상징계의 관점에서 유지될 수 있는 유일한 시적 언어이자 기호계의 형식으로 설명된다. 크리스테바에게 매개되지 않은 여성 동성애 욕망의 카섹시스는 명백히 정신병으로 이어진다면 레즈비어니즘은 정신병적 자아 상실로 연결될 수 있다. 레즈비언이 문화의 대타자로 투사되면서 레즈비언의 발화가 인식 불가능한 '단어 소용돌이'로 특성화된다면, 법의 이름으로 레즈비언 경험을 추방하면서 부권적-이성애적 특권이라는 궤도를 유지하게 되는 것이 아닌가하는 비판을 받는 것이다.

크리스테바에게(3): 물화된 모성성으로 빠져서는 안 된다

크리스테바는 기호계의 위상을 강조하고, 부권적 상징 질서 이전의 모성적 몸이 갖는 혁명성을 강조했다는 측면에서 여성주의적 관점을 부각시킨 기호학자로 평가받는다. 그러나 어머니의 몸에 대한 강조는 여성과 어머니를 등치하면서 이성애 중심주의의 재생산성을 강조할 위험이 있다. 어머니가 될 수 없거나 어머니 되기를 거부한 여성들은 여성의 범주에 포함되지 않기 때문이다. 따라서 재생산하지 않는 레즈비언이나 자발적 비혼을 선택한 사람, 결혼은 했지만 출산은 않기로 결정한 사람은 여성으로 인정되지 않는다.

기호계와 코라에 대한 강조는 전체 여성의 몸이 아닌 어머니의 특정한 몸을 이상화한다. 그에 따라 모성성을 물화시키거나 모체가 아이를 임신한 상태의 맥동적 교류를 신비화할 수도 있다. 특히 이 경우 모성성이나 어머니의 몸은 문화적 구성물로 설명되기보다는 생물학적 본질로 이해될 가능성이 높다. 상징계의 강력한 패권 질서 속에 가끔씩 출몰하는 기호계적 침입의 혁명성은 사실상 상징계 안에 그 의미가 발화되고 재생산된다는 것을 전제할 때에야 가능하다. 그렇게 되면 애초의 의도와는 달리 이성애적 구도 아래 재생산이라는 가족 중심적이거나 모성만 강조되고 어머니의 몸이 갖는 전복적 실천성의 효과는 약화될 위험이 있다.

여전히 코라나 모녀 간 여성 동성애, 시적 언어 등으로 표현되는 기호계적 특성은 '자연적 어머니'나 '어머니의 몸'에 기대어 있다. 어머니의 몸에 기대어 있는 이런 시적 언어의 전복력에 대한 의구심은 계속 제기된다. 즉 시적 언어가 실제 혁명성을 가지려면 상징계에 복속되어야 하고, 시적 언어가 의미화될 수 없는 기호계적 특성이라면 상징계에서는 정신병으로밖에 표현될 수 없다는 이 '불가능한 해방 담론'이 비판을 받는 것이다.

같은 맥락에서 동성애와 출산만이 상징계 안에서 시적 언어로 표현되는 기호계적 속성이라면, 어머니와 딸의 동성애뿐 아니라 출산이라는 생물학적 행위에도 어느 정도 기호계적 특권과 함께 정신병적 위험이 주어진다. 따라서 버틀러는 크리스테바에게 완전한 상징계의 거부는 불가능하며 그런 의미에서 해방 담론은 불가능하다고 주장한다.

쟁점 정리: 권력과 법의 내부에서 전복하기 위한 성찰

버틀러는 크리스테바의 전복 이론이 충동, 언어 그리고 법의 관계에 대한 여러 문제적 관점에 입각해 있다고 설명한다. 충동과 충동의 재현물은 동시에 존재하거나 아니면 오히려 충동의 재현물이 충동에 앞서 있다고 생각하는 버틀러의 계보학적 입장에서는 원초적 충동을 자연적인 것으로 전제한 크리스테바의 논의는 이미 실패한 전복 이론이기 때문이다. 또한 크리스테바는 기호계적 특성을 모성적인 것이나 어머니와 딸 사이의 레즈비언적인 것으로 설명하면서도 모성성을 특화하거나 레즈비언적인 것을 정신병화할 우려가 있다. 무엇보다도 욕망을 억압한다고 일컬어지는 법이 바로 욕망의 원인이 되는 방식에 대해 생각하지 못하고 있다는 것이 버틀러의 크리스테바 비판의 핵심적 부분이 될 것이다.

그렇다면 다시 문제는 원인으로서의 욕망이 아니라 그런 욕망이 원인인 것처럼 보이게 만든 제도 담론의 기율 권력 효과다. 여기서 버틀러는 푸코의 계보학적 방식에 기대어 있다. 푸코의 틀을 받아들여 모성적 리비도 경제를 역사적으로 특정한 섹슈얼리티 조직

젠더는 패러디다

의 산물로 설명하려는 것이다. 푸코가 보기에 모성적 몸, 어머니의 몸을 전 담론적인 것이라고 생산하는 것이야말로 고도로 담론적인 책략이며 특정한 권력 관계를 확장하면서 그 사실 자체는 은닉하는 고도의 전술이기 때문이다. 따라서 법의 외부에 있는 대안적 세계로 전복하는 것이 아닌 법의 내부로부터의 전복이 필요하다. 여성성은 논의되지 않은 채 가부장제의 근원적 토대가 되기 쉬운 모성성 자체를 신비화하거나 물화하는 것은 페미니즘적 관점에 별로 도움이 되지 않는다. 오히려 지금 필요한 것은 모성성의 신화적 위치를 만든 제도 담론의 규율 권력과 지배적 에피스테메episteme에 대한 비판적 성찰일 것이다.

깊이 읽기 5

현실에서의 출산과 모성이라는 문제:
〈여성의 몸과 출산〉, 〈신호〉

2003년 (사) 한국여성연구소에서 제작한 다큐멘터리 〈여성의 몸과 출산〉은 모성성 획득이나 어머니 되기라는 것이 국가 정책과 긴밀하게 결합된 인구조절장치라는 것을 밝힌다. 아름다운 몸만큼이나 모성적인 몸도 지배 담론이나 제도 규율의 산물이라고 주장하기 위해서다. 그래서 〈여성의 몸과 출산〉은 1940년대 국가의 산아 권장 정책에서 2000년대에 자녀를 키우면서 직장에 다니는 30대 여성의 경험담에 이르기까지 출산이라는 인생의 한 사건이 국가와 개인에게 가져오는 의미를 특히 여성의 몸이라는 관점에서 그려내고 있다.

　한국의 1940년대는 일제 강점기 후기에 해당하며 국가는 더 많은 아이를 낳아 군국의 인적 자원으로 삼고자 했다. 따라서 다산을

168　　　　　　　　　　　　　　　　　　　　　　　　젠더는 패러디다

권장했으며 남아선호 사상이 강했고 유아 장려 정책의 일환으로 우량아 대회를 후원했다. 해방 뒤 1960년대에는 경제 수준에 비해 과도한 가족 규모는 빈곤의 악순환을 부른다는 논리에 따라 가족계획사업이 시행되었고, 이후 국민의 생활 수준을 향상하기 위해 저출산 정책이 점차적으로 장려되었다. 저출산 장려 정책은 2000년대까지 꾸준히 확대되다가 2010년 이후 급격한 출산율 감소로 인해 세원 확보의 곤란이라는 문제가 제기되자 다시 출산 장려 정책으로 되돌아왔다.

여성의 출산 장려 캠페인을 맡은 여성가족부는 여성의 독립이나 자립이 아니라 어머니나 가족으로의 복귀를 주장한다는 점에서 여성계의 비판을 받았다. 그것은 여성계가 여성부에 반대한다는 아이러니를 보여주었다. 그에 따라 어머니 되기나 모성성이라는 문제는 자연적이고 당연한 본능이 아니라 당대의 시책과 정책에 따라 가변적이고 잠정적으로 책정되는 인구조절장치로 간주된다.

흔히 사랑하면 성관계를 맺고 그런 관계가 지속되면 결혼을 생각한다. 사랑은 낭만적 감정에 대한 것이기도 하지만 육체적 결합에 대한 것이기도 해서 낭만적 사랑은 소위 스킨십의 정도나 성관계의 여부를 고민하게 하며, 결혼은 평생을 상호 헌신할 동반자를 결정하는 일이라서 더욱 신중하게 대상을 선별한다. 결혼할 생각이 없는데 사랑만 한다거나 사랑이 없는데 성관계만 맺으면 무의미하거나 부도덕하다고 간주하기도 한다. 사랑은 낭만적 교감이 되기도 하고 성적이거나 육체적인 끌림이기도 하지만 결혼과 동떨어져서는 불완전한 것으로 간주되기 십상이다.

21세기 현대 사회에서 사랑, 성, 결혼 중 가장 중요하게 생각되는 것은 결혼처럼 보인다. 결혼은 법적으로 두 성인의 결합이 국가의 인정을 받는 장치라서 경제적 위치나 사회적 지위, 자녀의 합법적 재생산과 배우자나 자녀에 대한 법적 지위에까지 영향을 주는 중요한 결정이기 때문이다. 과거에는 낭만적 사랑이 결혼으로 직결되는 것처럼 보였지만, 지금은 사랑이 성으로는 쉽게 연결되어도 결혼으로는 바로 연결되지 않는 것 같다. 다만 장기간의 사랑이 성관계로 발전하지 않으면 관계의 미완성으로, 장기간의 성적 사랑이 결혼으로 발전하지 않으면 무책임한 관계로 평가되기는 한다. 법과 제도로서의 결혼에는 재생산과 관련된 성문화되지 않은 규범도 따른다. 사랑해서 성관계를 맺고 결혼해도 아이가 없으면 뭔가 부족한 불완전성이나 자기애만 쫓는 미성숙성으로 간주되는 것이다. 그렇다면 정신적이거나 육체적인 사랑에도 성문법적이고 불문법적인 인정이 필요하다고 할 수 있다.

이처럼 정신적 유대감, 육체적 사랑, 제도적 결합은 사랑, 성, 결혼의 이름으로 불린다. 편의상 이 셋을 구분하여 말했지만 사실 이들 모두는 당대의 정부 시책에 따라 국가가 제도적으로 조율하고 조정한다는 의미에서 모두 담론의 이차적 구성물이다. 가족계획 정책 40년의 실행은 뛰어난 성과를 거두었다. 2003년부터 두드러지던 여성의 출산기피 현상은 이 대한민국을 OECD 국가 중 최저 출산율을 자랑하는 나라로 만들었다. 이제는 저출산이 사회적 문제가 되어 국가가 출산을 장려하는 시대에 이른 것이다.

젠더는 패러디다

가족계획은 성·사랑·결혼을 조절하는 국가 시책의 대표적 사례다. 1960~1970년대만 해도 '알맞게 낳아서 훌륭하게 키우자'나 '덮어놓고 낳다보면 거지꼴을 못 면한다'였던 가족정책 표어가 3명의 자녀를 3년 터울로 35세 이전에 단산하자(삼삼오 정책)'는 슬로건으로 변모했다. 그 과정도 파노라믹하다.

1980년대에는 '딸 아들 구별 말고 둘만 낳아 잘 기르자'였던 가족계획 표어는 1990년대에 와서 '잘 키운 딸 하나 열 아들 안 부럽다' 그리고 2000년대에는 '하나로 만족합니다. 우리는 외동딸'로 전환되었다. 1990년대에는 '엄마건강 아기건강 적게 낳아 밝은 생활'이었던 저출산 유도 가족계획 표어는 이후 자취를 감추고 2004년에 이르러 '아빠! 하나는 싫어요. 엄마! 저도 동생을 갖고 싶어요'로 변모했다. 저출산과 인구 고령화라는 사회 문제는 노인 복지기금과 의료지원비라는 국가부담금을 높이는 반면, 왕성하게 활동해야 할 청년층 생산인구는 줄이고 그에 따라 세원의 근본적 감소라는 현실의 문제에 직면한 것이다.

대략 2000년 정도를 기점으로 해서 가족계획 정책은 산아 제한에서 산아 장려로 선회한다. 그에 따라 산아 제한 정책도 가임기 여성의 임신과 출산을 독려하는 정책으로 변모한다. 2006년 한국이 가구당 1.13명이라는 OECD 국가 중 최저 출산율을 기록적으로 갱신하자 국가는 여성가족부를 중심으로 출산 장려 구호를 강화한다. 그해 가족계획 표어는 '낳을수록 희망 가득, 기를수록 기쁨 가득'이 되었고, 이 표어가 나온 지 일 년 만에 2007년 가구당 출산율은 1.26명으로 상승했다.

그렇다면 사랑과 성, 결혼과 출산 간의 관계는 자동적이거나 자연스러운 것이 아니다. 사랑하면 성관계를 맺고, 성관계를 맺으면 결혼하고, 결혼하면 출산을 한다는 규범화된 사고는 사실상 당대의 제도 규범이 만든 자연화 효과이지 본래적이거나 근원적인 것이 아니다. 이들 간의 자연스럽거나 당연한 연관 관계는 자연스럽고 당연한 것처럼 보일 뿐 사실 당대의 정부 정책에 의해 좌우되는 담론적 구성물이다. 박정희 정권 시대의 불임촌은 자녀를 둘 두고 불임수술을 한 가정에 한해서 주택을 보급하는 정책을 썼고, 1960년대의 삼삼삼오 정책도 마을소득이나 발전과 연결시킨 장려 정책이 따를 때에만 실질적 효과를 거두었다. 1973년의 모자보건법은 모자의 건강을 증진시키기 위한 보건법이기보다는 인구를 줄이기 위해 법적으로 임신중절시술을 허용한 사례였다. 실제로 인터뷰에 응했던 한 여성은 1987년 서울의 보건소는 은근히 낙태시술이 무료라며 낙태를 권고했다고 회술한다.

영화에서도 사랑과 성과 결혼과 출산에 대한 시대적 변화가 나타난다. 1998년 〈처녀들의 저녁식사〉는 처녀가 애를 밴다는 사회적 규범에 대한 도전장을 내밀었던 반면, 2003년 〈4인용 식탁〉은 자녀 양육에 모든 것을 걸어야 하는 상상적 모성의 신화가 실제 육아 부담에 시달리는 여성에게 초래한 정신병을 보여준다. 사실 과학적으로 보면 배아가 모체의 자궁에 착상하여 영양을 섭취하는 것은 모체의 혈액을 통해 영양을 섭취한다는 것만 다를 뿐 거머리가 숙주에

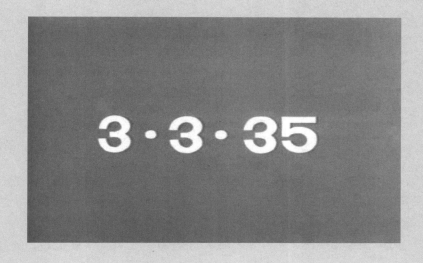

〈여성의 몸과 출산〉 중 한 장면. 3명의 자녀를 3년의 터울로 35세 이전에 단산하자는 슬로건을 내걸었던 가족계획 정책 중 하나였던 '3.3.35(삼삼삼오)' 가족계획은 성·사랑·결혼을 조절하는 국가 시책의 대표적 사례였다.

기생하여 생명을 유지하는 것과 유사한 행태라고 한다. 배아가 세포 증식을 통해 태아가 되고 열 달간 모체 안에 기생하는 동안 모체에서 아무런 방어적 면역 활동이 일어나지 않는 것이 면역학 입장에서는 오히려 신기한 현상이라고 말할 정도다.

그렇다면 모성은 이상적이거나 신비화된 본능이나 본질이 아니라 제도가 규율하고 담론이 생산한 이차적 생산물이다. 어머니란 한 여성의 일생 중에서 일어날 수 있는 특정한 한 국면일 뿐이라는 점을 잊게 되는 이유는 지배 담론이 반복적으로 모성을 신비화하면서 어머니의 자아 추구나 여성적 섹슈얼리티를 무시하고 망각하게 만들고자 끊임없이 노력해왔기 때문이다. 다른 사람을 위해 모든 것을 베풀고 희생하면서 신화적 자리에 올라 이상적 모델이 된 '어머니'에게는 사실상 자신의 자아실현을 위한 욕망도, 성적 쾌락을 향한 섹슈얼리티도 인정되지 않는다. 지금껏 타인을 위한 조력과 희생의 아이콘으로 작동해온 어머니에게도 개인적 욕망과 자아가 있다는 발견은 지금까지의 모성상과 다른 부분을 조망할 기회를 제공한다. 어머니는 희생적이고 지원적인 보조자가 아니라 자기 인생의 주체로서, 인생이라는 무대 위의 선 주인공으로 성장해가는 여성 주체로서 어머니를 새롭게 조망할 수 있어야 한다. 2004년의 단편 영화 〈신호〉가 그 대표적 예다.

　　　　　　　　　　　　　　젠더는 패러디다

〈신호〉는 12분짜리 극영화로 고3 수험생인 딸 나신호와 대학에 다니고 있는 엄마 사이의 갈등과 화해를 다룬다. 예민한 수험생 신호는 엄마의 정신적·물질적인 지원을 원하지만 엄마도 늦깎이 대학생 생활에 적응하느라 매우 바쁘기 때문에 현실은 불만스럽기 짝이 없다. 엄마와 진지하게 미래의 진로에 대한 상담을 하고자 하면 리포트와 관련된 메시지로 엄마의 핸드폰이 울려대고, 딸이 차린 식탁에 엄마는 맞춰오지 못해서 밥도 신호 혼자 차리고 혼자 먹기가 일쑤다. 신호는 엄마의 사랑을 받지 못하는 것이 두렵고, 대학에 엄마를 뺏긴 것 같아 불안하다. 엠티를 다녀온 엄마에 대한 불만감으로 가득 찬 신호는 라디오 프로그램에 그 불만감을 사연으로 보낸다. 엄마에 대한 불만이 폭발한 날 신호는 반항심에 방을 엉망진창으로 어질러놓고 엄마는 이를 보고 분노해 라디오를 내던진다. 모녀는 각자 자기 방으로 들어가 눈물을 흘리는데, 신호는 다음 날 아침 엄마 방에서 눈물 자국으로 얼룩진 엄마의 옛날 일기를 보게 된다. 이 일기를 통해 신호는 1988년 당시 엄마가 자신을 임신하면서 대학을 포기한 사연에 대해 알게 된다. 신호는 대학생 나이의 엄마가 대입을 포기하면서까지 자신의 생명을 중시했다는 사실을 알게 되고 현재의 엄마를 이해하게 된다.

이 일기를 통해 모녀 간 갈등은 화해의 지점을 발견한다. 이런 해결 방식은 다시 한번 모성을 신비화하는 것일 수도 있다. 신호의 엄마에게 자녀를 위한 봉사 대신 자아 찾기를 할 수 있는 정당한 근거로 제시된 것은 과거에 있던 모성성과 그 모성으로 인한 자기 희생이라고 말하는 것처럼 보이기 때문이다. 그래서 이 영화는 〈케빈에 대하여〉처럼 모성성의 신화에 대한 도전이 동시에 모성성 신화로의 회귀처럼 보이기도 한다.[36] 하지만 분명한 것은 이 영화는 지금껏 별로 조망된 적이 없는 어머니의 사회적 자아 추구나 개인적 욕망의 발현에 대해 생각해 볼 기회를 제공한다는 사실이다.

21세기 대한민국에 사는 우리 모두에게 엄마는 마지막까지 내 편인 최후의 보루이고 최종 병기다. 많은 대중 언론과 지식 담론은 자식을 위한 어머니의 희생과 봉사를 여러 면모에서 부각시키고 강조한다. 하지만 어머니이기 이전에 한 여성이자 인간이 가지는 욕망과 자아에 대해서는 함구하고 침묵한다. 어머니에게 개인이나 여성은 존재하지도 않는 것처럼, 또 사회적 욕구나 성적 욕망도 아예 없는 것처럼 진공상태로 멸균 포장되어 있는데, 이렇게 포장되었다는 사실조차 은닉되고 은폐되어 마치 모든 여자는 적정 연령이 되면 모성성을 삶의 모토로 사는 것이 자연스러운 것처럼 생각되게 만든다. 그래서 늘 여성은 '섹시녀' 아니면 어머니, 성적 존재 아니면 무성적 존재다.

그러나 어머니도 여성이다. 아니 어머니란 여성의 긴 삶의 한 국면에 불과하다. 여성 가운데는 자발적으로 결혼을 원하지 않는 비혼자도 있고, 결혼은 하더라도 아이는 원하지 않는 사람도 있다. 결혼을 해서 아이가 있다고 해도 그녀에겐 사생활이 있고 개인적

36 영화 〈케빈에 대하여〉에서는 모성성에 대한 이중적 잣대가 드러난다. 자유분방한 여행가 에바는 스페인 토마토 축제의 밤에서 계획에 없던 아이를 얻게 되어 출산하고, 자신의 자유 추구와 모성성의 굴레 사이에서 갈등한다. 결국 아들 케빈은 사이코패스로 성장하고 에바는 평상을 그 속죄양으로 살아간다. 이 영화는 얼핏 모성성을 거부하는 자유로운 영혼의 여성을 이야기하는 것처럼 보이지만 전통적 모성성을 거부할 경우 닥칠 무서운 재앙을 경고하는 것처럼 보이기도 한다.

젠더는 패러디다

욕망이 있을 수 있다.

　　그러나 사회가 원하는 여성상은 국가의 동력을 생산하고 양육하는 데 헌신하는 무성적이고 무욕적인 조력자이고, 그것은 모성의 이름으로 정당화된다. 엄마는 늘 나를 위해 존재하는 요리사, 청소부, 비서, 과외 선생님, 진로 상담사이며 언제나 아무리 힘들어도 웃으며 궂은일을 척척 해내는 무임금 봉사자인 것이다. 그런데 그게 미안하니까, 그걸 당당히 받으면 내가 도덕적 결함을 갖게 되니까 어머니는 위대하고 희생적이라고 담론적 미사여구로 치장해두는 것은 아닌지 반성적으로 숙고할 때다.

6장 행복한 회색지대의 쾌락과 정치적 레즈비언: 푸코와 위티그 비판

버틀러가 기호계나 모성성을 물화하고 신비화하면서 사실상 전복력 없는 대안을 꿈꾼다고 크리스테바를 비판한다는 점에서, 그녀가 권력 외부에 있는 저항의 가능성에 대해서는 부정적이라는 것을 알수 있다. 권력으로부터의 해방은 사실상 해방이 아니라 또 다른 권력으로의 이양이기 때문에 외부의 대안은 언제나 문제를 안고 있다. 외부의 대안은 외부에 있을 때는 실천적 전복력이 없고 내부로 들어오면 또 다른 권력으로 작용하기 때문에 내적 모순을 안고 있다. 따라서 버틀러가 꿈꾸는 변혁은 권력과 체제 내부에 있으면서 그 안에 작은 균열과 새로운 의미를 발생시키는 미시적 형태의 내적 저항이다. 그런 저항은 푸코의 계보학적 사유와 맥락을 함께한다.

젠더는 패러디다

푸코의 계보학적 방법론은 『성의 역사 1』에 잘 드러난다. 푸코는 섹슈얼리티라는 개념 자체가 본능적 욕망의 문제에만 한정된 것이 아니라 이미 권력이 침윤된 개념이라고 보았다. 따라서 법의 이전에 본질적이거나 선험적으로 존재하는 섹슈얼리티 개념은 비판했다. 푸코가 성의 범주와 섹슈얼리티의 권력 체제를 비판하는 계보학적 방법을 사용하는 것을 보면, 문화적 변방의 섹슈얼리티 형식은 문화적으로 인식 불가능한 것으로 보는 라캉계나 신라캉계 이론에는 적대적이라는 것을 알 수 있다. 푸코는 권력과 동시에 존재하거나 권력의 효과로서 존재하는 섹슈얼리티 개념을 주장한다. 버틀러는 이런 계보학적 방법론은 수용하지만 푸코가 특정한 성애적 쾌락을 낭만화하거나 근원적인 것으로 간주하는 것을 실수라고 비판한다.

종합해보면 푸코에 대한 버틀러 입장은 이중적이다. 구조주의의 안정된 규범에 저항하는 계보학적 방법론에는 찬성하지만, 푸코가 양성인간의 쾌락을 낭만화하는 경향은 비판하는 것이다. 구체적으로 보자면 버틀러는 푸코의 『성의 역사 1』에 나오는 섹슈얼리티는 권력과 공존한다는 논의는 적극적으로 수용하지만, 『에르퀼린 바르뱅의 일기Herculine Barbin: Being the Recently Discovered Memoirs of a Nineteenth Century French Hermaphrodite』서문에서는 푸코가 에르퀼린의 섹슈얼리티를 구성한 뒤 비난하는 구체적 권력 관계는 보지 못한 채, 그/그녀의 쾌락을 비정체성의 행복한 중간지대로 낭만화하고 있다고 비판한다.

푸코가 발굴해서 서문까지 붙인 『에르퀼린 바르뱅』의 일기에 나오는 에르퀼린은 어떤 인물일까? 에르퀼린 바르뱅은 1838년에서

1868년까지 프랑스에서 30세의 짧은 생애를 살았던 프랑스의 실존 간성 혹은 양성인간이다. 탄생 직후 여성으로 등록되어 알렉시나라는 이름으로 불리던 이 인물은 부친이 돌아가신 뒤 여 수도원에 들어가 교육을 받았다. 원래 마른 체격에 여성적 징후가 발달하지 않아 중성적이었던 바르뱅은 20세가 되면서 남성적 성징이 점차 발달되기 시작했고 수도원의 동료 여교사인 사라와 사랑에 빠졌다. 둘 사이에는 유사 성행위도 있었던 것 같다. 그러던 중 알렉시나는 갑작스런 복통이 일어 왕진의사의 검진을 받다가 남성적 신체 특성을 의사에게 들키게 되었고, 여 수도원에 남성 존재가 있다는 사실은 수도원 내에 엄청난 파장을 일으켰다. 결국 1860년 두 차례의 의료 검진과 공청회를 거쳐 알렉시나는 남성으로 인정되어 아벨 바르뱅이라는 새 신분을 얻게 되었다. 그에 따라 여 수도원에서의 교사직을 박탈당했고, 사라 집안의 결혼 거부로 연인도 잃게 되며, 설상가상으로 건강까지 악화되어 파리를 전전하다가 1868년 자살한 것으로 추정된다.

이런 알렉시나/에르퀼린은 일기에 자신의 해부학적 성기관을 자세히 기술하지는 않았지만 추정컨대 아마 클리토리스보다는 크고 페니스보다는 작은 생식기를 갖고 있던 것으로 보인다. 또 일반적이지 않은 형태의 질은 있었으나 젖가슴은 없었던 것으로 추정된다. 이런 간성적 특징에 대해 의학과 법은 관찰과 판단 끝에 남성이라는 판정을 내렸고, 그 판정은 그녀에게 연인과 직업과 생명을 동시에 앗아갔다.

젠더는 패러디다

그런데 푸코는 남성으로 성을 변경하기 전의 알렉시나는 사법적이고 규제적인 성의 범주가 주는 압력에서 벗어나 자유로운 쾌락을 느꼈을 것이라고 암시한다. 일의적인 성이 법칙을 부과하기에 앞서 있는, 어떤 규제되지 않는 쾌락 영역에 대한 통찰을 준다고 주장하고 있기 때문이다. 성이 소멸된 결과, 이분법 안에서 일의적 성으로 강제되었던 인식 틀을 벗어나는 쾌락의 증식이 나타나는 것이라는 푸코의 주장에 대해 버틀러는 비판적 시각을 견지한다.

버틀러의 견해에 따르면, 이런 쾌락은 쾌락에 부과된 규정을 초월하는 쾌락이며 '고양이도 없이 빙글대는 웃음만 떠도는' 세계, 또 기원적인 성적 다원성의 해방을 의미한다. 이런 과정에서 푸코는 에르퀼린의 섹슈얼리티를 성의 부과나 규제에 앞서는 유토피아적 쾌락의 유희로 낭만화하려는 유혹에 흔들린다는 것이다. 성차의 문제는 다원적 섹슈얼리티를 형이상학적으로 물화하지 않고 에르퀼린의 사례를 구체적 서사 구조와 정치 문화적 행위로 탐구할 때 가능하다. 양성인간이건 간성인간이건 새로운 어떤 이상적 모델로 세워지는 순간, 그것은 법 앞이나 법 밖의 다원적 섹슈얼리티를 생산하고 그 생산 작용을 은폐한다. 문제는 섹슈얼리티 자체가 아니라 섹슈얼리티를 생산하고 나서 그 생산 작용을 감추는 담론이다. 용감하고 저항적인 특정 섹슈얼리티는 텍스트 밖에 있는 것처럼 담론이 배치해둔 것에 불과하기 때문이다.

한편 모니크 위티그는 레즈비언은 제3의 성이며 레즈비언은 여성이 아니라는 파격적 발언으로 주목을 끌었다. 위티그에게 젠더 범주는 이성애 유지에 모두 연관되어 있다. 그래서 위티그는 레즈비어니즘을 전적으로 기존 젠더의 장 외부에 두고 있다. 젠더 범주를 받아들이게 되면, 심지어 그것을 비판하기 위한 것이라고 할지라도 우리가 겪는 억압을 나타내는 사회현상을 자연스러운 것으로 만들게 되고 따라서 변화가 불가능하도록 만든다는 것이다.[37] 젠더가 억압의 원인이 아니라 억압의 효과라는 것을 인식하는 일은, 여성이 오직 이성애적 사고 체계와 이성애적 경제 체계 안에서 의미를 가짐을 인정하는 것이라고 위티그는 주장한다.

위티그는 성의 언어적 구분이 정치적이고 문화적인 강제적 이성애 중심주의의 작동 결과라고 주장한다. 또 '성'이 담론적으로 생산되고 여성, 게이 그리고 레즈비언에게 억압적인 의미화 체계를 따라 순환한다고 주장한다. 그녀는 이런 의미화 체계에 참여하기를 거부하며 또한 그런 체계 안에서 전복적이거나 개혁적인 위치를 가질 가능성도 거부한다. 그 결과 위티그가 공식화하고 있는 정치적 과제는 성에 관한 전체 담론을 다 전복하는 것이며 사실상 문화적 젠더나 허구적 성을 인간이나 사물의 본질적 속성으로 만드는 문법 자체를 전복하고자 한다. 그녀의 이론과 소설을 통해 위티그는 생물학적 성에 기대지 않고 몸과 섹슈얼리티를 설명하는 근본적 재조직화를 요구하고 있다. 그에 따라 젠더의 매트릭스 안에서 발언권을 규제하고 배분하는 대명사의 구분에도 저항하고자 한다. 그럼에도 불구하고 위티그는 레즈비언이라는 또 다른 이상향을 세우고 있다는 비판을 받기

37 Monique Wittig, *The Straight Mind and Other Essays*, Boston: Beacon, 1992, p. 11.

젠더는 패러디다

도 한다. 이처럼 푸코와 위티그의 논의는 버틀러에게 수용되는 면도 있지만 비판받는 면도 있다. 그 수용과 비판점을 좀 더 자세히 살펴 보자.

푸코에게: 왜 바르뱅의 쾌락을 낭만화하는가

푸코는 태생적 본능으로 간주되어온 섹슈얼리티가 실은 권력과 담론의 그물망 안에 있다고 파악하고 법 이전의 섹슈얼리티를 주장하는 이론은 비판한다. 버틀러는 이런 섹슈얼리티의 계보학을 수용하면서 푸코가 다형적 섹슈얼리티의 쾌락을 자신의 비평 장치 안에서 유지하기가 어려운, 알 수 없는 해방의 이상으로 유지하고 있다고 비판한다.

우선 버틀러가 비판하는 부분은 푸코가 『성의 역사 1』에 제시했던 이론과 달리 에르퀼린 바르뱅의 일기를 발굴해 그 일기에 대한 서문을 쓸 때 취한 달라진 태도다.

푸코는 『에르퀼린 바르뱅의 일기』 영어판 서문에서 진정한 생물학적 성이라는 개념이 가능한지를 묻는다. 이 질문은 여기서의 성이 『성의 역사 1』 결론에서 제시된 성의 범주에 대한 계보학적 비판과 연결되어 보이지만 사실은 그것과 반대되는 사례를 제시한다. 푸코는 『성의 역사 1』에서는 섹슈얼리티가 권력과 동연coextensive하는 것으로 주장하지만, 『에르퀼린 바르뱅의 일기』에 부친 서문에서는 에르퀼린의 섹슈얼리티를 구성하기도 하고 비난하기도 하는 구체적 권력 관계의 양가성을 간과한다. 그래서 바르뱅의 쾌락의 세계를 성의 범주나 정체성의 범주를 초월하는 비-정체성의 행복한 중간지대로 낭만화한다.

『성의 역사 1』에서 푸코는 '성'을 일의적인 것으로 구성하게 되면 그것은 (1) 사회적 규제 속에 생산되며 (2) 여러 다르고 무관한 작용을 감추고 인위적으로 통합하며 (3) 여러 양태의 감각, 쾌락, 욕망을 특정한 성에 국한된 것으로 생산하고 인지하게 하는 담론 속의 원인, 즉 내적 본질을 가정하게 된다고 주장한다. 몸의 쾌락은 단순히 특정한 성의 본질이기보다는 그 '성'의 기호나 표현물로 해석될 수 있다. 푸코는 성을 일의적인 것, 본질적인 것으로 구성하는 것은 허구라고 보며, 이에 반대하기 위해 성을 기원보다는 결과로 다루는 작업에 참여한다. 그리고 일의적이고 본질적인 성의 구성에 작용하는 권력 관계를 감추고 영속화하려는 전략에 대항하는 권력과 담론의 복합적 역사 체계로 '섹슈얼리티'를 제시한다. 푸코에게 섹스는 섹슈얼리티라는 관점에서 새롭게 맥락화되어야 하고, 사법 권력은 인식 담론을 생산하는 적극적 구성물로 새롭게 이해되어야 한다.

푸코의 『성의 역사』는 섹슈얼리티의 해방적·구원적 모델에 반대하는 입장을 취하기 때문에 성의 범주, 젠더에 대한 이분법적 규제를 유지하는 페미니즘과 갈등을 겪는 것으로 볼 수도 있다. 푸코는 성이나 성차의 범주가 어떻게 담론 속에서 몸의 정체성에 꼭 필요한 요소로 구성되는지를 섹슈얼리티의 관점에서 밝히고자 한다.

젠더는 패러디다

성별화된다는 것은 사회적 규제에 복종하는 것이고, 이 법칙이 쾌락과 욕망을 형성하는 원칙이자 자아 해석의 해석학적 원칙으로 존재한다는 것이다. 따라서 성의 범주는 필연적으로 담론이나 권력의 규제를 받는다.

푸코는 에르퀼린 바르뱅의 일기를 편집, 출간하면서 양성구유 상태거나 성-교차적인 몸이 성의 범주라는 규제의 전략을 어떻게 드러내고 반박하는지를 보여주려 했다. 생물학적 성을 절대적 몸의 작용이나 통일된 의미로 생각하는 푸코는 이런 성이 사라진다면 다양한 의미 기관으로서의 육체적 생리 과정이 만족스럽게 확산되고, 또 이분법적 관계 안의 일의적 성으로만 인식할 수 있는 틀 바깥에서도 쾌락이 증식할 것이라고 예측했다. 그러면서 양성적 기관을 동시에 가진 에르퀼린의 섹슈얼리티와 쾌락을 낭만적·목가적인 이상으로 설정하는 경향이 있다. 이런 성의 정치학 모델에 따르면 성의 전복은 근원적 성의 다양성의 해방으로 귀결되고, 목가적 순수와 같은 다형적 쾌락을 설정하는 것은 정신분석학의 일차적 다형성이나 마르쿠제의 본래적이고 창조적인 양성적 에로스와 다르지 않다는 게 버틀러의 비판이다.

버틀러의 푸코에 대한 비판은 크게 세 가지로 요약된다. 하나는 푸코가 한편으로는 권력과 담론의 복합적 상호작용이 아닌 섹슈얼리티란 없다고 주장하면서도 특정한 담론과 권력의 교환 효과가 아닌 본래의 '쾌락의 복수성'이 있는 듯 가정한다는 것이고, '법 이전에 있는' 섹슈얼리티, 섹스라는 족쇄에서 해방되기를 기다리는 섹슈얼리티를 어느 정도 전제하면서 담론 이전의 리비도적 복수성이라는 수사를 사용하고 있다는 점이다.

두 번째는 에르퀼린의 몸을 여성적인 것으로 파악하여 에르퀼린의 남성적 특성을 무시하고 있다는 점인데, 다시 말해 에르퀼린의 양성성을 논의하면서도 어느 정도 에르퀼린을 여성으로 보고 있다는 비판이다. 그에 대해 일정 정도는 여성으로 느끼는 에르퀼린의 쾌락을 신비화하거나 낭만화하기도 한다. 마지막은 폭발적이고 파괴적인 웃음의 가능성에 대한 양가적 접근이다. 에르퀼린의 웃음은 조롱과 공포에 기초한 것이기는 하지만 파괴적이거나 전복적인 것만은 아니라고 보이기 때문에 당대 맥락에 대한 복합적 성찰이 필요하다.

우선 푸코는 섹슈얼리티와 권력이 동연하는 것으로 설명하고 그에 따라 권력을 부정하면서 성을 긍정할 수는 없다고 주장하지만, 에르퀼린의 사례를 보면 그가 권력이나 담론 이전의 다형적 섹슈얼리티를 생각하고 있는 것이 아닌가 하는 생각이 든다. 섹슈얼리티는 언제나 권력의 모태 안에 있으며, 그것이 담론적이건 제도적이건 특정한 역사적 실천 안에서 생산되고 구성되므로 비정체성의 행복한 중간지대는 법 이전의 섹슈얼리티를 세우고 어느 정도 '해방의 섹슈얼리티'라는 허구적이고 체제 공모적인 관념을 생산하게 된다. 권력이나 법으로 규제되지 않은 쾌락의 영역에 대한 통찰은 유토피아적 쾌락의 유희로 낭만화될 수 있고 그것은 문제가 될 수 있다.

젠더는 패러디다

알렉시나에서 아벨로 전환된 한 양성인간의 일기가 일의적인 법의 강제에 선행하는, 여성의 규제도 남성의 규제도 없는 쾌락의 영역을 보여줄 수 있을까? 쾌락은 언제나 다양한 장에 확산되어 있지만 발화되지는 않은 법에 기대어 있는데, 그렇게 규제된 쾌락이 저항하고 있는 바로 그 법을 통해 어떤 원초적 쾌락을 상정하고 있다면, 그것은 비판의 대상이 될 수 있다. 그러므로 에르퀼린의 섹슈얼리티를 섹스의 규제나 강압에 선행하는 쾌락의 이상향적인 작용으로 낭만화하려는 시도는 거부되어야 한다. 에르퀼린의 몸은 그의 욕망, 고통, 연애 사건이나 고백의 원인이 아니라, 하나의 의미로만 생각되는 성에 대해 사법 담론이 발생시킨, 해결할 수 없는 양가성의 기호로 읽혀야 하기 때문이다. 금지의 법이 생산한 치명적 양가성은 결국 행복한 성욕의 다형적 분산이 아니라 에르퀼린 자신의 자살로 마감된다. 따라서 에르퀼린의 '비정체성의 행복한 회색지대'라는 낭만적으로 목가적인 이상은 사실상 간성이나 양성의 몸이 겪는 현실의 고통과 비난을 무시하거나 간과한 것일 수 있다.

사실상 19세기의 여자 수도원이라는 제한된 공간에서 에르퀼린이 느꼈던 여성 동성 간의 만족감과 행복감은 성애적 의미에서는 거부된 것이지만 종교적 의미로는 자매애라는 의무적인 것이었다. 푸코가 여성 동성애에서 비정체성의 회색지대로 역점을 바꾸는 이유는 에르퀼린이 여성 동성애자라는 담론적 위치를 차치할 경우 여성이라는 성의 범주에 개입하게 되기 때문이다. 다른 한편, 푸코는 비정체성이 동성애적 맥락에서 생산되는 것이라고 암시하면서 동성애가 성 범주의 전복에 도구가 되는 것으로 보기도 한다.

에르퀼린의 경우 성 범주는 일단 소환된 뒤 거부된다. 여학교나 수녀원이 부드러운 쾌락을 장려한다고 보는 동시에 여성들 간 몸의 유사성이 행복한 비정체성의 회색지대의 조건이 된다는 주장도 하기 때문이다. 에르퀼린은 여 수도원 안에서 동성의 몸으로 하는 사랑은 허용되나 이성의 몸으로 하는 사랑은 당대에 위반된다는 것을 알고 있었고, 그래서 남성적 특권을 찬탈해 그 특권을 모방하는 동시에 그 특권에 저항한다. 에르퀼린의 해부학적 몸은 성의 범주를 구성하는 요소를 혼란스럽게 만들어 그것을 새롭게 재배치하며, 그녀가 보여주는 성 특성의 자유로운 유희는 본질적 토대로서의 성이란 허구임을 폭로하는 효과를 가진다. 에르퀼린의 성욕성은 이성애와 동성애라는 성애적 관계의 구분을 위협하는 젠더 규정 위반의 사례가 된다. 그러나 이런 이질성조차 억압적 사법 실천으로 만들어진 의료 담론이 구성한 결과물에 불과하다.

두 번째로 에르퀼린의 몸은 양성적이거나 간성적인 것으로 보이지만 푸코는 에르퀼린의 여성적 특징에 더욱 주목하는 것 같다. 어쩌면 푸코는 게이로서 자신이 경험할 수 없는 여성적인 성적 특질에 기반한 양성인간의 성적 쾌락을 일정 정도 여성의 쾌락으로 간주하면서 여성적인 면의 다형적 쾌락을 이상화하는 것처럼 보이기도 한다. 사실 에르퀼린은 작은 페니스와 확대된 클리토리스 사이의 성기를 가지고 있었고, 여성의 질이 있어야 할 곳은 막혀 있었고, 젖가슴이라 부를 만한 것이 없었으며, 사정도 할 수 있었던 것으로 보아

젠더는 패러디다

인터섹스이긴 해도 남성에 가까운 특성도 많이 가지고 있었다.

에르퀼린은 수녀원의 소녀 및 수녀들과 관계를 맺었고, 사라와는 뜨거운 연인 관계였다. 그런 관계에 대해 에르퀼린은 처음에 죄의식으로 괴로워하며 자신이 가진 인터섹스적 성기에 대해 의사와 신부에게 차례로 고백도 한다. 그런데도 푸코는 이런 에르퀼린의 남성적 신체에 기반한 이성애적 섹슈얼리티를 여성 간 동성애로 간주한다. 이 섹슈얼리티가 모든 관습의 외부에 있는 것으로 본다. 에르퀼린은 양성구유의 특징을 갖고 있긴 했지만 사라와의 열정적 관계에서는 상당히 남성과 동일시한다. 그는 사라와 성관계를 맺은 뒤 남성적 소유와 승리의 언어를 사용한다. "바로 그 순간부터 사라는 내 것이었다……!"고 말하고 있기 때문이다. 그렇다면 에르퀼린은 여성적 입장에서 다른 여성과의 동성애라기보다는 남성적 몸으로 여성과 관계한 이성애적 남성의 입장에 더 가깝다고 볼 수도 있다.

제임스 오히긴스는 푸코와의 인터뷰에서 미국 내 동성애가 남성 동성애와 여성 동성애로 나뉘고 있고 레즈비언은 단혼을 선호하지만 게이는 그렇지 않다고 주장하는데, 이에 대해 푸코는 웃음으로 응답하며 그 문제에 대해 할 수 있는 일은 웃음으로 폭발시키는 일 뿐이라고 답한 적이 있다. 레즈비언과 게이의 섹슈얼리티를 구분하는 것에 대해 어떻게 생각하느냐는 질문에 대해 푸코가 취한 반응은 폭발적 웃음을 터트리는 것이었다. 이런 폭발적 웃음에는 전복력도 있지만 패러디적 웃음이 가지는 이중적 의미도 좀 더 다층적으로 검토할 필요가 있다.

이에 따라 버틀러가 세 번째로 주목하는 부분은 에르퀼린의 웃음이 발생한 구체적 맥락이다. 푸코의 폭발적 웃음은 피에르 리비에르의 파괴하는 웃음, 헤겔의 변증법을 피해가는 바타이유의 웃음 그리고 상대를 돌처럼 굳게 만드는 메두사의 웃음과 맞닿아 있으며 무엇보다 패러디적 웃음의 '전복성'을 강조한다.

그러나 인터섹스의 몸으로 태어나 그 때문에 비극적인 삶을 살았던 에르퀼린의 웃음은 전복적이기만 한 것은 아니었다. 에르퀼린이 스스로 기록하고 있는 웃음에 관한 대목은 두 군데인데 한 번은 조롱당할지 모른다는 공포에서 비롯된 것이었고, 다른 하나는 자신의 웃을 검사한 의사에 대한 경멸에서 나온 비웃음이었다. 에르퀼린의 웃음은 이처럼 굴욕이나 조롱과 관련되며 둘 다 '법'과 연관성이 있다. 에르퀼린의 몸은 법의 사법권 바깥에 있는 것이 아니라 법의 처벌 속에 있다. 그는 행복한 회색지대가 아니라 합법적으로 제도화된 인간의 영역에서 추방된 '비체'의 영역에 있으며 그의 분노는 남성들을, 또한 이분법적으로 성을 구획하는 세계를 향해 있다.

어릴 때 엄마의 사랑을 충분히 받지 못한 에르퀼린은 '엄마'나 '딸'과 같은 유형과 사랑에 곧잘 빠졌으며 그 때문에 찬미의 대상과 경멸의 대상 사이에서 방황했다. 에르퀼린은 긍정적인 나르시시즘과 부정적인 나르시시즘, 즉 자기 찬미와 자기 비난 사이에서 갈등하면서, 때로는 남성보다는 여성에게 매혹적인 대상이 되기도 했고, 또 동시에 가장 비참한 존재가 되기도 했다. 무덤이라는 피난처는 환상 속 아버지와의 동일시를 제시하는 곳으로, 그에게 무덤은 죽으

젠더는 패러디다

면 만나게 될 아버지가 차지한 공간이다. 발 아래 땅속에 묻힌 아버지는 그/녀가 지배한 뒤 경멸의 웃음을 보내고 싶은 남성 전체라고도 할 수 있다. 이 같은 에르퀼린의 양가성은 푸코가 말하는 '비정체성의 행복한 회색지대'로 낭만화할 수 없는 개인사적인 맥락을 구체적으로 보여준다.

양성적 신체 특징을 겸비한 에르퀼린은 법의 바깥에 있으나 법은 그 내부에 이런 바깥을 유지하고 있다. 그것은 의료 심사와 공청회를 통해 이런 비규정적 몸에 대한 규정을 내리기 때문이기도 하지만, 이분법적 법으로 그의 몸을 규정할 수 없다는 사실은 이미 에르퀼린 자체가 현 의미체계 내의 규정 불가능성이라는 또 다른 의미를 구성하기 때문이기도 하다. 그런 의미에서 에르퀼린은 특정한 이름을 명명받은 주체가 아니라, 스스로 반동을 생성하는 법의 기괴한 능력에 대한 증언으로서 법을 구현할 가능성을 가진다. 그런데 여성으로서의 양성적 쾌락을 이상화하고 이분법을 허무는 전복적 웃음에만 초점을 두게 되면 이처럼 에르퀼린의 섹슈얼리티를 구성하는 동시에 그 섹슈얼리티를 비난하는 구체적인 권력 관계는 간과하게 된다.

'섹스'란 권력 관계를 보지 못하게 감추어 그 권력 관계를 영속화하려는 전략의 일부로서 제기된 이름이다. 그러니 섹스는 섹슈얼리티의 관점에서 새롭게 맥락화되어야 하며, 사법 권력은 그 생산성 기제를 감추는 생산적 권력이 만든 구성물을 새롭게 재고해야 한다. 권력 앞에 선행하는 섹슈얼리티란 없다. 에르퀼린의 성애적 쾌락도 결코 법의 실행에 앞서는 목가적 순수로 말해질 수 없다. 따라서 에르퀼린은 법의 외부를 그 안에 안고 있는 법을 구현하며 하나의 명칭이 부여된 주체가 아니라, 반동을 제 스스로 생산하는 법의 기괴한 능력을 증언하는 주체로 재검토되어야 한다.

위티그에게: 레즈비언을 특화된 존재로 만들어선 안 된다

대표적 레즈비어니즘 연구자인 모니크 위티그는 이성애 헤게모니란 강제된 것이라고 주장했다. 남자가 여자를, 또 여자가 남자를 사랑하는 것은 일견 당연해 보이지만 그것을 당연하게 보이게 만든 것은 강제적 이성애라는 규범이라는 것이다. 따라서 위티그는 「몸의 해체와 허구적 성」이라는 장에서 "여성은 태어나는 것이 아니라 만들어진 것이다"라는 주장은 난센스에 가깝다고 주장한다. 그녀에게 언제나 이미 젠더화되지 않은 인간이란 없다고 생각하기 때문이다. 버틀러는 성별화되는 것과 인간이 되는 것은 동시 공존하면서 동시에 발생하는 것이라고 이미 보부아르를 비판한 바 있다. 그런데 《페미니스트 이슈》에 실린 「여성은 태어나는 것이 아니다One Is Not Born a Woman」라는 글을 통해 위티그가 보부아르의 문구를 다시 문제 삼고 있다면 그것의 의미를 되짚어보는 작업이 필요하다고 본다.

　　위티그는 보부아르를 상기하는 동시에 보부아르와 거리를 취하는 이중적 제스처를 취하고 있다. 「몸의 해제와 허구적 성」에서 주목하는 부분은 성의 범주란 자연스러운 것이 아니며 그것은 여성을 재생산적 섹슈얼리티를 수행하기 위한 범주로 사용하는 정치적 용례에 불과하다는 대목이다. 따라서 이런 정치적 범주에 저항할 새로운 개념으로서의 레즈비언이 필요하다. 그래서 "여성은 태어나는 것이 아니다"라는 문구는 이제 위티그에 와서 "레즈비언은 여성이 아니다"로 새롭게 재탄생한다.

위티그의 주장은 크게 세 가지로 요약될 수 있다. 첫째는 여성은 태어나는 것이 아니라는 것이고, 두 번째 레즈비언은 여성이 아니라는 것이며, 세 번째는 남녀는 정치적 범주일 뿐 자연스러운 사실이 아니라는 것이다. 기존의 이성애 중심 사회 속의 젠더 구획을 비판한 위티그의 주장은 버틀러의 젠더 이론을 발전시키는 데 많은 영향을 미쳤으며 특히 이성애 중심 사회를 비판한다는 점에서 같은 문제의식을 상당 부분 공유하기도 한다.

그럼에도 버틀러는 위티그의 이론적 전개 방식에 대해 비판적으로 성찰하고 있는데, 그것은 이성애 사회를 비판하더라도 레즈비언을 대안적 개념으로 제시하게 되면 또 다른 이상화를 구축할 가능성을 경계하기 위해서라고 보인다. 우선 버틀러는 위티그가 태어나는 여성을 보편 남성과 대비되는 성특화된 존재로 보면서 해체는 언제나 복원이라는 의미에서 주체의 어떤 주권성을 주장하고 있다고 비판한다. 몸을 해체하고 기존의 여성 범주를 전복하며 그런 정치적 용례의 폭력성을 폭로하는 것은 좋지만, 이런 작업이 '레즈비언'이라는 특화된 존재론의 위상을 만들게 되면 문제가 될 수 있다는 지적이다.

따라서 버틀러의 두 번째 논의는 레즈비언을 하나의 존재론적 이상으로 설정되는 것에 대한 반대로 이어진다. 레즈비언이 여성이 아니라는 주장은 강제적 이성애나 이성애 정신을 비판하고는 있으나 레즈비언을 성의 범주를 초월하는 어떤 하나의 이상으로 세우기 때문이다. 사실상 모든 개인이 그 개인의 개체수만큼 많은 성을 가지고 있다고 할 수 있고, 그것은 성의 무한 증식을 의미하고 그런 의미에서 이분법적인 성을 부정하는 것이 될 수 있는데, 레즈비언은 이 모든 것을 초과하는 존재론을 세움으로써 여성성을 전복하기 위한 이상적 대안으로 설정되고 있다. 그래서 그 스스로 해체하려 했던 특정한 주체성으로 사실상 재진입했다는 것이다. 마지막으로 남녀는 정치적 범주라는 주장에서 보면 언어 자체가 현실화되는 사례들이 나타나는데, 그렇다면 생물학적 섹스란 리얼리티가 아닌 리얼리티 효과이고 그런 면에서 상상적 구성물인데도 여성의 과제를 권위 있는 주체 위치의 확보에 둔다는 것은 기존의 성 담론을 전복하는 동시에 다른 대안적 담론 체계를 세울 가능성이 된다고 비판적으로 조망한다.

첫 번째는 "여성은 태어나는 것이 아니라 만들어지는 것이다"라는 보부아르에 대한 비판적 독해에서 출발한다. 「여성은 태어나는 것이 아니다」라는 논문에서 이 문구를 반복하고 있는 위티그는 태어나는 여성과 만들어지는 여성이 다르고, 또 이 둘의 관계가 순차적인 것이라면 문화적으로 젠더화되지 않은 성도 있다고 인정하

젠더는 패러디다

는 것처럼 보인다.

그러나 태어나는 성 자체도 이미 젠더화된 것이라면 이 명제는 그 자체가 불가능한 난센스가 된다. 젠더는 불변하는 섹스에 대한 다양한 문화적 구성물이라고 말할 수 없을 만큼 이미 섹스는 젠더이기 때문이다. 이제 젠더는 분명한 성의 이분법을 언어 속에서 증식할 잠재력을 가진 행위가 된다. 그러나 성의 범주는 불변하는 것도 자연스러운 것도 아니며 재생산적 섹슈얼리티를 수행하기 위해 특정한 자연범주를 정치적으로 활용한 것에 불과하다. 즉 섹스와 젠더는 아무 차이가 없으며 섹스의 범주는 이미 그 자체로 젠더화된 범주이고 자연이 아닌 정치로 작동하는 것이다. 여성이 정치적으로 구성되는 범주임은 분명하지만 그런 기존 여성을 뛰어넘기 위한 대안적 개념의 사용은 경계할 필요가 있다.

두 번째는 "레즈비언은 여성이 아니다"라는 주장에 관해서이다. 원래 이 문장은 위티그가 여성이 남녀의 이분법적 대립 관계를 공고히 작동시키는 관점, 즉 이성애적인 관점에서만 작용하기 때문에 그런 관점으로는 레즈비언을 설명할 수 없다는 것을 극단적으로 강조하고자 쓴 것이다. 그런데 레즈비언은 이성애를 거부할 뿐만 아니라 남자도 여자도 아니라서 성을 갖지 않으며 성의 범주를 초월해 있는 주장에 이르게 되면 문제가 발생한다. 위티그에게 여자는 태어나는 것이 아니라 만들어지는 것이고, 이 논의를 끝까지 밀고 나가면 레즈비언은 선택에 따라 남자도 여자도 아닌 것이 될 수 있기 때문에 제3의 성이 된다. 그런 의미에서 레즈비언은 성의 범주를 초월하며 성의 범주를 능가하는 이런 초월적 위치를 차지하는 것은 오직 레즈비언뿐이다.

> '여성'을 파괴하는 것이 곧 우리가 성의 범주들과 함께 동시에 레즈비어니즘 파괴를 목표로 한다는 의미는 아니다. (……) 레즈비언은 성(남성과 여성)의 범주를 넘어서는 내가 알고 있는 단 하나의 개념이다. 왜냐하면 해당 주체는 경제적으로, 또 정치적으로, 또는 이데올로기적으로도 여성이 아니기 때문이다.[38]

위티그는 만약 레즈비언과 게이 남성들이 계속해서 그들 자신을 여성으로 그리고 남성으로 생각하고 말한다면 그것은 이성애를 유지시키는 기구로 존재하는 것이라고 간주함으로써 게이 남성들도 젠더 범주의 관계에서 이와 유사한 위치에 있음을 암시한다. 그렇다면 문제는 레즈비언과 게이 모두 기존의 성의 범주를 넘어서는 대안적 개념으로 제시된다는 데 있다. 위티그의 이런 '레즈비언'의 실체화는 버틀러뿐 아니라 퍼스의 비판도 받았는데[39] 이들은 위티그가 주장하는 내용에서 레즈비언 범주에 대한 유토피아적 찬양이 나타나는 것을 우려한다. 이에 대해 애너매리 야고스는 성적 정체성에 대한 최근의 이론은 담론의 구성 권력에 대한 위티그의 강조점을 받아들이고 있으며, 위티그의 초점은 '여성' 범주가 '남성' 범주처럼 토대적 진실이 아니라 오직 상상의 형성물이며, 그런 의미에서 레즈

38 같은 책, p. 20.
39 Diana Fuss, *Essentially Speaking: Feminism, Nature, and Difference*, New York: Routledge, 1989, p. 43.

비언과 게이 남성을 유사한 위치의 주체로 보는 것이라고 위티그를 옹호한다.[40]

세 번째로 위티그는 성의 언어적 구분은 강제적 이성애라는 정치적·문화적 작용을 보호하며 사실상 리얼리티가 아니라 리얼리티 효과라고 보고, 성은 이미 언제나 여성이라서 존재하는 성은 여성뿐이라고 간주한다. 남성은 보편적인 의미에서 인간 일반으로 인식되기 때문이다. 섹스는 몸에 대한 정치적·문화적인 해석이기 때문에 전통적 의미의 섹스와 젠더의 구분은 불가능해진다. 그런데 여성만이 존재론적으로 성적인 존재가 된다는 주장은, 젠더만큼이나 섹스도 성적으로 구성된다는 위티그의 말과 모순된다. 남녀가 정치적 범주일 뿐 자연스러운 사실이 아니라면, 남성이 보편 주체이고 모든 성은 여성을 지칭한다는 주장도 수정되어야 한다. 섹스가 그 억압적 의미화 체계로 인해 담론적으로 생산, 순환된다고 파악된다면 생물학적 구조에 의존하지 않으면서 몸과 섹슈얼리티를 기술할 어떤 근본적 재편성이 요구되는 것이다. 이는 남성이 중립적 인간이고 이성애 정신이 보편성을 의미한다는 주장에 앞서 그 주장을 가능하게 한 주권적 발화의 전체주의적 기반을 비판해야 한다는 지적이기도 하다.

위티그는 지각으로 인식된 몸에 선행하는 물리적 육체라는 것이 있는지에 대해서는 여전히 비결정적인 태도를 보인다. 성적 기관으로서의 남성 성기, 여성 성기, 젖가슴과 같은 성적 부위는 사실상 그 부위로 성감적 육체를 결정하기도 하지만, 동시에 전체로서의 몸을 파편화하기도 한다.

40 애너매리 야고스, 『퀴어 이론: 입문』, 박이은실 옮김, 여이연, 2012, 92쪽.

성의 범주가 몸에 부여하는 통일성은 그 몸이 파편화이고 구획화된 것이라는 점에서 비통일성을 기반으로 해서 획득된다. 이런 비통일성을 레즈비언의 방식으로 전복하는 것은 몸의 통합성을 성적으로 분화하는 규범을 그 지배적 모델로 삼으면서 그에 저항하는 것이기 때문에 기존 체제를 그대로 수용할 위험이 있다.

위티그는 소설과 이론을 통해 실증적 이상으로 간주되는 몸의 통합성과 통일성이 파편화, 규제, 지배라는 목적을 수행하는 작용을 한다는 것을 보여주기도 한다. 이런 위티그의 이론에는 두 개의 실체라는 층위, 두 개의 존재론적 질서가 있다고 버틀러는 비판한다. 사회적으로 구성된 존재론은 사회나 담론 이전의 것으로 보이는 더 근원적인 존재론으로부터 발생한다는 것이다. 위티그의 섹스에는 담론적으로 구성된 실제라는 의미도 있지만 담론 자체의 구성을 설명해주는 사회 이전의 존재론적 의미도 있어서 이원적으로 설명되는 것으로 보인다. 또한 위티그에게 여성의 과제는 권위 있는 발화 주체의 위치를 차지하는 것으로 보이기도 하는데, 어떤 의미에서 그것은 존재론적으로 합당한 토대를 가진 어떤 위치를 상정하기도 한다.

무엇보다도 위티그에게 여성의 과제는 성의 범주와 그것의 근원인 강제적 이성애를 전복하는 것이다. 언어는 오랫동안 반복되었던 일련의 소통 행위이며, 그런 언어적 행위는 때로 잘못 인식되기도 하는 사실 효과를 생산한다. 그러므로 성에 이름을 붙이는 행위도 반복된 실천이 만든 자연스런 외관의 효과에 불과하다. 성을 명명하는 것은 지배와 강제의 행위이며 성차의 원칙에 따라 담론적 ·

젠더는 패러디다

지각적인 몸의 구성을 요구하여 사회적 실체를 창조하고 합법화하는 제도화된 수행문에 불과하다. 위티그에게 "남녀는 정치적 범주일 뿐 자연스런 사실이 아니다."[41]

담론에 미리 전제된 이성애는 우리가 이성애자가 되지 않으면 그 사회에 존재할 수 없다고 협박하지만 위티그에게는 언어의 유연성 자체가 주체의 위치를 남성적인 것으로 고정하는 것에 대한 저항이 될 수 있다. 이때에는 절대적 발화 주체가 되는 것이 여성들의 정치적 목표가 되고, 그 목표가 성취되면 여성이라는 범주는 해체될 것이다. 말은 주체성의 절대적 행위를 설정하는 것이며, 이런 주체성으로의 진입은 효과적인 성의 전복이자 여성성의 전복이 된다. 위티그는 "스스로 전체적인 주체, 젠더가 없이 보편적이며 전체적인 주체가 되지 않고 나를 말할 수 있는 여성은 없다"[42]고 주장하는 것이다.

버틀러는 여기서 제기되는 말하는 존재의 통일성이라는 존재론적 전제, 분할되지 않은 존재자being로서 존재Being가 문제가 될 수 있다고 지적한다. 위티그는 현존과 존재의 철학적 추구라는 담론 안에 있으며, 작동 중인 차연différance에 입각해 모든 의미를 이해하려는 데리다와는 달리 모든 것에 대해 흠 없이 매끈한 정체성을 요구하고 소환하고 있다는 비판이다. 이런 근본주의적 허구는 그녀에게 기존의 사회 제도를 비판할 출발점을 마련해주는 것이 사실이지만 존재, 권위 그리고 보편적 주체성이 어떤 우연적 사회관계를

41 Monique Wittig, "One Is Not Born a Woman", *Feminist Issues*, vol. 1, no. 2, winter 1981, p. 17.
42 Monique Wittig, "The Mark of Gender", p. 6.

실행하는가라는 비판적 문제점은 여전히 남아 있다. 다시 말해 위티그는 이성애 정신이 그 관점을 보편화한다는 이유로 비판하지만 사실 위티그 자신도 '그' 이성애 정신을 보편화하고 있을 뿐 아니라 주권적 발화행위라는 이론이 가져올 전체주의의 결과에 대해서 숙고하지 못하고 있는 것처럼 보인다(306).

결국 위티그의 해체와 전복은 존재론적으로 곤란한 위상을 가지고 있다는 것이 버틀러의 비판이다. 게이와 레즈비언적 실천에 대한 규범의 핵심은 권력의 완전한 초월이라는 불가능한 환영이 아니라 권력의 전복적이고 패러디적인 재배치가 되어야 한다는 것이다. 레즈비언이 남녀의 이분법에 기반한 여성을 초월하는 존재론적 위상을 차지하면 또 다른 권력이 될 수 있다. 권력은 거부될 수도 철회될 수도 없고, 다만 재배치될 뿐이기 때문이다. 레즈비언이 되는 것이 하나의 행위라면 그것은 이성애에 작별을 고하는 것이고, 또한 이성애가 부과한 남녀의 강제적 의미에 저항하는 자기 명명이 될 것이다. 이런 레즈비언은 이성애와 동성애 경제의 근본적 분리를 거부하면서 레즈비언을 레즈비언이 아니게 만들지 않겠는가? 레즈비언 내부의 자기 저항성을 설정하기는 어려우니 말이다.

역설적이게도 이런 결론은 자신이 극복하고자 했던 것에 대한 근본적 의존 관계를 형성한다. 이에 따라 레즈비어니즘은 이성애를 필요로 하게 되는 것이다. 이성애와의 근본적인 단절 속에 자신을 규명하는 레즈비어니즘은 자신 안에서 그런 이성애의 구조를 재의미화할 능력을 무너뜨리게 된다. 그 결과 레즈비언 전략은 강제적

젠더는 패러디다

이성애를 억압하는 형태로 굳어질 수 있다. 이보다 효과적인 전략은 정체성의 범주 자체를 전유하고 재배치하는 것이 될 것이다. 성의 범주를 영원히 미래를 열린 문제적인 것으로 만들기 위한 비평적 접근이 다시 한번 요구된다.

쟁점 정리: 이상화된 성에서 벗어나는 전략

정리하면 버틀러는 푸코의 섹슈얼리티의 계보학에는 찬성하지만 에르퀼린의 쾌락을 담론 이전의 다형적 쾌락으로 이상화하는 데 반대한다. 또한 에르퀼린을 여성 동성애의 사례로 규정하는 것에도 반대한다. 따라서 에르퀼린의 웃음이 갖는 이성적 낭만성보다는 구체적 맥락에서의 그/그녀의 양가성에 주목할 것을 주장한다. 어쩌면 그것은 게이인 푸코가 에르퀼린을 레즈비언으로 잠정적 대안으로 인식하면서, 레즈비언의 다형적 쾌락을 이상화하고 현실적 고통에는 눈감고 있다는 비판일 수도 있다. 다형적 쾌락이 현실의 역사적 맥락에서 갖는 양가적 의미에 주목해야 하는 것이지, 그런 쾌락을 담론 이전의 목가적 순수성으로 이상화해서는 안 된다는 주장이기도 하다.

또한 위티그에 대해서도 버틀러는 태어나는 여성을 레즈비언과 대비되는 성적으로 특화된 존재로 보았다는 점 그리고 레즈비언은 여성이 아니라는 주장으로 레즈비언을 존재론적으로 담론에 앞선 존재로 이상화한다는 점, 마지막으로 레즈비언 여성의 위치를 권위 있는 주체 위치의 확보와 연결하게 되면 전체주의적이고 통일성을 강조하는 주권적 발화 행위가 발생할 위험을 간과하고 있다는 점을 비판한다.

따라서 레즈비어니즘이라는 대안적 존재론은 이성애 중심주의에 대한 억압적 형태로 고착될 위험이 있으며, 이런 억압적 존재론보다는 정체성 내부에서 그 범주를 전유하고 재배치하는 전략이 더더욱 필요하다. 성의 범주를 계속 열고 재의미화하여 영원히 봉합되지 않는 문제적인 것으로 만들어야 하는 것이다.

젠더는 패러디다

사회 규범이라는 폭력 속 소수자들의 소통과 대화 :
〈성찰하는 삶〉

이 영화는 철학자 8인과의 산책이라는 주제로 일상 속의 철학에 접근한 다큐멘터리 필름이다. 이미 슬라보예 지젝에 관한 영화 제작자로 유명해진 애스트라 테일러는 일상 속 철학의 의미를 담기 위해 철학자들의 영상과 단순한 대화를 통해 현실과 유리된 철학의 위상을 극복하려고 시도했다. 다큐멘터리 초반에 제시되듯 〈성찰하는 삶〉이라는 제목 자체가 소크라테스의 유명한 경구에서 비롯된다. "성찰하지 않는 삶은 살 가치가 없다."

버틀러를 포함해 코넬 웨스트*, 아비탈 로넬*, 피터 싱어, 콰메 앤서니 애피아*, 마사 누스바움, 마이클 하트, 슬라보예 지젝 등 당대의 쟁쟁한 철학자가 벌이는 대화는 각각 진리, 의미, 윤리, 세계시민주의, 정의, 혁명, 생태에 관한 것이다. 이중 버틀러와의 인터뷰 부분은 규범적 인식이나 상식을 벗어난 몸의 움직임에 있어서의 '상호 의존'이라는 개념에 대해 고찰한다. 다른 철학자들은 애스트라 테일러의 질문과 철학자의 대답으로 이루어지지만, 이 부분만은 애스트라의 동생 수나우라 테일러와 버틀러의 대담으로 이루어진다.[43]

수나우라는 애스트라의 동생이면서 동시에 선천적 지체장애인 관절굽음증arthrogryposis으로 휠체어를 타고 다니는 장애인권 운동가이자 예술가다. 둘은 샌프란시스코의 미션 가 뒷골목을 산책하면서 몸이라는 주제에 대해 이야기를 나눈다. 수나우라는 다리를 쓸 수 없는 장애인으로서 산책한다는 것, 걷는다는 것, 컵을 든다는 것, 물건을 전달한다는 것, 옷을 산다는 것 등 몸의 움직임과 관련된 이야기를 한다. 그리고 버틀러는 레즈비언으로서 몸의 성애적 기관을 규범화한다는 것, 특정한 구멍을 특정 성애의 기관으로 활용해야 정상성으로 간주하는 사회가 행사는 폭력적 규범에 대해 이야기한다.

레즈비언인 버틀러와 장애인인 수나우라가 공감하는 부분은 이 사회가 정상적 몸의 움직임에 대해 상당히 많은 규정과 규제를 갖고 있다는 점이다. 그런데 그런 사회 규범을 벗어난 몸이란 존재하지 않기 때문에 어떤 의미에서 보면 가장 정상적인 몸까지 포함해 모든 몸은 서로에게 기대는 상호 의존의 상태에 있다고 주장한다. 일상 속의 산책, 구매, 먹거나 마시기 등의 행위는 특정한 몸의 움직임의 조합과 배치에 대한 정상성과 비정상성의 규범에 입각해 있다는 데 둘은 동의한다. 문화적

43 애스트라 테일러 엮음, 『불온한 산책자』, 한상석 옮김, 이후, 2012를 참고.

젠더는 패러디다

으로 각인된 특정한 방식으로 몸을 배치하고 몸의 움직임을 특별하게 규율해야만 정상적인 몸의 움직임이 간주되고, 이런 정상적인 몸의 움직임은 일상 속에 자연스럽게 용인된다는 것이다. 그러나, 입으로 컵을 물고, 입으로 음식을 전달하는 등의 조금 다른 움직임은 비정상적인 것으로 간주되어 특정한 다른 의미로 오해받거나 주목과 관찰의 대상이 된다.

수나우라 테일러와의 산책을 제안한 것은 버틀러다. 버틀러가 수나우라와의 산책을 제안한 이유는 함께 걷는다는 것의 의미를 말하고 싶어서였다고 한다. 사실 버틀러는 애스트라의 질문에 답하는 철학자의 위상 대신 수나우라와 대화하는 대담자 혹은 질문자의 입장에서 대화를 끌어간다. 대담자 애스트라와 피대담자 버틀러가 아니라 대담자 버틀러와 피대담자 수나우가가 되어 역할 바꿔보기를 시도하는 듯도 하다. 테일러는 걸을 수 없지만 전동 휠체어를 탄 그녀의 몸이 걷기를 전혀 할 수 없는 것은 아니다. 그녀의 몸은 걷기나 산책에 깊이 관여하며 몸을 움직이고 균형을 찾는 그녀만의 방식이 있다. 그래서 심지어 발이 없는 장애인들도 걷기를 하며 어슬렁거리기도 한다고 그녀는 말한다.

수나우라 테일러는 우리 모두가 특정한 방법으로 움직이고 몸짓을 취하도록 문화적으로 길들여져왔다는 점을 부각시키면서 문화적으로 수용될 수 없는 몸도, 또 수용될 수 있는 몸도 어느 정도는 사회와 환경의 제한을 받는다는 점에서 동일하다고 주장한다. 이에 대해 버틀러는 보행력에는 특정한 길의 표면과 신발과 날씨가 필요하며 걷기 위해서는 특정 종류의 기술과 보조가 필요하므로 비장애인이 완전히 자족적이라는 생각은 잘못된 개념이라고 주장한다. 결국 두 사람은 '독립성'이라는 개념이 일종의 신화이며 우리 모두 사회적 지원에 의존한다는 면에서 인간은 상호 의존적인 존재라고 본다. 다만 우리는 일반인과 다른 장애인과의 물리적 상호작용의 방식을 알아야 하고, 장애인은 그 물리적 접근성을 요구하기 위해 사회로 들어갈 수 있어야 한다.

일반인이든 장애인이든 사회적으로 구성된 몸의 방식을 사용한다는 점에서 우리 모두의 몸은 자기 충족적이지 못한데도, 장애인이나 일반인을 따로 구획하는 것은 사회가 만든 결과라는 점에 대해서도 두 사람은 의견의 일치를 보인다. 버틀러가 주목하는 부분은 레즈비언이 장애인처럼 겪는 사회적 곤란이나 제약의 문제다. 야구장이라는 특정 상황에서는 비장애인도 입으로 병마개를 따고, 침을 뱉고, 그릇에 입을 대고 음식을 먹는 등 비관습적인 방식으로 몸을 사용하는 것이 허락되듯, 장애인은 육체 활동상의 제약 때문에 야구장의 일반인과 비슷한 방식으로 몸을 사용하는 것뿐이다. 그렇다면 손을 사용할 수 없는 장애인이 껌을 입으로 전달받는다고 해도 그것은 전혀 성 희롱이 아니며, 남자답게 생긴 부치가 여성 화장실을 이용하는 것은 여성에 대한 성적 위협이 아니다.

〈성찰하는 삶〉에서 버틀러는 동성애자와 장애인은 사회 규범의 폭력성 앞에 노출되었다는 면에서 유사한 상황에 있다고 본다. 인간의 신체 각 부분은 특정 목적에만 사용될 수 있다는 규범 때문에 이

젠더는 패러디다

에 순응하지 않는 동성애자와 장애인은 사회적 규범성에 위배된다고 판단된다. 또 그에 따라 위반의 처벌이 따르리라는 공포에 놓이기도 한다. 손이 없는 장애인은 입을 이용해 커피나 껌을 상대에게 전할 수 있듯이, 동성애자는 성행위 시 규범화되지 않은 성 기관을 사용할 수 있다. 그런데도 성 행위시 다른 신체 부위를 사용한다는 것은 규범의 위반과 처벌의 공포를 야기한다.

> 우리의 능력과 도구성, 또한 우리가 느끼는 것, 우리가 반응하는 것, 수동성의 영역들, 상호 의존성, 그리고 행동을 뜻합니다. 이 모든 것들은 이런저런 방식으로 오지요. (……) 내가 젠더를 연구하면서 또는 성소수자와 젠더소수자를 연구하면서 발견한 것 가운데 하나는 이 문제가 대체로 다음의 질문들로 귀결된다는 것이었습니다. 사람들이 어떻게 걷는가? 그들이 엉덩이를 어떻게 사용하는가? 몸의 각 부분들로 무엇을 하는가? 입을 어떤 용도로 사용하는가? 항문을 어떤 용도로 사용하거나 어떤 용도로 사용되도록 허용하는가? 다른 사람들의 구멍을 어떻게 다루는가? 당신이 들어갈 수 있는 구멍은 어떤 것이고 그럴 수 없는 구멍은 어떤 것인가?**44**

이런 면에서 젠더와 장애는 여러 방식에서 공통된 토대를 발견할 수 있다. 성소수자 운동과 동성애 운동의 공통점은 몸이 할 수 있는 것이 무엇인가의 문제, 즉 몸의 능력은 무

44 같은 책, 340쪽.

엇이고, 그 행동은 무엇이며, 그 수용성이 어떤 양상을 띠는가 하는 문제를 다시 생각하게 한다. 또 우리는 우리가 갖고 있는 것을 이용할 수 있는 방법과 그 목적에 대한 우리의 이해를 좀 더 자유롭게 만들 수 있다.

인간이 독립적이라는 말은 특정한 서비스를 선택할 능력을 말하며, 사실 이런 선택은 현 사회의 서비스 체계에 의존한다. 정치적 정책과 자본주의의 결합물인 사회봉사 경제에 의존하는 것이다. 인간의 자율성은 그것을 행사하기 위해 사실 더 많은 외부에 의존해야 한다. 따라서 젠더 정치와 장애인 운동은 인간을 '상호 의존성'의 장으로 재고할 계기를 마련한다. 인간의 자율성과 자기 충족성은 완전히 독립적이고 자율적인 개인을 연상시키지만 사실 인간은 그리 자동적이거나 자율적이지는 못하다. 그런 자율성과 독립성을 가능하게 하는 보살핌의 체계가 존재하는 것뿐이다. 이 보살핌의 체계는 인간의 관계성에도 매우 중요하다. 병을 앓거나 노화될 때는 물론이거니와 모든 삶의 국면에서 우리는 타인에게 의존한다.

버틀러와 수나우라 테일러는 자기 충족적 몸이라는 개념, 자체의 힘으로 움직이는 몸이란 개념은 없다는 데 합의한다. 이는 성적 소수자와 장애인에게 한정되었던 비규범적 몸의 활용과 의존성을 보편 주체의 몸의 취약성과 상호 의존성으로 확장하려는 시도로 보인다. 우리 모두는 사회적 언어와 인정 가능성 그리고 여러 제도에 의존해 산다. 우리 모두의 젠더는 사회적으로, 상호 관계 속에 구성되는 것이며, 개인에게서 생성된 것도 나 개인만의 인간됨을 표현하

젠더는 패러디다

는 것도 아니다. 젠더는 내가 철저하게 의존하고 있는 사회와 협상하려는 나의 노력이다.[45] 우리는 자율성과 독립성을 주장하지만 그것을 세우기 위해서 다른 많은 것에 의존한다. 그렇다면 우리는 인간을 상호 의존성의 장소로 재고해야 한다.

장애에 대한 생각에 있어서도 새로운 사유 방식이 필요하다. 장애에는 기능장애와 능력장애가 있다. 전자는 의료적 질병 때문에 생기는 것이고 후자는 장애인에게 주어지는 장애인 혐오 문화, 즉 주거지 선택과 취업 전망에 있어서 제한과 고립이라는 사회적 낙인이나 억압 때문에 생기는 것이다. 이런 장애인의 몸의 움직임은 상식을 벗어난 움직임이라서 사람들에게 불편함을 주는 것인데, 이 문제는 레즈비언의 몸의 움직임에도 적용될 수 있다. 비장애인이 장애인의 무력함을 보고 스스로 우쭐해하거나 연민을 느끼는 것은 미덕이 아니라 미덕이라는 착각일 뿐이다. 이런 비장애인과 장애인의 문제는 규범적 젠더와 비규범적 젠더의 문제, 즉 중성이나 간성의 문제뿐 아니라 인종 등의 문제에도 적용이 가능하다.

또 여자가 여자답게 걷지 않는다는 것은 여성다움의 사회적 규약을 위반한다는 의미에서 그 보행자의 여성성을 의심받게 만들며 그 신체에 결격 사유가 있는지까지도 의심받게 만든다. 남성과 여성은 어떤 모습이어야 한다는 서로 다른 이상이 존재한다면 건강한 몸에 대한 이상도 존재하기 때문이다. 약함과 강함도 젠더와 관련성이 있어서 여성은 연약하거나 연약해 보인다는 개념과 관련되기도 한다. 그에 따라 장애를 가진 몸은 극도로

45 같은 책, 349쪽.

여성화된 것일 수도 있다.

버틀러는 이 대목에서 몸이 무엇을 할 수 있는지에 대한 들뢰즈의 질문을 떠올린다. 들뢰즈는 유기체적인 몸 개념에 반대하면서 몸이 다른 것과 접속함으로써 개체의 속성이 달라지는 기계라고 설명한다. 이런 몸은 다른 기계와 어떻게 연결되는가에 따라 성격이 달라지고 이런 기계들이 서로 접속해 형성하는 망이 중요해진다. 버틀러가 들뢰즈의 몸에 대한 사유와 공유하는 부분은 몸에 어떤 본질이나 이상적인 형태가 있는 것이 아니라 다양한 종류의 배치가 있을 뿐이라는 점이다. 그리고 버틀러가 말하는 배치는 인간의 능력, 도구성, 느끼는 것, 반응하는 것, 상호 의존성, 행동의 영역을 뜻한다.

사실 버틀러는 자신이 들뢰즈보다는 스피노자의 영향을 받았다고 주장한다. 『윤리적 폭력 비판: 자기 자신을 설명하기』에서 버틀러는 보편자가 개별자를 억압하는 순간 도덕과 윤리가 시대 착오적 폭력으로 변질된다고 주장하면서, 주체와 타자 간 대화를 통해 자신과 타자에 대한 책임을 실현하는 자기 설명, 자기 서사의 윤리적 가능성을 추구한다. 이런 윤리적 추구는 근대 이성을 상징하는 코기토보다는 생존 욕망에 입각한 미약하고 유한한 주체인 코나투스의 윤리론에 맞닿아 있다. 또한 버틀러는 추상적 보편성이나 집단적 에토스가 윤리라는 이름으로 개인을 억압하는 상황은 폭력적이라는 아도르노의 생각도 수용한다. 그렇다면 자족적이고 영웅적인 절대 주체가 갖는 개인적 주체보다는 내 안에 들어와 있는 타자성을 인정하고 배려하는 겸손과 대화의 상호 의존 윤리가 더욱 중시된다.

젠더는 패러디다

몸이 어떤 모습이어야 하고 어떻게 움직여야 하는가의 문제는 성 소수자와 젠더 소수자가 겪는 불안과 공포 그리고 위협과 관련되어 있다. 몸의 움직임이나 몸의 각 부분은 특정한 목적과 용도를 위해서만 쓸 수 있다는 규제는 젠더를 구성하는 방식이며, 이 문제는 장애 문제와도 연관된다. 젠더 운동과 장애인 운동이 하고 있는 공통된 과제의 하나가 몸이 할 수 있는 일을 다시 생각하게 하는 것이다. 몸의 능력이 무엇이고, 그 행동은 무엇이며, 몸의 수용 양식은 어떠한지 재고하게 만드는 것이다. 즉 젠더 운동과 장애인 운동은 견고하게 확립된 제도화된 몸의 개념에 같이 도전할 수 있다.

여성인 버틀러가 작은 체구의 여성임에도 불구하고 대단히 남성스럽게 걷는다는 사실은 그녀에게 언제나 공포의 위협으로 작용한다. 실제로 동성애 공포증에서 비롯된 폭력의 사례가 너무나 많기 때문이다. 영화 〈소년은 울지 않는다〉로 알려진 브랜든 티나/ 티나 브랜든의 살인 사건 말고도 그런 예는 많다.

1984년 메인 주의 18세 소년 찰리 하워드는 엉덩이를 흔들며 여자처럼 걷는다는 이유로 반 친구들에게 놀림 당하고 욕설을 듣고 공격을 당했다. 결국 그는 스테이트 스트리트 브리지 너머로 내던져져 친구들에게 죽임까지 당했다. 버틀러가 공포를 느끼는 부분은 누군가의 걷는 스타일이 이 사회에서는 살해동기를 유발할 정도로 위협적으로 느껴질 수 있다는 점이다. 남자가 여성스럽게 걷는다는 사실이 안정된 젠더 규범에 대한 위협이라고 생각하니까, 그것이 성적 공황과 혼란을 낳았고 또한 폭력과 폭력에의 공포를 유발하는

〈성찰하는 삶〉의 주디스 버틀러와 수나우라 테일러. 두 사람은 걷기라는 실천을 통해 젠더와 관련된 다양한 대화를 주고받는다. 이들은 자기 충족적 몸이라는 개념, 자체의 힘으로 움직이는 몸이란 개념은 없다는 사유에 다다르며 '상호 의존성'을 긍정적으로 수용하는 젠더 운동의 새로운 인식을 꾀한다.

것이다.

　그러나 생각을 확장하면 몸의 정상적 움직임은 많은 다양한 배치 가운데 하나를 표준으로 규약화한 결과에 불과하다. 우리 모두는 사회적 언어와 인정 가능성, 제도에 의존해 사는 나약하고 취약한 존재들이다. 우리 몸 자체가 의존성의 장소이며 그것이 바로 상호 의존이 중요한 지점이다. 남자처럼 걷는 여자, 혹은 여자처럼 걷는 남자만큼이나 비규범적 방식으로 몸을 움직이는 장애인 또한 이윤 추구와 적자생존을 추구하는 후기 자본주의 시대의 변방에 있는 소수자 중 하나이자 불확실한 공동체의 일부다. 이에 따라 보호하고 소중히 여기고 발전시킬 가치가 있는 삶은 어떤 것인지에 관한 문제, 살 만한 삶, 살 가치가 있는 삶은 어떤 것인가에 대한 논의의 필요성이 제기된다.

　그것이 젠더 이론이나 페미니즘 정치학이라는 전기의 버틀러를 인간이란 무엇인가라는 인간 보편론의 후기 관점으로 가게 만든 원인이기도 하다. 사회적으로 인식 가능한 분명한 인간이 되려면 고정된 젠더가 있어야 하고 다양한 기준에 부합해야 하고 장애 없는 몸을 규범적으로 활용할 수 있는 완전한 잠재력을 가지고 있어야 한다. 이는 지켜줄 가치가 있고 보호받을 가치가 있는 인간의 생명이란 어떤 것인가라는 문제로 이어진다는 것이다.

　버틀러는 젠더의 가장자리, 정상적 몸의 가장자리, 인종적 규범의 가장자리에 놓인 것처럼 보이는 사람들이 처한 사회적 폭력에도 주목한다. 접촉될 경우 전염될지도 모른다는 두려움을 가진 사람,

자신이 가진 한계나 의존성, 침투성과 전염 가능성을 부정하는 사람들은 모두 이런 폭력에 시달린다. 의지와 상관없이 우리 모두는 폭력적 침해를 받을 수 있는 세상에 살고 있으며 사람들은 불확실성이라는 감각을 안고서 그런 불확실성을 외적으로 구현해 자신만큼은 그로부터 안전하게 벗어나 있다고 느끼고 싶어한다.

그러나 우리 모두 이런 불확실하고 깨지기 쉽고 의존하는 몸, 동시에 특별한 방식으로 능력을 발휘할 수도 있고 다양한 방식으로 조직된 몸을 안고 살아간다. 하지만 무엇보다 몸으로서의 인간은 취약하다. 자동 모터가 달린 것도 아니고 자기 충족적이지도 않다. 다른 사람과의 접촉이나 침투에도 열려 있다. 접촉이나 침투 가능성을 관리하는 방식은 나의 침투 불가능성과 너의 침투 가능성을 주장하는 것이다. 그것은 침투성이 다른 사람의 몫이라고 만들어버려 자신을 방어하고 그런 사람들에 대해 폭력을 저지르는 방식이기도 하다. 우리는 모두 체화된 존재들이기 때문에 단독으로 젠더를 표현하거나 성 정체성을 취하는 사람은 아무도 없다. 모두가 사회적 언어와 인정 가능성과 제도에 의존해 살기 때문이다.

그러므로 젠더는 상호 관계 속에 사회적으로 구성된다. 젠더는 한 개인에게서 생성되는 것이 아니며, 한 개인의 인간됨을 표현하는 것도 아니다. 젠더는 내가 철저히 의존하고 있는 사회와 협상하려는 나의 노력이다. 몸 자체가 의존성의 장소라면 우리 중 그 누구도 자극적이거나 독립적일 수가 없다. 자기 충족성을 얻기 위해서라도 의존성은 끊임없이 소환되어야 한다. 자율성이라 불리는 것을 이루기

젠더는 패러디다

위해서도 우리는 많은 것에 의존해야 한다. 결국 인간은 상호 의존성의 장소로 재고되어야 한다.

의존성은 착취의 수단이 되기도 한다. 자본주의는 자본주의 노동 규범을 지킬 수 있는 사람에게만 생존 가능성을 제시하며 그런 방식으로 노동계급을 의존하게 만들어 이익을 창출한다. 허나 우리는 서로 의지하고 서로 돕는 방식으로 살아간다. '내'가 기본적 필요를 충족하기 위해 '서로'의 도움이 필요한 세상에 살고 있다. 우리는 이런 사회적·정치적인 인식에 입각해 세상을 바라볼 필요가 있다. 유럽에서 사회복지 국가가 무너지고 미국에서 신자유주의가 득세하는 것은 그런 인식의 결핍에서 유래한다고도 볼 수 있다. 난민, 빈민, 의료 혜택 미수혜자 등의 현 상황은 우리가 인간 공동체를 상호 의존성의 체계로 인식하고 있는가라는 문제를 제기한다. 상호 의존성을 부정하는 이들은 이윤 창출과 적자생존의 논리를 극대화하는 사람들이다. 이런 사람들 속에서 삶과 죽음 사이의 불확실성을 사는 사람은 장애인이며, 우리 주변에서 차별받는 성적·인종적·계급적·경제적 소수자들이다. 이제 소중하고 보호해야 할 가치가 있는 삶이 어떤 것인가에 대한 재고가 필요하다.

버틀러가 푸코나 위티그 비판에서 논점으로 삼은 것은 다형적 쾌락이나 레즈비언이라는 새로운 이상적 개념의 설정이다. 중요한 것은 오늘날 역사적·사회적 맥락에서 재구성되는 소수자들의 삶의 가능성, 그들이 인간으로 간주될 가능성이기 때문이다. 장애인과 크로스젠더, 퀴어와 성적 소수자들은 규범과 다르게 몸을 움직이고 표현한다는 이유로 생존의 위협에 놓인 사람들이다. 하지만 규범이라는 것도 인간이 만든 것이고, 그런 인간은 서서히 노화하는 가멸적 몸 때문에 모두 다 근본적 의존성과 근원적 취약성에 바탕하고 있다. 모든 인간이 제도와 체계를 통해 서로 상호 의존하며 사는 비자족적 존재라는 것을 인정한다면, 비규범적인 삶을 사는 다른 이들의 생존 가능성도 높일 수 있다. 그것이 후기 버틀러가 주장하는 공존하는 삶, 살기 좋은 삶, 살 수 있는 삶의 가능성이다.

젠더는 패러디다

맺는 글 패러디에서 정치성으로

21세기 대한민국을 사는 우리는 여성가족부를 부끄러워하고 페미니스트임을 숨겨야 하는 특정한 시공간을 살고 있다. 물론 페미니즘의 이상은 페미니즘이 더 이상 필요 없어서 그 용어 자체가 사라지는 세계다. 그렇다면 지금이 그런 세계일까?

현대는 얼핏 알파걸과 골드미스가 넘쳐나고 된장녀와 명품 소비 여성이 판을 치는 여성상위 시대처럼 보인다. 그러나 많은 여성은 현실의 실제 개선 상황보다 상대적으로 더 높아진 이런 사회적 기준에 압박감을 느끼며 살아간다. 모든 여자는 44사이즈를 원하며 끊임없이 좀 더 마르고 싶어하는 것 같다. 아니 마르면 마를수록 미덕인 세상이다. 일상화된 성형수술과 식욕과의 전쟁을 통해 훨씬 높아진 미의 기준을 어느 정도 맞춘다 해도 문제는 해결되지 않는다. 예쁘기만 해서는 안 되고 똑똑한데다 전문직까지 갖추어야 비로소 여성다울 수 있다. 높아진 여성성의 기준은 거기에 도달하지 못하는 대다수의 사람에게는 더 큰 상대적 박탈감이다.

이런 현실 속에 제1세계의 대표인 한 미국 대학교의 유대계 백인 레즈비언 교수의 젠더 및 퀴어 논의는 대한민국에 어떤 현실적 정치성을 가져다줄 수 있을까? 그중에서도 핵심 저서 『젠더 트러블』이 어떤 시의성을 전달할 수 있을까? 이 책은 여는 글에서도 밝혔듯 『젠더 트러블』에 대한 쟁점 위주의 해설서로 기획되었다. 『젠더 트러블』은 1990년 초판 서문이나 1999년 개정판 서문을 빼면 영어본 원서 자체는 150쪽밖에 안 되는 책이지만 읽기가 녹록치 않다. 많은 개념어의 중첩과 난해한 글쓰기, 또 복잡한 철학적 인유로 거의 선행 학습 없이는 읽을 수 없는 책인데다가 수사학자 특유의 스타일 때문에 읽을 때마다 오리무중에 빠지기 마련이다. 그것이 버틀러의 대표 저서 『젠더 트러블』을 가급적이면 쉽고 명료하게 읽을 수 있게 만드는 친절하고 꼼꼼한 해제를 내보자는 동기를 자극한 원인이었다. 따라서 이 책은 『젠더 트러블』의 주요 본문을 쟁점 위주로 재편하고자 했다. 이제 마무리 단계에서 『젠더 트러블』의 결론 장에 대한 설명과 재판 서문에서 달라진 버틀러의 입장을 간략히 덧붙여 부족한 부분을 보충하고자 한다.

「패러디에서 정치성」으로는 『젠더 트러블』의 결론에 해당하는 장 이름이다. 패러디에서 발견한 정치성, 비정체성의 정치학은 여성

젠더는 패러디다

이라는 주체 없이도 페미니즘의 정치학이 가능하다고 주장한다. 여성이라는 범주의 근본적 불안정성은 페미니즘의 정치적 이론화에 도사리고 있는 근본적 제약을 문제 삼으며 젠더와 몸뿐 아니라 정치학 자체를 다르게 배치할 길을 연다. 정체성의 정치학을 비근본주의적 방식으로 사유하게 될 가능성을 열어주는 것이다.

버틀러에게 행위주체성은 이런 비근본주의적 정체성의 정치학을 가능하게 하는 것으로 주체의 생존 가능성과도 관련된다. 행위주체성은 그것이 타협해가는 문화의 장에 선행하는 어떤 안정적 존재가 있는 주체가 아니며, 본질적인 '나'라는 것은 기존 체계의 관행적 의미화를 통해 그렇게 보이는 외관에 불과하다고 파악한다. 주체가 구성된다는 것은 주체가 특정한 규칙과 지배 담론에 복종한 결과다. 하지만 이런 주체는 그것이 발생한 규칙에 의해 결정되지 않는다. 의미화는 토대를 다지는 행위가 아니라 반복된 규제 과정이기 때문이다. 의미화를 지배하는 규칙은 규제만 하는 것이 아니라 반복을 통한 변화 가능성 속에 문화적 인식 가능성의 대안적 영역도 주장할 수 있다. 정체성의 전복은 반복된 의미화 실천의 내부에서 가능한 것이다.

주어진 젠더가 되어야 한다는 명령은 필연적 실패를, 즉 다양한 비일관적 배치물을 만들게 된다. 그런 다양성 속에 자신이 만든 명령을 능가하고 또 그것에 저항하는 배치물을 만들게 된다. 담론적 명령은 하나의 대상만 요구하는 것이 아니라 여러 다양한 요구에 한꺼번에 응답하면서 여러 방식으로 행위주체성을 형성한다. 이런 담론적 명령의 공존이나 융합은 복합적 재배치와 재전개를 가능하게 만든다. 그것은 이런 융합의 한가운데서 행동하는 어떤 초월적 주체가 아니며, 이런 융합에 앞서는 그 어떤 선험적 자아도 갈등하는 문화적 장으로 등장하기에 앞서는 통합적 자아도 아니다.

젠더의 패러디적 구성이라던가 패러디적 웃음의 패스티시 효과는 원본과 모방본, 진지한 모방과 진지하지 않은 모방의 구분에 도전하고 심지어는 패러디와 패스티시의 이분법에도 문제를 제기한다. 버틀러는 패러디와 패스티시를 구분하는 프레드릭 제임슨의 「포스트모더니즘과 소비자 사회Postmodernism and Consumer Society」의 한 대목을 가져와 인용한다.

> 패스티시란 패러디처럼 독특하거나 특이한 스타일을, 죽은 언어 안에서 언어를, 하나의 스타일이 있는 가면을 취하는 것이다. 그러나 거기에 패러디의 궁극적 동기와, 풍자의 충동과 웃음이 없다면 그리고 모방당한 것은 다소 우스꽝스럽다는 것과 비교해 거기에 뭔가 정상적인 것이 존재한다는 조용히 잠재되어 있는 느낌이 없다면, 패스티시는 어떤 중립적 모방의 실천일 뿐이다. 패스티시는 텅 빈 패러디이고 유머를 상실한 패러디이다.[46]

버틀러가 주목하는 부분은 '정상적인 것'의 의미를 상실하는 것 자체가 웃음을 유발할 수도 있다는 점이다.

46 Fredric Jameson, "Postmodernism and Consumer Society", *The Anti-Aesthetic: Essays on Postmodern Culture*, ed. Hal Foster, Port Townsend, WA: Bay Press, 1983, p. 114

젠더는 패러디다

특히 정상적인 것, 원본인 것이 하나의 모방본이며, 따라서 어쩔 수 없이 실패한 것, 아무도 체현할 수 없는 이상에 불과하다는 것을 드러낸다면 말이다. 그런 의미에서 웃음은 계속적으로 원본을 재생산하는 구현물에서 등장한다(345). 그렇다면 젠더가 패러디적 수행성이라는 의미는 젠더라는 것이 원본으로 간주되는 젠더와 그것을 따라한 모방본의 경계를 허무는 전복적 웃음이며, 그런 전복의 사례를 극적이고 우연적인 구성의 행위를 통해 보여준다는 의미일 것이다. 젠더가 수행적이라는 의미도 단순히 자의식적으로 극화한 연극을 의미하는 것이 아니다. 젠더 규범의 반복을 통해 주체로 구성된 젠더를 수행하므로 버틀러의 수행성 개념은 레즈비어니즘에 비판적인 퀴어 이론을 옹호하는 작용을 할 수도 있지만, 레즈비어니즘을 이론화하는 데도 활용될 수 있다.

　무엇이 젠더의 실제 의미구현 속에 전복적인 반복을 구성하는가라는 질문에서 중요한 것은 어떤 장치가 각인의 도구와 몸의 만남을 주선하는지, 또 이런 의례적 반복에는 어떤 간섭이 가능한가의 문제이지, 단순히 몸이라는 표피 위에 어떤 문화적 각인을 새겨서 전달한다는 의미는 아니다. 당연시된 정체성을 재통합하라는 명령의 규제에 종속되지 않는 반복의 가능성을 제시하는 것이야 말로 '패러디적 실천의 패스티시 효과'인 것이다. 실패한 모방본의 구분에 재개입하여 그것을 재통합하는 것은 패러디적 실천의 효과이고 이는 원본적인 것, 진정한 것, 실재적인 것을 자신의 결과물로 구성하는 이런 패러디적 실천의 패스티시 효과에는 전복적인 웃음이 있다(359).

패러디적 실천의 패스티시 효과는 새로운 전복적 잠재력을 보여줄 수 있다. 기존에는 실패한 모방본 정도로 그려지던 패러디와 패스티시에 새로운 전복의 잠재력을 더한 것이다. 젠더의 패러디적인 반복은 단단한 심층과 내적 본질이라는 환상을 폭로한다. 젠더는 미묘하고 정치적인 방식으로 강제되는 수행성의 결과로서 하나의 행위라는 것도 보여준다. 그것은 자체 균열과 자기 패러디, 자기비판에 열려 있는 행위다. 젠더는 자신을 자연스러운 것으로 생각하지만 그런 자연스러운 외관에 대한 과장된 패러디적 모방은 근본적이고 원본적 젠더라는 것이 상상의 위치, 환영의 위치에 불과하다는 것을 폭로한다.

버틀러에게 정체성은 무엇보다 하나의 효과이며 생산물, 산출된 결과물이다. 그래서 젠더 범주를 근본적이거나 고정된 것으로 생각하는 입장들이 배제해온 행위주체성의 가능성을 부각시키고자 한다. 페미니즘의 비평적 과제는 구성된 정체성의 외부에 어떤 관점을 세우는 일이 아니다. 페미니즘의 과제는 이런 구성물을 가능하게 만든 전복적 반복 전략의 위치를 결정하고, 이런 정체성을 구성하고 경합시킬 내적 가능성을 구성하는 반복적 실천에 참여해서 그 실천에 개입할 공간적 가능성을 여는 일이다.

버틀러에게 "정체성의 해체는 정치성의 해체가 아니다." 정체성의 해체는 정체성이 표명되는 관점 자체를 정치적인 것으로 확립한다. 여기서 과제는 새로운 가능성 모두를 가능성 그 자체로 치하하

젠더는 패러디다

려는 것이 아니라 이미 존재하지만 문화적으로 인식 가능한 것과 불가능한 것으로 구분된 문화 영역 안의 가능성들을 새롭게 재기술하는 것이다. 옛 정치성의 잔해로부터 등장하는 새로운 정치성의 증식은 인식 가능한 문화적 삶을 설정하는 담론 안에 표명되면서 생물학적 성의 이분법을 혼란스럽게 만들고 그 이분법의 근본적 비자연성을 폭로할 수 있다.

이브 세즈윅°은 퀴어가 이제 섹슈얼리티만의 문제가 아니라 인종, 민족성, 탈식민적 시민성이 퀴어 및 퀴어와 다른 정체성을 구성하고 정체성을 분절하는 담론과 교차하면서, 보다 더 복합적 문제가 되었다고 주장한다.[47] 피부색이나 이주, 국가라는 분열적 복합성이 새로운 정체성의 등장에 퀴어가 활용된다고 보는 것인데, 이는 『젠더 허물기』나 『불확실한 삶』이 출간된 2004년 이후 버틀러가 논의하는 인간다운 삶, 살 수 있는 삶에 대한 가능성과 맞닿아 있다. 그리고 『젠더 트러블』은 성적 소수자만이 아니라 살기 좋은 삶, 인간다움이 보장된 삶을 살고자 하는 보편 인간의 삶의 가능성을 계보학적으로 탐색할 수 있게 만든 출발점이면서 동시에 후기 버틀러가 추구하는 정치 윤리학의 씨앗이 담긴 그릇이기도 하다.

이 책은 많은 이론가와 비판적 이론, 또 쟁점을 담고 있는 『젠더 트러블』을 다섯 가지 쟁점을 중심으로 재구성했다. 1장은 오늘날 인문학적 담론의 시점에서 버틀러의 위치에 대한 개략적 설명을 시도했다. 1990년에 출간된 『젠더 트러블』이 당대에 미친 영향과 그 이후 버틀러 논의의 변

47 Eve Kosofsky Sedgwick, *Tendencies*, Duram: Duke UP, 1993, p. 9.

화 지점들을 살펴보기 위해서다. 2장은 보부아르와 이리가레에 대한 버틀러의 논쟁 지점을 중심으로 살펴봤고, 3장은 리비어와 라캉에 대한 비판을 중심으로 논의를 전개했다. 4장은 프로이트의 논의를 비판적으로 수용하는 지점에 주목했고, 5장은 라캉계 페미니스트 크리스테바에 대한 비판, 6장은 푸코와 위티그에 대한 수용과 비판에 각각 주목했다.

물론 이런 쟁점에 대한 설명만으로 『젠더 트러블』을 다 논의할 수 없을 것이다. 그러나 난해하기로 악명 높은 이 책을 읽어낼 하나의 관점을 제시할 수는 있다고 여겨진다. 『젠더 트러블』 1부에서는 섹스는 생물학적으로 결정된 것으로, 젠더는 문화적으로 구성된 것으로 이분화하는 페미니즘의 전제에 도전하는 것으로 시작한다. 이런 이분법은 섹스가 젠더의 근본적 바탕이라는 환상을 심어줄 뿐만 아니라 사실상 섹스마저도 상당 부분 문화적으로 구성된다는 점을 은폐한다. 생물학적 성으로 분화된 몸은 젠더 없이는 의미화가 될 수 없다. 그리고 담론이나 문화적 의미에 앞서 있는 것으로 생각되는 생물학적 성은 사실상 젠더가 작동된 결과 나타난 이차적 결과물에 불과하다.

2장에서 다뤄진 보부아르의 이원론과 이리가레의 일원론에 대한 비판은 섹스와 젠더의 범주가 권력 관계와 맺는 관계성을 조망하는 것에 초점이 맞추어져 있다. 보부아르에게 여성은 남성의 정체성을 확립하게 만드는 대립물로서의 결핍이고, 이리가레에게 여성은 남성 의미화 경제 안에서 의미화 자체가 불가능한 것이다. 의미화

젠더는 패러디다

경제 자체가 남근로고스 중심주의의 언어로 만들어졌기 때문이다. 버틀러는 그것이 결핍이든 재현 불가능성이든 보부아르와 이리가레는 모두 여성을 재현하는 데 필요한 어떤 존재론을 가정하고 있다고 보며, 이런 주장은 여성이 고정된 특정 젠더가 된다는 것이 불가능하다는 사실을 잊고 있다고 본다. 젠더는 어떤 존재가 아니라 행위이며 명사가 아니라 동사이기 때문이다. 끊임없이 움직이고 변화하는 젠더는 우연적으로 존재하며 언제나 미래를 향해 새로운 호명과 새로운 의미화에 열려 있다. 이런 전복적으로 열린 행위가『젠더 트러블』이 수행성을 통해 이루어낸 실천이다.

　레비-스트로스의 구조주의 인류학에서는 근친애의 금기가 남성 주체 간 여성 대상의 교환에 기초한 친족 구조를 만든다고 본다. 리비어의 '가면으로서의 여성성'은 여성의 여성성이 자신의 남성적 동일시를 감추기 위한 가면이라고 보며, 라캉은 여성 간 동성애는 섹슈얼리티의 거부이고 남성은 '팔루스 갖기'의 방식으로 여성은 '팔루스 되기'의 방식으로 다르게 존재한다고 주장한다. 프로이트는 에고의 형성 이전에 사랑하는 대상의 상실이 있었고 그 대상이 에고에 나타나 주체의 에고를 형성한다고 주장한다.

　버틀러는 젠더의 생산적·수행적인 측면을 강조하기 위해 이런 논의들을 비판적으로 수용한다. 레비-스트로스에게는 근친애가 '확산된 문화적 환상'으로 작용하고 있다고 비판하며 이런 근친애 금기의 존재가 근친애적 욕망, 즉 이성애적 욕망을 생산한다고 주장한다. 리비어에게는 모방과 가면이 젠더의 본질인 양 설명되면서 남성적 여성이 여성성을 과장하는 이유를 이성애에 근간한 공포나 불안으로 설명할 뿐 여성의 욕망에 대해서는 설명하지 않는다고 본다. 또 라캉은 가부장적 체계를 상징계라는 불변하는 위치로 신격화했다고 비판받는다. 프로이트에게 젠더 동일시는 금지된 성을 내면화하는 우울증적 전략이 되는데 동성의 동일시는 거부된 동성애적 성욕에 기반한 것임을 은근히 감추고 있다고 본다. 이성애적 우울증은 안정된 젠더 정체성을 위해 문화적으로 구성된 것이라는 주장이다. 또 이성애를 안정된 것으로 만들기 위해 동성애라는 관념이 필요하며 이때 동성애는 문화의 영역에서 금지된 것이지만 금지로서 필요한 것이라고 주장한다. 버틀러에게는 뭔가를 금지하기도 하지만 생산하기도 하는 법이 이성애를 인정하고 전복적인 동성애를 부정하는 것이지 법 이전에 존재하는 것은 아무것도 없다.

3장은 상징계의 저항 요소로서의 기호계, 본능보다는 권력의 생산물로서의 섹슈얼리티, 이성애적 이분법을 흔드는 레즈비언 등의 전복적 논의들이 가진 한계나 논쟁 지점을 논의한다. 이들 각각은 과거의 논의가 가지는 문제점을 극복하려고 노력하지만 또 다른 해방의 이상을 설정함으로써 다른 대안을 낭만적으로 설정하고 있다는 비판으로 생각된다.

버틀러는 크리스테바가 기호계적 요소인 어머니의 몸이나 코라의 전복력을 특화하고 있지만 이런 요소가 혁명의 힘을 가지기 위해서 상징화되어야 하고, 상징화되지 않는다면 혁명적 역량이 없다는 점을 들어 크리스테바의 이론을 자가당착의 모순 이론이라고 비판한다. 게다가 이런 상징계 안의 기호계적 요소의 표현은 출산, 여성 간 동성애, 정신병 등으로 표출되어 현실의 모성을 신비화하거나 레즈비어니즘을 병적인 것으로 만들거나, 아니면 정신병적인 웅얼거림으로 폄하할 위험이 있다는 것이다. 특히 크리스테바가 부권적 상징계의 권위를 유지하면서 모성적인 것을 문화 이전의 어떤 본질로 보고 여성 간 동성애는 어떤 불가능성이나 정신병에 접하는 것으로 본다는 부분을 버틀러는 강도 높게 비판한다.

한편 버틀러는 푸코가 바르뱅의 일기에 부치는 서문을 쓰면서 바르뱅의 유년기가 비정체성의 행복한 중간지대라고 언급한 것에 대해 비판적 촉각을 세운다. 이런 말은 『성의 역사』에서 스스로 사용한 계보학적 접근과 모순되는 것으로써, 이런 다형적 섹슈얼리티는 낭만적 이상화가 구체적 맥락이나 문화적 각인 이전에 있는 어떤 은총 가득한 정체성을 선언하는 행위와 같다는 것이다.

위티그는 '레즈비언은 여성이 아니다'라고 말함으로써 레즈비언은 이성애적 남녀의 이분법을 벗어나는 존재로 특화하고 있다. 강제적 이성애에 저항하는 레즈비언의 존재나 여성의 주권적 발화는 또 다른 억압을 생산할 뿐 담론 내부의 다양한 의미의 산포를 말하기 어렵다는 지적이다.

결론에서 버틀러는 실패한 모방으로 간주되던 패러디나 패스티시에서 다른 의미화를 가져올 가능성을 모색한다. 반복적 모방 행위인 패러디에서 정치성을 끌어와 웃음의 전복성과 연결시키는 것이다. 패러디적 웃음의 패스티시 효과는 반복되는 규범 복종 행위들이 그 많은 반복 속에 균열과 챠이를 낳으면서 새로운 의미화를 가져올 가능성을 말하고자 한다. 이는 곧 웃음을 통해 원본이나 진본으로 간주되는 전통적 사유 방식에 도전장을 내미는 것이기도 하다. 또한 버틀러는 모방하는 모범적 기원이 되는 원본 개념을 부인하면서 모든 원본이 원본이라 믿도록 만들어진 구성물임을 강조하려 한다.

여성이라는 집단적 범주 없는 비정체성의 정치학을 추구하려는 버틀러의 정치적 노력은 오늘날 페미니즘의 과제와도 맞닿아 있다. 여성들이라는 범주 안의 주체 없이 페미니즘의 정치성을 유지한다는 것은 제1세계의 백인 중산층 계급의 이성애적 가족에 기반한 기존 페미니즘에 대한 비판이기도 하면서, 또한 여성이라는 안정된 젠더 규범의 주위에서 서성되는 LGBTQ를 페미니즘의 주체로 수용하려는 노력이기도 하다. 어떤 젠더가 되어가는 나는 내가 태어난 규칙에 의해 결정되는 것이 아니라 규제된 반복행위 속에 언제나 구성되는 과정 중에 있다. 원본의 진정성을 허무는 반복적 패러디적 웃음은 항상 전복성에 열려 있다.

다시 한번 강조하건대 정체성의 해체는 정치성의 해체가 아니다. 범주로서의 정체성의 해체는 새로운 정치성을 향한 출발점이 될 수 있다. 새로운 정치성을 향한 비평적 출발점을 젠더에 대한 계보학적 탐색에서 발견하려는 것이 『젠더 트러블』의 트러블이 일으킨 가장 중요한 의미일 것이다.

인명 사전

게일 루빈Rubin, Gayle

1949년 미국 출생. 문화인류학자이자 젠더 연구자. 문화인류학적인 접근을 통해 페미니즘 이론과 정치학, 게이·레즈비언에 관한 민속지학적 연구를 위시한 레즈비언·게이·바이섹슈얼·트렌스젠더 연구, 성과학의 역사 등을 비롯해 성 하위문화의 역사까지 다양한 섹스/젠더 테마를 연구 주제로 다루었다. 섹스/젠더의 구분과 강제적 이성애를 생산하는 역사적·사회적 기제를 밝히고자 시도했으며, 여성이 인간관계에서 이차적인 형태에 머무르고 있다는 문제의식을 심화시켜나갔다.

1978년, 샌프란시스코로 연구 공간을 옮겨 성적 소수자들의 실천을 심층 분석했고 이후 GLBT에 관한 학술운동을 꾸준히 펼쳤다. 그 꾸준한 공로를 인정받아 2012년 문화인류학적 관점에서 뛰어난 GLBT 연구물을 발표한 학자에게 수여하는 루스 베네딕트 상을 받는 등 우수한 성과를 남겼다.

낸시 프레이저Fraser, Nancy

1947년 미국 출생. 페미니스트 정치이론가로서 페미니즘에 근거한 '젠더 정의 gender justice'를 끊임없이 사유했다. 페미니즘 운동의 역사적 국면을 분석해 비판적 지점을 제시하고 사회주의 페미니즘의 목소리를 드높여왔다. 프레이저는 특히 재분배redistribution, 인정recognition, 대표 representation라는 가치가 통합적으로 진행되는 3차원적 문제의 젠더 정의를 강조했다. 프레이저는 대표의 문제에 집중하면서, '종속된 모든 사람들의 원칙all-subjected principle'이란 개념을 제안한다. 이는 특정한 협치 구조에 종속된 모든 사람이 그 구조와 관련된 정의 문제와 연관하여 주체로서의 도덕적 지위를 갖게 됨을 뜻한다. 강력한 국가와 민간엘리트가 정의의 문법을 결정해오던 기존 체제를 비판해온 그녀에게 대화적이면서 동시에 제도적인 대안 공간은 필요했다. 고로 이 개념은 기존의 배제된 주체들도 재분배와 인정을 요구할 수 있음을 설명하는 대안적 기능을 한다(박건, 2011 참조). 국내에 『지구화 시대의 정의Scales of Justice: Reimagining Political Space in a Globalizing World』가 출간되어 있다.

로이스 맥네이McNay, Lois

정치·사회 이론 연구자. 페미니즘 이론을 비롯해 다양한 사회 이론 분야를 재독해하는 연구를 수행하고 있다. 푸코, 부르디외, 호네트, 아도르노 등 근현대 사상가들의 관점을 정리하고 재이론화하면서 페미니즘 이론의 깊이를 만들어내는 데 노력해왔다. 최근에는 급진민주주의의 개념이 갖고 있는 한계를 인식하면서 사회 이론이 일상생활과 동떨어져 있는 상태를 '사회적 무중력 상태'라 칭하고 오늘날 권력을 어떻게 실제적으로 이해하고 비판할 것인가에 집중하고 있다.

린 세갈Segal, Lynne

1944년 호주 시드니 출생. 페미니즘 이론가. 16살 때 영국으로 이민을 간 뒤 줄곧 영국을 근거지로 하여 오랜 학술 여정을 보내고 있다. 사회주의 페미니스트로서 그녀가 천착한 문제는 페미니즘적 사고와 실천 간에 생기는 모순, 남성성·여성성·섹슈얼리티를 둘러싼 이해와 그 전환점 등이었다. 그녀의 전공이자 장기인 심리학적 사유와 다른 학문과의 결합을 통해 사회의 모순을 파헤치는 비판 이론의 계발에 몰두해왔다. 최근에는 나이 들어감, 즉 노화의 문제에 초점을 맞추면서 이와 관련된 인간의 심리적 상태를 고찰하는 연구를 수행 중이다. 《가디언》을 통해 나이 들어가는 할리우드 여성 배우들에 대한 사회적 인식과 모순된 반응을 고찰하는 등 인상적인 테마의 칼럼들도 기고해왔다.

마이클 워너Warner, Michael

문학비평가·사회이론가. 스스로 게이이기도 했던 워너는 퀴어 이론의 확장에 힘썼다. 이브 세즈윅, 주디스 버틀러, 로런 벌랜트 등과 함께 퀴어 이론의 토대를 만든 이 중 한 명으로 평가받고 있다. 단순히 이성애와 이성애 중심 사회의 비판이 아닌 동성애적 삶의 윤리와 결부된 사회 경제 구조의 실존에 대한 비평 작업을 시도해왔다.

모니크 위티그Wittig, Monique

1935년 프랑스 출생. 소설가·페미니즘 이론가. 글쓰기를 통해 사회적으로 부과하는 젠더상을 극복하기 위해 노력해왔다. 여성해방운동(MLF)의 창설자였으며, 성차별을 둘러싼 이야기를 담은 소설『게릴라들Les Guerilleres』은 페미니스트 연구자·레즈비언 사상가들에게 가장 혁신적이고 논쟁적인 대상이 된 텍스트가 되었다. 이 책의 출간은 프랑스 페미니즘의 토대를 만들어주기도 했다.

세일라 벤하비브Benhabib, Seyla

1950년 터키 이스탄불 출생. 정치철학자이자 비판이론가. 비판이론과 페미니즘 이론의 결합을 꾀하면서 학자로서의 명성을 쌓아나갔다. 프랑크푸르트학파의 비판 이론을 계승하며 이를 비판적으로 수용했던 벤하비브는 특히 하버마스의 논의에 큰 영향을 받았다. 이를 통해 그녀는 자신만의 심의 민주주의론을 발전시켰다. '심의'라는 것을 다원화된 가치가 강조되는 오늘날의 문제를 해결할 추상적인 수준으로 이해하는 것을 경계한 벤하비브는, 입법·법정·관료제 같은 민주주의를 구성하는 기존 공적 제도와 미디어·사회운동· 각 연합체가 이뤄가는 시민사회 간의 긴밀한 상호작용이 강조된 '이중 궤도' 접근을 취한다(오미영, 2008 참조). 국내에 『비판, 규범, 유토피아: 비판 이론의 토대 연구Critique, Norm, and Utopia: A Study of the Foundations of Critical Theory』가 출간되어 있다.

수전 보르도Bordo, Susan

1947년 생. 페미니스트 철학자, 문화연구자. 문화연구, 특히 몸 연구에 관해 큰 기여를 한 학자로 평가받고 있다. 명료하고, 누구나 접근 가능하며, 적절한 시의성을 특징으로 한 글쓰기가 장점이다. 국내에 출간된 주저 『참을 수 없는 몸의 무거움Unbearable Weight: Feminism, Western Culture, and the Body』 등은 베스트셀러가 되어 화제를 낳았으며 페미니즘 연구 분야의 고전으로 자리 잡았다. 이 책은 육체를 구성하는 다양한 요소 중 먹는 문제를 중심으로 거식증 등의 증상을 다루면서 우리 시대의 몸은 어떻게 말해지고 있으며, 이해되고 있는가

를 문화적인 접근으로 본 연구서다. 이외에도 공저서인 『남성 페미니스트Men Doing Feminism』가 국내에 출간되어 있다.

아비탈 로넬Ronell, Avital

1952년 체코 출생. 철학자. 철학자라는 공식적인 위치에 제한받지 않고 문학 연구, 정신분석학, 페미니즘 철학, 정치철학, 윤리학 등 전방위적 학문 연구로 주목받고 있는 젠더 연구자다. 괴테의 문학조수였던 요한 에커만이 괴테의 말년에 그와 나누었던 이야기를 묶은 『괴테와의 대화』를 정신분석학적으로 재독해한 『받아쓰기Dictations: On Haunted Writing』 등을 비롯해 독창적인 아이디어가 돋보이는 연구서들을 써왔다. 자크 데리다의 연구 작업을 처음으로 영역한 연구자로서 그의 사유를 미국 학계에 알리는 데 크게 기여했다.

어니스트 존스Ernest Jones, Alfred

1879년 웨일스 글라모건 주 출생. 정신분석학자. 임상의학에서 신경학, 정신의학, 정신분석학으로 관심사를 옮기면서 1908년 프로이트와의 기념적인 첫 조우를 맞는다. 프로이트의 공식적인 전기작가로서 그의 공식 전기 세 권을 펴냈다. 그는 곧 캐나다로 건너가 토론토 종합병원에 있으면서 정신분

석학을 가르쳤고 정신분석학 기술을 실험했다. 영어권 국가에 정신분석학을 알리는 데 큰 기여를 한 인물이다. 1958년 맹장염 수술로 유발된 합병증으로 생을 마감했다. 국내에 햄릿에 대한 정신분석학적 시각이 담긴 비평서 『햄릿과 오이디푸스Hamlet And Oedipus』가 출간되어 있다.

이브 세즈윅Kosofsky Sedgwick, Eve

1950년 미국 오하이오 주 데이턴 출생. 페미니즘 이론가이자 문학 비평가. 문학 연구뿐 아니라 역사, 예술사, 영화 연구, 문화 연구, 철학, 인류학, 여성학 등 다양한 학문에 관심을 가지고 활동했다. 퀴어 이론의 창시자 중 가장 널리 알려진 그녀는 퀴어 이론의 확장을 꾀한 획기적인 책을 여러 권 썼다. 그중 『다락방의 인식론Epistemology of the Closet』은 게이·레즈비언 연구를 포함한 퀴어 이론의 기초 텍스트로 자리매김했다. 특히 세즈윅은 '동성사회적homosocial'이란 개념을 창안하여, 성적 주체로 승인받은 남성이 서로 연대하는 가운데 나타나는 여성의 성적 대상화를 비판하였다.
1991년 유방암에 걸리면서 죽을 때까지 평생 암과 고투했던 그녀는 자신의 치료 과정을 성찰한 『사랑에 관한 대화Dialogue on Love』란 책을 쓰기도 했다. 전이성암으로

병이 확장되면서 정신적·육체적 에너지의 고갈을 느껴가던 세즈윅은 2009년 4월 12일 세상을 떠났다.

조너선 돌리모어Dollimore, Jonathan

1948년 영국 레이턴버자드 출생. 젠더 연구자, 영문학자. 대학에 들어가기 전 자동차 공장 직원, 농부 등 이색적인 경험의 시기를 보냈다. 학자를 업으로 삼으면서 르네상스 문학, 젠더 연구, 관념사 연구 등을 행해왔다. 젠더 연구의 경우 동성애·양성애를 연구 주제로 삼았으며, 관념사 연구의 경우 서구 문화에서 형성된 죽음과 타락에 대한 철학적 집착을 고민해왔다. 비평의 역사에도 손을 뻗어 신역사주의와 문화적 유물론에 대한 이론적 고찰을 시도했다.

조앤 리비어Hodgson Riviere, Joan

1883년 영국 브라이턴 출생. 정신분석가. 열일곱 살 때 독일로 가 독일어를 공부한 그녀는 이후 자신의 삼촌인 아서 울가 베롤이 조직한 심령연구협회에 들어가 지그문트 프로이트, 어니스트 존스 등의 작업과 조우하게 된다. 정신분석학에 줄곧 관심을 갖게 된 그녀는 1920년 영국정신분석학회 헤이그 컨퍼런스에서 프로이트를 처음 만났고 그에게 정신분석을 의뢰하기도 했다. 번역에 재

능이 있었던 리비어는 《인터내셔널 저널 오
프 사이코널러시스》의 번역 담당·편집자로
활동했고, 프로이트의 작업을 번역하고 직
접 총괄하기도 했다. 또한 자신의 세미나 내
용을 펴내기도 했는데, 그중 「가면으로서의
여성성」은 지적인 여성이 어떻게 여성성을
자신 안에 깃든 남성성을 숨기는 데 활용하
는지를 분석해 화제를 낳았다. 정신분석가
멜라니 클라인의 사유에 큰 영향을 끼친 인
물이기도 하다.

**콰메 앤서니 애피아Anthony Akroma-
Ampim Kusi Appiah, Kwame**
1954년 영국 런던 출생. 가나계 미국인 출
신의 철학자이자 문화이론가. 초반에는 언
어철학·심리철학에 관심을 가졌으나 이후
인종·인종차별주의, 정체성, 도덕 이론에 관
한 철학적 문제들을 비판적으로 보는 작업
을 줄곧 선보였다. 그에게 코스모폴리터니
즘, 즉 세계시민주의는 세계화와 다문화주
의를 넘어서는 오늘날 세계를 바라보고 그
것에 참여하는 대안이다. '보편성에 차이를
더한 상태'로서의 세계시민주의는 이방인을
향한 의무를 위한 가교로 기능하기도 한다.
2010년 《포린 폴리시》가 선정한 세계적
인 사상가 중 한 명이며, 2012년에는 학문
적 공로를 인정받아 백악관에서 내셔널 휴

머니티스 메달을 받기도 했다. 자신의 홈
페이지(http://appiah.net/)와 트위터(@
KAnthonyAppiah)가 있으며, 국내에 『윤리학
의 배신Experiments In Ethics』, 『세계시민
주의Cosmopolitanism』 등이 출간되어 있다.

코넬 웨스트Ronald West, Cornel
1953년 미국 툴사 출생. 철학자·사회운동가.
프린스턴대에서 아프리카계 미국인 최초로
철학 박사 학위를 받아 화제가 된 인물이다.
미국 내 인종·젠더·계급 문제에 관여하면서
기독교, (아프리카계 미국인의 기독교 문화
를 대변하는) 블랙 처치, 맑스주의, 신실용
주의, 초월주의 등 다양한 사유의 전통을 되
짚어보면서 지적인 기여를 했다. 언론계와
대중문화계에서도 적극적으로 활동했다.

토릴 모이Moi, Toril
1953년 노르웨이 출생. 문학 연구자· 페미
니즘 이론가. 페미니즘 이론과 여성 문제에
관한 글쓰기를 해왔다. 아울러 문학·철학·미
학의 학문적 교차점을 연구 과제 등으로 삼
아왔다. 헨릭 입센을 근대 극장의 창시자로
조명한 연구서를 비롯해 지적 여성으로서의
시몬 드 보부아르의 기여를 재조명한 연구서
그리고 줄리아 크리스테바의 사상에 대한
가이드 북 등을 썼다. 국내에 『성과 텍스트

의 정치학*Sexual/Textual Politics: Feminist Literary Theory*」이 출간되어 있다.

피터 오스본Osborne, Peter

1958년생. 철학자·문화이론가. 오스본은 근대 유럽 철학과 대중 예술을 연구한 여러 책을 써왔다. 《래디컬 필로소피Radical Philosophy》 편집장을 비롯해 여러 학술 저널 및 예술 저널 등에 편집진·기고자로 활약해왔다. 철학은 정량화될 수 없는, 즉 시대에 따라 쉽게 규정될 수 없는 것이라고 주장하는 오스본은 칸트·헤겔·마르크스와 이 사상가들을 받아들인 첫 세대인 프랑크푸르트학파의 비판 이론, 세속성과 역사철학, 오늘날 개념예술에 대한 인식과 대중예술의 존재론 등을 연구 테마로 붙잡으며 왕성한 저술 활동을 해왔다. 국내에 마\르크스 이론 가이드인 『HOW TO READ 마르크스*How to Read Marx*』가 출간되어 있다.

참고문헌

● 박건, 「낸시 프레이저: 재분배, 인정, 그리고 대표의 3차원 정의와 페미니즘 운동」, 《여/성이론》, 제24호, 2011.

●오미영, 「배제와 폭력에 대한 대항으로서의 심의 민주주의의 가능성: 벤하비브(S. Benhabib)의 '심의 민주주의'를 중심으로」, 《한국여성철학》, 제10권, 2008.

주디스 버틀러 서지 목록

편집자 주- 1차 문헌은 에디 예기야안이 정리한 주디스 버틀러 서지 목록 모음 페이지http://www.lib.uci.edu/
about/publications/wellek/butler/, The Europen Graduate School(EGS) 주디스 버틀러-아티클 페이지http://
www.egs.edu/faculty/judith-butler/articles , 사라 살리의 『주디스 버틀러의 철학과 우울』 중 「 버틀러의 모든
것」(김정경 옮김, 앨피, 2007) 등을 참조하였으며, '저서'와 '논문·칼럼·서평'은 영어판을 중심으로 작성하였다. 2
차 문헌은 학술정보사이트 디비피아를 참조하여 작성하였다.)

저서

- *Against Sadomasochism: A Radical Feminist Analysis*(Robin Ruth Linden 엮음, 1982)
- "Variations on Sex and Gender: Beauvoir, Witting, and Foucault", in *Feminism as Critique: Essays on the Politics of Gender in Late-Capitalist Society*(Seyla Benhabib 외 공저, 1987)
- *Subjects of Desire: Hegelian Reflections in Twentieth-Century France*(박사학위 논문, 1987; 1999[개정판])
- "The Pleasures of Repetition", in *Pleasure Beyond the Pleasure Principle: The Role of Affect in Motivation, Development, and Adaptation*(Robert A. Glick 엮음, 1990)
- *Gender Trouble: Feminism and the Subversion of Identity*(1990, 1999[10주년 기념판]) 『젠더 트러블: 페미니즘과 정체성의 전복』, 조현준 옮김, 문학동네(2008)
- *Bodies That Matter: On the Discursive Limits of 'Sex'*(1993) 『의미를 체현하는 육체』, 김윤상 옮김, 인간사랑(2003)
- Feminist Contentions: A Philosophical Exchange(Seyla Benhabib, Drucilla Cornell, Nancy Fraser 공저, 1995)
- "Sexual Inversions: Rereading the End of Foucault's History of Sexuality, Vol. I", in *Feminist Interpretations of Michel Foucault: Re-Reading the Canon*(Susan J. Hekman 엮음, 1996)
- "Performative Acts and Gender Constitution: An Essay in Phenomenology and Feminist Theory", in *Writing on the Body: Female Embodiment and Feminist Theory* (Katie Conboy 외 엮음, 1997)
- *Excitable Speech: A Politics of the Performative*(1997)
- *The Psychic Life of Power: Theories in Subjection*(1997)
- "Sex and Gender in Simone de Beauvoir's Second Sex", in *Simone de Beauvoir: A Critical Reader*(Elizabeth Fallaize 엮음, 1998)
- *What's Left of Theory?: New Work on Literary Theory*(John Guillory, Kendall Thomas 공

저, 2000)

저, 2000)

- *Antigone's Claim: Kinship Between Life and Death*(2000)「안티고네의 주장: 삶과 죽음, 그 사이에 있는 친족 관계」, 조현순 옮김, 동문선(2005)
- *Contingency, Hegemony, Universality: Contemporary Dialogues on the Left*(2000)「우연성, 헤게모니, 보편성: 좌파에 대한 현재적 대화들」, 박대진·박미선 옮김, 도서출판 b(2009)
- *Prejudicial Appearances: The Logic of American Antidiscrimination Law*(Robert C. Post, K. Anthony Appiah, Thomas C. Grey, Reva B. Siegel 공저, 2001)
- "Sexual Difference As a Question of Ethics", in *Bodies of Resistance: New Phenomenologies of Politics, Agency, and Culture*(Laura Doyle 엮음, 2001)
- "What is Critique? An Essay on Foucault's Virtue", in *The Political: Blackwell Readings in Continental Philosophy*(David Ingram 엮음, 2002)
- *Women and Social Transformation*(Elizabeth Beck-Gernsheim, Lidia Puigvert, Jacqueline Vaida, Joe L. Kincheloe, Shirley R. Steinberg 공저, 2003)
- "Kierkegaard's speculative despair", in *The Age of German Idealism: Routledge History of Philosophy Volume 6*(Robert C. Solomon 외 공저, 2003)
- "Bodies and Power Revisited", in *Feminism and the Final Foucault*(Dianna Taylor, Karen Vintges 엮음, 2004)
- *Undoing Gender*(2004)
- *Precarious Life: The Powers of Mourning and Violence*(2004)「불확실한 삶: 애도와 폭력의 권력들」, 양효실 옮김, 경성대학교출판부(2008)
- *Giving an Account of Oneself: A Critique of Ethical Violence*(2005)「윤리적 폭력 비판: 자기 자신을 설명하기」, 양효실 옮김, 인간사랑(2013)
- *Who Sings the Nation-State?: Language, Politics, Belonging*(Gayatri Chakravorty Spivak 공저, 2007)「누가 민족국가를 노래하는가?」, 주해연 옮김, 산책자(2008)
- *Is Critique Secular?: Blasphemy, Injury, and Free Speech*(Talal Asad, Saba Mahmood 공저, 2009)
- "Ronell as Gay Scientist", in *Reading Ronell*(Diane Davis 엮음, 2009)
- *Frames of War: When Is Life Grievable?*(2010)
- *The Power of Religion in the Public Sphere*(Jürgen Habermas, Charles Taylor 외 공저, 2011)
- "Speaking Up, Talking Back: Joan Scott's Critical Feminism ", in *The Question of Gender: Joan W. Scott's Critical Feminism*(Elizabeth Weed 엮음, 2011)
- *Europe, N° 983, mars 2011 : Georges Perros*(Joseph Joubert, Avital Ronell 공저, 2011)

　　　　젠더는 패러디다

- *Parting Ways: Jewishness and the Critique of Zionism*(2012)
- Dispossession: The Performative in the Political(Athena Athanasiou 공저, 2013)

논문·칼럼·서평

- "Aid to Private Education: Persistent Lawmakers and the Court", in *Gonzaga Law Review*. Vol 16, 1980~1981, pp. 171~184.
- "The German Question-Translation of Herbert Ammon and Peter Brandt's article Die Deutsche Frage" in *Telos* 51, Spring 1982, pp. 32~45
- "Seven Taboos and a Perspective-Translation of Rudolph Bahro and Michael Vester's Sieben Tabus und eine Perspektive", in *Telos* 51, Spring 1982, pp. 45~52.
- "Review of Joseph Fell's Heidegger and Sartre: An Essay on Being and Place", in *Philosophical Review*, Vol. 91, No. 4, (479), October 1982, pp. 641~645.
- "Geist ist Zeit: French Interpretations of Hegel's Absolute", in *Berkshire Review*, Time and the Other, Vol. 20, Fall 1985, pp. 66~80.
- "Variations on Sex and Gender: Beauvoir, Witting, and Foucault", in *Praxis International*, January 5, 1986, No. 4, pp. 505~516.
- "Sex and Gender in Simone de Beauvoir's Second Sex", in *Yale French Studies*, Simone de Beauvoir: Witness to a Century, No. 72, Winter 1986, pp. 35~49.
- "Desire and Recognition in Sartre's Saint Genet and The Family Idiot, Vol. 1", in: *International Philosophical Quarterly*, Vol. 26, No. 4 (104), December 1986, pp. 359~374.
- "Review. Gender, the Family and History: Limits of Social Theory in the Age of the Family", in *Praxis International*, Vol. 7, No. 1, 1987, pp. 125~130.
- "Review of Gilles Deleuze and Claire Parnet's Dialogues", in *Canadian Philosophical Reviews/Revue Canadienne de Comptes rendus en Philosophie*, Vol. 8, No. 5, May 1988, pp. 163~166.
- "Review of Edith Wyschogrod's Spirit in Ashes: Hegel, Heidegger, and Man-Made Mass Death", in *History and Theory*, Vol. 27, No. 1, 1988, pp. 60~70.
- "Performative Acts and Gender Constitution: An Essay in Phenomenology and Feminist Theory", in *Theatre Journal*, Vol. 40, No. 4, December 1988, pp. 519~531,
- "Review of Chris Weedon's Feminist Practice: Post-Structuralist Theory", in Ethics, Vol. 99, No. 3, April 1989, pp. 668~669.

- "Review of Andrea Nye's Feminist Theory and the Philosophies of Man", in Canadian *Philosophical Reviews/Revue Canadienne de Comptes rendus en Philosophie*, 9/8, August 1989, pp. 326~328.
- "Foucault and the Paradox of Bodily Inscriptions", in *The Journal of Philosophy*, Vol. 86, No. 11, November 1989, pp. 601~607.
- "Review of Peter Dews's The Logics of Disintegration: Poststructuralist Thought and the Claims of Critical Theory", in *International Studies in Philosophy/Studi internazionali di filosofia*, Vol. 22, No. 3, 1990, pp. 79~82.
- "Review of Michael S. Roth's Knowing and History: Appropriations of Hegel in Twentieth-Century France", in *History and Theory*, Vol. 29, No. 2, 1990, pp. 248~258.
- "Lana's Imitation: Melodramatic Repetition and the Gender Performative", in *Genders*, No. 9, Fall 1990, pp. 1~18.
- "The Force of Fantasy: Feminism, Mapplethorpe, and Discursive Excess", in *differences: A Journal of Feminist Cultural Studies*. Vol. 2, No. 2, Summer 1990, pp. 105~125.
- "Review of Michael S. Roth's Knowing and History: Appropriations of Hegel in Twentieth-Century France", in *History and Theory*, Vol. 29, No. 2, 1990, pp. 248~258.
- "Deconstruction and the Possibility of Justice: Comments on Bernasconi, Cornell, Weber", in *Cardozo Law Review*, Vol. 11, No. 5-6, July-August 1990, pp. 1715~1718.
- "Contingent Foundations: Feminism and the Question of 'Postmodernism'", in *Praxis International*, Vol. 11, No. 2, July 1991, pp. 150~165.
- "Response", in *Social Epistemology*, Vol. 5, No. 4, October-December 1991, pp. 345~348.
- "A Note on Performative Acts of Violence", in *Cardozo Law Review*, Vol. 13, No. 4, December 1991, pp. 1303~1304.
- "The Lesbian Phallus and the Morphological Imaginary", in *differences: A Journal of Feminist Cultural Studies*, Vol. 4, No. 1, The Phallus Issue, Spring 1992, pp. 133-171.
- "Mbembe's Extravagant Power", in *Public Culture: Interdisciplinary Journal of Cultural Studies*, Vol. 5, No. 1, 1992, pp 67~74,
- "Response to Bordo's Feminist Skepticism and the Maleness' of Philosophy", in Hypatia: *A Journal of Feminist Philosophy*, Vol. 7, No. 3, Summer 1992, pp. 162~165.
- "Response to Sarah Kofman", in *Compar(a)ison: An International Journal of Comparative Literature*, Vol. 1, No. 1, 1993, pp. 27~32.
- "Critically Queer", in *GLQ-A Journal of Lesbian and Gay Studies*, Vol. 1, No. 1, 1993, pp. 17~32.

- "Against Proper Objects", in *Differences : A Journal of Feminist Cultural Studies*, Introduction, Vol. 6, Summer-Fall 1994, pp. 1~26.
- "Kantians in Every Culture?", in *Boston Review*, Vol. 19, No. 5, October-November 1994, p. 18.
- "Conscience Doth Make Subjects of Us All. Althusser's Subjection", in *Yale French Studies*, Depositions: Althusser, Balibar, Macherey, and the Labor of Reading, No. 88, November, 1995, pp. 6~26.
- "Self-Referentiality: Pro and Contra", in *Common Knowledge*, Vol. 4, No. 2, Fall 1995, pp. 70~73.
- "Burning Acts: Injurious Speech", in *Roundtable: A Journal of Interdisciplinary Legal Studies*, Vol. 3, No. 1, 1996, pp. 199~221.
- "An Affirmative View", in *Representations*, Special Issue: Race and Representation: Affirmative Action, No. 55, Summer 1996, pp. 74~83.
- "Status, Conduct, Word, and Deed: A Response to Janet Halley", in: *GLQ: A Journal of Lesbian and Gay Studies*, Vol. 3, No. 2-3, November 1996, pp. 253~259.
- "The Uses of Equality", in *Diacritics*, Vol. 27, No. 1, Spring 1997, pp. 3~12.
- "Further Reflections on Conversations of Our Time", in *Diacritics*, Vol. 27, No. 1, Spring 1997, pp. 13~15.
- "In Memoriam: Maurice Natanson (1924~1996)", in *Review of Metaphysics*, Vol. 50, No. 3, March 1997, pp. 739~740.
- "Sovereign Performatives in the Contemporary Scene of Utterance." in: *Critical Inquiry*. Vol. 23, No. 2, Winter 1997, pp. 350~377.
- "Merely Cultural", in *New Left Review*, No. 227, January-February 1998.
- "Reply to Robert Gooding-Williams on 'Multiculturalism and Democracy'", in *Constellations: An International Journal of Critical and Democratic Theory*. Vol. 5, No. 1, 1998.
- "Response to Lynne Layton", in *Gender and Psychoanalysis*, Winter 1998.
- "Revisiting Bodies and Pleasures", in *Theory, Culture and Society*, Vol. 16, No. 2, 1999, pp. 11~20.
- "Longing for Recognition: Commentary on the Work or Jessica Benjamin", in *Studies in Gender and Sexuality*, Roundtable on the Work of Jessica Benjamin, Vol. 1, No. 3, 2000, pp. 271~290.
- "Appearances Aside", in *California Law Review*, The Brennan Center Symposium on Constitutional Law. Vol. 88, No. 1, January 2000, pp. 55~63.

- "The Value of Being Disturbed", in *Theory and Event*, Vol. 4, No. 1, 2000.
- "Explanation and Exoneration, or What We Can Hear", in *Theory and Event*, Vol. 5, No. 4, 2001.
- "Doing Justice to Someone. Sex Reassignment and Allegories of Transsexuality", in *GLQ A Journal of Lesbian and Gay Studies,* Vol. 7, No. 4, 2001, pp. 621~636.
- "Literary Futures", in *Canadian Review of Comparative Literature*, Vol. 26, No. 3-4, 2001, pp. 97~98.
- "Is Kinship Always Already Heterosexual?", in *Differences: A Journal of Feminist Cultural Studies*, Vol. 13, No. 1, 2002.
- "Desiring Women Writing: English Renaissance Examples(Book Review)", in *Shakespeare Studies*, 2002.
- "Violence, Mourning, Politics", in *Studies in Gender and Sexuality*, Vol. 4, No. 11, January 2003, pp. 9~37.
- "Diane Arbus: Surface Tensions", in *Artforum international*, Vol. 42, No. 6, 2004.
- "Bracha's Eurydice", in Theory, Culture & Society, Vol. 21, No. 1, 95~100, pp. 2004
- "Betrayal's Felicity", in *Diacritics*, Vol. 34, No. 1, Spring 2004, pp. 82~87.
- "Jews and the Bi-National Vision", in *Logos: Journal of Modern Society and Culture*,Vol. 3, No. 1, Winter 2004.
- "On Never Having Learned How to Live", in *Radical Philosophy*, Vol. 129, January -February 2005 or Differences, Vol. 16, No. 3, 2005, pp. 27~34.
- "Theories and methodologies-Photography, War, Outrage", in *PMLA. Journal of the Modern Language Association of America*, Vol. 120, No. 3, May 2005.
- "Israel/Palestine and the Paradoxes of Academic Freedom", in *Radical Philosophy*, Vol 135, January/February 2006, pp. 8~17.
- "Wittig's Material Practice. Universalizing a Minority Point of View", in *GLQ: A Journal of Lesbian and Gay Studies*, Vol. 13, No. 4, 2007, pp. 519~533.
- "Reply from Judith Butler to Mills and Jenkins", in Differences, Vol. 18, No. 2, 2007.
- "Torture and the Ethics of Photography", in *Environment and Planning D: Society and Space*, Vol. 25, No. 6, April 19 2007, pp. 951~966.
- "A response to Ali, Beckford, Bhatt, Modood and Woodhead", in *The British Journal of Sociology*, Vol. 59, No. 2, 2008.
- "Sexual politics, torture, and secular time", in *The British Journal of Sociology*, Vol. 59, No. 1, March 2008, pp. 1~23.
- "Critique, Dissent, Disciplinarity", in *Critical inquiry*, Vol. 35, No. 4, 2009.

젠더는 패러디다

- "Slaying the Messenger", in *New York Times*, June 8, 1995.
- "A 'Bad Writer' Bites Back", in *New York Times*, March 20, 1999.
- "Guantanamo Limbo(Original)", in *The Nation*, Vol. 274, No. 12, April 1, 2002.
- "No, it's not anti-semitic", in *London Review of Books*, Vol. 25, No. 16, August 21, 2003.
- "Jacques Derrida", in *London Review of Books*, Vol. 26, No. 21, November 4, 2004.
- "I merely belong to them", in *London Review of Books*, Review of "The Jewish Writings" by Hannah Arendt, Vol. 29, No. 9, May 10, 2007.
- "Save California's universities. The promise of affordable higher education is dying. The University of California's students and faculty demand answers", in *The Guardian*, October 4, 2009.
- "Wise Distinctions", in *London Review of Books*, November 20, 2009.
- "You Will Not Be Alone", in *The Nation*, April 13, 2010.

인터뷰

- "Judith Butler: Singing the Body", in *Bookpress*, Vol. 2, No. 2, March 1992, pp. 5, 12(with Margaret Nash).
- "The Body You Want: An Interview with Judith Butler", in *Artforum*, Vol. 31, No. 3, November 1992, pp. 82~89(with Liz Kotz).
- "Interview", in *Neid*, Vol. 1, No. 1, May 1993, pp. 8~9.
- "An Interview with Judith Butler", in *Yale Literary Magazine*, Vol. 4, No. 2, Winter 1993(with Emily O. Wittman&Patrick Greaney).
- "Interview: Sexual Traffic", in *Differences: A Journal of Feminist Cultural Studies*, Vol. 6, No. 2-3, Summer-Fall 1994, pp. 62~99(with Gayle Rubin).
- "Interview: Feminism by Any Other Name", in *Differences: A Journal of Feminist Cultural Studies*, Vol. 6, No. 2-3, 1994. pp. 27~61(with Rosi Braidotti).
- "Gender as Performance: An Interview with Judith Butler", in *Radical Philosophy*, No. 67, Summer 1994. pp. 32~39(with Peter Osborne& Lynne Segal).
- "Interview", in *Times Higher Educational Supplement*, Vol. 1, No. 280, May 16, 1997, p. 20(with Kate Worsley).
- "Judith Butler Revels in the Role of Troublemaker", in *Chronicle of Higher Education*, Vol. 43, No. 27, May 23, 1997, pp. A14~A15(with Liz McMillen).

- "Interview", in *Radical Deviance*, July 1997.
- "Interview", in *Theory, Culture and Society*, 1998(with Vikki Bell).
- "The Future of Sexual Difference: An Interview with Judith Butler and Drucilla Cornell", in *Diacritics: Irigaray and the Political Future of Sexual Difference*, Vol. 28, No. 1, Spring 1998, pp. 19~42(with Pheng Cheah&lizabeth Grosz&Drucilla Cornell).
- "How Bodies Come to Matter: An Interview with Judith Butler", in *Signs*, Vol. 23, No. 2, Winter 1998, pp. 275~286(with Irene Costera Meijer&Baukje Prins).
- "On Speech, Race and Melancholia", in *Theory, Culture and Society*, Vol. 16, No. 2, 1999, pp. 163~174(with Vikki Bell).
- "There Is a Person Here-An Interview with Judith Butler", in *International Journal of Sexuality and Gender Studies*, Vol. 6, No. 1/2, 2001(with Margaret Soenser Breen&Warren J. Blumenfeld).
- "The Desire for Philosophy. Interview with Judith Butler", in *Lola Press*, May 2001(with Regina Michalik).
- "Peace is Resistance to the Terrible Satisfaction of War", in *The Believer*, No. 5, 2003(with Jill Stauffer).
- "Gender Trouble: Still Revolutionary or Obsolete?", in *Bang Bang*, August 10, 2007(with International Lesbian, Gay Bisexual, Trans and Intersex Association).
- "Gender is Extramoral", in *Barcelona Metropolis*, Summer, June-September 2008(with Fina Birul?s).
- "Media Death-Frames of War. The Books Interview: Judith Butler", in *New Statesman*, August 27, 2009(with Nina Power).
- "As a Jew, I was taught it was ethically imperative to speak up", in *Haaretz*, February 24, 2010(with Udi Aloni).
- "A Carefully Crafted F**k You", in *Guernica*, March 2010(with Nathan Schneider).

2차 문헌

- 임옥희 지음, 『주디스 버틀러 읽기: 젠더의 조롱과 우울의 철학』, 여이연, 2006.
- 조현준 지음, 『주디스 버틀러의 젠더 정체성 이론』, 한국학술정보, 2007.
- 전혜은 지음, 『섹스화된 몸: 엘리자베스 그로츠와 주디스 버틀러의 육체적 페미니즘』, 새물결, 2010.

- Sara Salih, *Judith Butler: Routledge Critical Thinkers*, London: Routledge, 2002. 『주디스 버틀러의 철학과 우울』, 김정경 옮김, 앨피(2007)
- Margaret Sonser Breen& Warren J. Blumenfeld(ed), *Butler Matters: Judith Butler's Impact on Feminist and Queer Studies*, UK: Ashgate, 2005.
- Ellen T. Armour, *Bodily Citations: Religion and Judith Butler*, Columbia University Press, 2006.
- Moya Lloyd, *Judith Butler: From Norms to Politics*, London: Polity, 2007.
- Bronwyn Davies(ed), *Judith Butler in Conversation: Analyzing the Texts and Talk of Everyday Life*, London: Polity, 2007.
- Gill Jagger, *Judith Butler: Sexual Politics, Social Change and the Power of the Performative*, London: Routledge, 2008.
- Terrell Carver&Samuel Chambers(ed), *Judith Butler's Precarious Politics: Critical Encounters*, London: Polity, 2008.
- Terrell Carver&Samuel Chambers, *Judith Butler and Political Theory: Troubling Politics*, London: Routledge, 2008.
- Anita Brady& Tony Schirato, *Understanding Judith Butler*, London: Routledge, 2010.
- Birgit Schippers, *The Political Philosophy of Judith Butler*, London: Routledge, 2014.

- 임옥희, 「"법 앞에 선" 수행적 정체성: 버틀러의 『젠더 트러블』을 중심으로」, 《여/성이론》, 통권 제1호, 1999.4, 242~263쪽.
──── , 「깊은 슬픔에 시달리는 가벼운 육체들(『의미를 체현하는 육체』서평)」, 《문학과 사회》, 2003년 여름호, 제16권 제2호 통권 제62호, 2003.5, 994~997쪽.
──── , 「주디스 버틀러: 문화적 우울과 불확실한 삶의 조건을 천착하는 철학자」, 《오늘의 문예비평》, 2005년 봄호, 통권 56호, 2005.3, 248~278쪽.
- 조현순, 「의미화되는 물질, 그래서 중요한 육체」, 《당대비평》, 통권 제22호, 2003.6, 393~399쪽.
- 권택영, 「버틀러의 퀴어 이론: 성은 고유가치인가, 교환가치인가」, 《서정시학》, 제13권 3호 2003년 가을호, 2003.9, 143~156쪽.
- 이동수, 「포스트모던 페미니즘에서 여성의 정체성과 차이」, 아시아여성연구, 제43집, 제2호, 2004.11, 47~73쪽.
- 구번일, 「친족의 위기에 대한 알레고리: 〈안티고네〉를 통한 버틀러의 주장(『안티고네의 주장』서평)」, 《여/성이론》 통권 제13호, 2005.12, 237~250쪽.
- 이명호, 「젠더 트러블과 성차의 윤리: 주디스 버틀러의 논의를 중심으로」, 《영미문학연구 안과밖》, 제21호, 2006.10, 90~119쪽.

- 김정란, 「젠더 정체성은 왜 억압적인가?: 버틀러(Judith Butler)의 젠더 해체의 필요성」, 《한국여성철학》, 제6권, 2006.11, 53~75쪽.
- 조현준, 「안티고네 : 숭고미에서 퀴어 주체로」, 《라깡과 현대정신분석》, 제8권 제2호, 2006.12, 181~211쪽.
- ―――, 「팬픽 문화와 젠더 트러블: 동성애 코드를 다루는 영화를 중심으로」, 《작가세계》, 2009년 봄호, 통권 제80호, 2009.2, 243~259쪽.
- ―――, 「젠더 계보학과 여성 없는 페미니즘: 주디스 버틀러의 『젠더 트러블』」, 《영미문학연구 안과밖》, 제26호, 2009.5, 180~206쪽.
- 이현재, 「인간의 자기한계 인식과 여성주의적 인정의 윤리: 주디스 버틀러의 『윤리적 폭력 비판』을 중심으로」, 《한국여성학》, 제23권 2호, 2007.6, 111~141쪽.
- 황정아, 「이제는 부디 다른 노래를(『누가 민족국가를 노래하는가』 서평)」, 《영미문학연구 안과밖》, 제25호, 2008.11, 287~293쪽.
- 박미선, 「보편과 특수의 번역실천으로서 비판이론과 페미니즘」, 《문화/과학》, 2008년 겨울호, 통권 56호, 475~489쪽.
- 김지영, 「버틀러와 여성」, 《여성학연구》, 제18권 제1호, 2008.12, 121~140쪽.
- 현남숙, 「불법 거주자들의 권리 요구(『누가 민족국가를 노래하는가』 서평)」, 《진보평론》, 2008년 겨울호, 제38호, 305~317쪽.
- 정정호&송은영, 「『제인 에어』의 수행적 젠더 정체성: 주디스 버틀러의 퀴어이론을 중심으로」, 《세계문학비교연구》, 제25집, 2008.12, 279~308쪽.
- 오정진, 「법에서의 우울과 행동」, 《법학연구》, 제49권, 제2호, 2009.2, 453~472쪽.
- 김정한, 「포스트맑스주의 이후 좌파 이론의 최전선(『우연성·헤게모니·보편성: 좌파에 대한 현재적 대화들』 서평)」, 《문화/과학》, 2009년 가을호, 통권 59호, 373~376쪽.
- 정윤희, 「사진과 퍼포먼스에 나타난 '젠더 트러블': 복장도착과 양성적 이미지의 젠더 전복적 의미와 수행성」, 《카프카연구》, 제22집, 2009.12, 335~360쪽.
- 김애령, 「'여자 되기'에서 '젠더 하기'로 : 버틀러의 보부아르 읽기」, 《한국여성철학》, 제13권, 2010.6, 23~51쪽.
- 임국희, 「여성주의 정치 패러다임 전환의 이론적 모색: 차이와 연대를 포괄하는 윤리의 정치로」, 《페미니즘연구》, 제11권 제2호, 2011.10, 119~152쪽.
- 황희정&김지선&이훈, 「남성 중심의 여가범주에 대한 여성의 경계넘기: Butler의 젠더정체성을 중심으로」, 《관광학연구》, 제36권 제5호, 2012.6, 263~288쪽.
- 박선영, 「라깡과 버틀러, 위반과 전복의 담론: 성정체성, 젠더 멜랑콜리, 오이디푸스 콤플렉스를 중심으로」, 《라깡과 현대정신분석》, 제14권 제1호, 2012.8, 7~43쪽.
- 박선아, 「영화 〈마더〉에 나타난 수행적 모성 정체성에 관한 연구」, 《영화연구》, 제55호, 2013.3, 173~195쪽.

- 권순정, 「주디스 버틀러의 『젠더 트러블』을 통해서 본 '젠더'」, 《철학논총》, 제72집, 2013.4, 215~240쪽.
- 허정, 「유한성과 취약성이라는 공통성: 장-뤽 낭시와 주디스 버틀러의 공동체론」, 《다문화콘텐츠연구》, 제14집, 2013.4, 409~450쪽.
- 윤지영, 「자기 자신에 대한 역사화 작업은 자기 단언인가, 자기 제작인가?(『윤리적 폭력비판: 자기 자신을 설명하기』 서평)」, 《미국사연구》, 제38집, 2013.11, 279~288쪽.
- 고지현, 「자연은 과연 얼마나 자연적인가?: 주디스 버틀러의 섹스와 젠더」, 아시아문화연구, 제32집, 2013.12, 5~32쪽.

찾아보기

젠더는 패러디다

'우리시대 고전읽기/질문총서'를 펴내며

오늘날 우리 사회에서 새삼스럽게 화두가 되고 있는 것이 '고전'이다. 왜 고전인가? 미래가 불투명한 현실에서 고전은 하나의 등불처럼 미래의 방향을 비춰주고, 개인의 암울한 장래 앞에서 고전은 한 줄기 빛처럼 세상의 어둠을 밝혀주는 안내자의 역할을 할 수 있을 것으로 여겨지기 때문이다. 어쩌면 고전이 시대의 화두라는 말은 이 시대 자체가 나아가야 할 목표와 좌표를 상실한 암담한 시대라는 사실을 방증하는 것일지 모른다. 게오르그 루카치의 말처럼 현재가 별이 빛나는 창공을 지도 삼아 갈 수 있는 행복한 서사시적 시대라고 한다면, 고전은 존재하지 않아도 무방하리라. 하지만 '고전'은 그런 시대의 행복한 조화가 깨어지고 우리 자신이 시대와 불화하고 서로 어긋나는 소설 시대의 산물에 다름 아니다.

우리는 너무 쉽게 고전을 시대 현실과 동떨어진 대척점에 놓으려는 유혹에 빠지곤 한다. 정말 고전은 우리 현실과 대립하는 위치에 서서 미래를 비춰줄 찬란한 등불과 같은 것인가? 이 질문에 긍정으로 대답하면 우리는 고전을 그것을 산출한 시대적 현실과 연결된 살아 있는 생물체로 보지 못하고 그 현실과 분리된 물신화된 화석으로 간주할 가능성이 다분하다. 언제부터인가 고전은 시간을 뛰어넘는 '모방의 전범'으로, 또 19세기 매슈 아널드가 말한 '세상에서 말해지고 생각된 최고의 것', 즉 교양을 얻을 수 있는 최고의 원천으로 간주되기 시작했다. 나아가서 고전은 '변화와 상대성에 저항하는 보루'로서 시대를 초월하는 인간의 보편적 가치를 담지한 작품으로 정전화되어왔다. 하지만 시대와 장소를 뛰어넘어 통용되는 초월적 '보편성'이란 우리시대가 필요해서 창안한 관념일 뿐 실제 존재하지 않는다. 고전의 화석화에 저항하는 당대적 현실과, 고전이 정전화될 때 간섭하는 권력의 존재를 감안한다면, 그와 같은 초월적 보편성의 이념은 이데올로기적 허구에 가깝다.

'우리시대 고전읽기/질문총서'는 이러한 절대적이고 초월적인 보편으로서 고전의 허구성을 비판하기 위해서는 무엇보다 먼저 우리시대의 문제적 텍스트들을 읽는 연습이 절실하다는 생각에서 기획되었다. 그 문제적 텍스트가 시대적 현실 속에서 살아 움직이는 실체임을 깨닫게 될 때, 즉 그 텍스트들이 당대의 현실에 어떤 질문을 던지고 있는지, 그 질문을 서사적으로 어떻게 풀어나가는지, 그리고 그 질문이 어떻게 새로운 대안으로 연결될 수 있는지 보다 생생하게 읽어내는 방식을 체득하게 될 때, 우리는 현재의 삶이 제기하는 문제들에 보다 적극적으로 대응할 수 있을 것이다. 뿐만 아니라 우리시대의 고전을 제대로 읽을 수 있을 때 우리는 과거의 고전들에 대해서도 예전과는 전혀 판이한 해석을 할 수 있다. 왜냐하면 이러한 읽기는 고전을 당대의 생생한 현실 속으로 되돌려놓을 수 있을 뿐만 아니라 그 고전을 산출한 과거의 지적 공간을 오늘날의 지적

젠더는 패러디다

공간 안에 편입시킴으로써 그 고전을 우리시대의 고전으로 새롭게 창조할 수 있는 방법을 모색하는 데 큰 도움이 될 것이기 때문이다.

우리시대의 고전을 읽는 이점은 여기에만 그치지 않는다. 과거의 고전들이 수많은 공간적·장소적·횡단적 차이들에서 벗어나 어떤 목적적 시간성에 의지하고, 나아가 종국에는 시간성 자체를 초월하여 해석되는 경향이 없지 않았다면, 우리시대의 고전은 철저하게 그 고전을 산출한 시공간의 장소성에서 벗어나서 해석될 수 없음을 깨닫게 해준다. 또한 이러한 장소성에 대한 자각은 고전의 정전화 과정 속에 침투해 있는 다양한 권력과 이데올로기들을 드러내준다. 그중 가장 대표적인 것이 서구중심주의와 그에 기대고 있는 민족주의이다. 서구의 발전을 이상적 준거틀로 삼는 서구중심주의든, 서구에 대항한다는 명목으로 서구적 모델을 자기 내부에서 찾고자 하는 민족주의든 모두 고전을 서구적 모델의 견지에서 인식해왔다. 그 결과 서구의 고전은 이상적 모델로 보편화되었고 비서구나 주변부의 고전들은 서구적 수준에 미달하는 것으로 억압되거나 아예 목록에서 제외되었다. 우리시대의 고전을 보다 철저히 읽어야 하는 이유는 바로 이런 서구중심주의의 단일보편성을 비판하는 한편 주변부에 다양한 '보편적' 텍스트들이 존재함을 재인식하는 데 있다. 요컨대 '우리시대 고전읽기/질문총서'는 단일보편성의 상대화와 주변의 다양한 보편들에 대한 인정을 지향한다. 고전을 해당 시대가 제기한 핵심적 질문에 나름의 진단과 대안을 제시하는 중요하고 문제적인 텍스트라고 간단히 규정할 때, 오늘날 비서구와 주변부에서 제기되는 중요한 질문들을 다루는 그런 텍스트들을 발굴하고 견인하는 것은 필연적이다.

   결론적으로 말해, 우리시대의 살아 있는 고전을 읽는 작업은 이중적 과제를 수행한다. 그것은 한편으로는 과거의 고전을 당대와 현재의 생생한 현실 속으로 다시 가져와 그것이 제기하는 질문을 여전히 살아 있는 질문으로 계승함으로써 모든 고전이 결국 우리시대의 고전임을 깨닫게 하는 것이고, 다른 한편으로는 우리시대의 고전들이 던지는 질문과 답변들을 꾸준히 우리 자신의 것으로 체화함으로써 우리로 하여금 미래의 고전에 대한 새로운 창안자가 되도록 하는 것이다. '우리시대 고전읽기/질문총서'는 바로 이런 과제에 기여하는 것을 꿈꾸고자 한다.

부산대학교 인문학연구소

젠더는 패러디다